本书获得 2023 年湖北省社科基金一般项目(后期资助
（立项号：HBSKJJ20233183）

生产性服务业集聚对经济高质量发展的影响研究

罗　颖　著

四川大学出版社
SICHUAN UNIVERSITY PRESS

图书在版编目（CIP）数据

生产性服务业集聚对经济高质量发展的影响研究 / 罗颖著 . -- 成都：四川大学出版社，2024. 7. -- ISBN 978-7-5690-7067-5

Ⅰ . F124

中国国家版本馆 CIP 数据核字第 20240H9B20 号

书　　名：生产性服务业集聚对经济高质量发展的影响研究

Shengchanxing Fuwuye Jiju dui Jingji Gaozhiliang Fazhan de Yingxiang Yanjiu

著　　者：罗　颖

选题策划：李金兰　王　睿

责任编辑：王　睿　李金兰

特约编辑：李嘉琪

责任校对：蒋　玙

装帧设计：开动传媒

责任印制：王　炜

出版发行：四川大学出版社有限责任公司

　　　　　地址：成都市一环路南一段 24 号（610065）

　　　　　电话：（028）85408311（发行部）、85400276（总编室）

　　　　　电子邮箱：scupress@vip.163.com

　　　　　网址：https://press.scu.edu.cn

印前制作：湖北开动传媒科技有限公司

印刷装订：成都市新都华兴印务有限公司

成品尺寸：170mm×240mm

印　　张：14.75

字　　数：308 千字

版　　次：2024 年 8 月 第 1 版

印　　次：2024 年 8 月 第 1 次印刷

定　　价：89.00 元

扫码获取数字资源

四川大学出版社
微信公众号

前　言

柔性生产方式的外部化趋势给予了生产性服务业独立发展的有利环境,经济高质量发展要求更加注重创新引领、集约高效、节能环保和增长成果共享,具备创新驱动产业优势的生产性服务业应该在经济高质量发展中承担更多责任。但遗憾的是,中国生产性服务业集聚度偏低、附加值不高、创新引领作用不强,这成为我国经济高质量发展的掣肘。现有研究多聚焦于生产性服务业集聚对制造业发展的作用,发现其经历了从"需求依附""相互支撑"到"发展引领"的变化过程,并作为知识和技术密集型的高附加值服务业嵌入制造业全产业链的诸多环节,却忽视了生产性服务业的行业渗透能力和产业关联作用。事实上,生产性服务业不仅能够影响农业生产,而且对于消费性服务业以及公共服务业的发展方式和未来趋势也具有深远影响。此外,对于生产性服务业集聚究竟以何种路径作用于经济高质量发展,以往的研究并未形成统一的理论分析框架。因此,深度剖析中国生产性服务业集聚面临的系列结构性问题,有助于破解国内现有生产性服务业的发展困境,制定更为符合中国现实情境的生产性服务业集聚对策,有利于为制定中国经济高质量发展的优化策略提供政策启示,为实现出口导向型工业化经济向创新与服务业主导的经济转型以及助推经济高质量发展提供新思路和新途径。

本书是湖北省社科基金一般项目(后期资助项目)"生产性服务业集聚对经济高质量发展的影响研究"的研究成果(立项号:HBSKJJ20233183),主要包括绪论、第一至七章、附录。绪论主要介绍研究背景,阐明研究的理论和现实意义。对生产性服务业集聚以及经济高质量发展进行概念界定,对其测度方法进行梳理和比较,并构建经济高质量发展的评价体系。第一章为文献综述部分,主要回顾和梳理与本研究相关的文献。第二、三章为理论部分,包含理论基础、研究假设和作用机理。论述生产性服务业集聚对经济高质量发展的三条作用机制,包括生产性服务业集聚所产生的规模经济效应、技术创新效应及资源配置效应,采用逻辑演绎和数理模型推导相结合的方法说明生产性服务业集聚对经济高质量发展的作用机理。第四章具体分析生产性服务业集聚与经济高质量发展的特征事实,测度生产性服务业集聚程度和经济高质量发展指数,总结其所面临的问题。发现近年来虽然生产性服务业行业呈现较快增长态势,但存在高端生产性服务业发展滞后、创新引领不足、附加值较低、有效供给不足且质量偏低、供给能力有限等问题。第五章运用空间计量方法检验前文的理论假设。第六章从生产性服务业集聚的规模经济、技术创新和资源配置方面对经济高质量发展影响的三条作用机制进行验证。第七章为结论、对策和展望,总结全书的主要研究结论,并提出对策建议、研究局限及研究展望。

在撰写本书的过程中,获得了中南财经政法大学卢现祥教授、高红贵教授、陈浩教授、廖涵教授、胡雪萍教授、杨晓军教授、袁华锡副教授、崔许峰副教授的指导和帮助,武汉大学钟水映教授、浙江农林大学张俊飙教授、山东大学陈强教授、南京财经大学余泳泽教授对本书提出了宝贵的修改意见;本书的出版获得了湖北省社会科学院彭玮研究员的帮助,在此表示衷心的感谢。

由于著者水平有限,本书中的缺点与不成熟之处在所难免,恳请读者批评指正并提出意见与建议。

著　者

2024 年 6 月 25 日

目　　录

1

绪　　论

第一节　研究背景与研究意义

一、研究背景

(一)中国经济结构转向服务化,经济增长进入"结构性减速"阶段

2000 年以来,中国产业结构从"二三一"逐步向"三二一"转变,跨入以服务经济为主题的新时代(孙学工等,2020)。2012 年,我国服务业增加值占 GDP 比重首次超过第二产业,2012—2020 年逐年上升。虽然受到全球新冠疫情的冲击,但我国服务业发展仍保持稳定,2020 年和 2021 年服务业增加值占 GDP 比重分别为 54.5%和 53.3%,服务业对 GDP 的贡献率由 2020 年的 46.3%提升至 2021 年的 54.9%,虽然该数据低于新冠疫情前三年的平均水平 62%,[①]但不可否认的是,其对经济的贡献率仍高于制造业,成为经济发展的强劲引擎。在改革开放四十余年中,工业化作为中国经济实现赶超增长的第一大结构性动力,凭借廉价要素优势进入全球产业链并参与分工,中国的经验充分印证了"干中学"对于经济增长的促进作用,从最初的加工生产到创造研发,依靠技术引进和追赶,中国在某些领域已处于世界领先地位,例如量子通信、云计算技术、人工智能、核电技术、载人航天、载人深潜、超级计算机等高技术领域。然而,近年来随着经济全球化退潮和全球供应链调整,贸易保护主义抬头,国际贸易和跨境投资增速放缓,西方国家对中国实施技术封锁,我国技术追赶速度放缓,越来越多的美国盟国正试图走上战略自主道路,中国依赖"外循环"的经济赶超阶段已结束。与此同时,伴随中国经济结构服务化,

---

①　数据来源:国家统计局 http://www.stats.gov.cn/sj/ndsj/2022/indexch.htm.

经济增长速度受到服务业比重上升的影响逐步趋缓,这符合国际规律,经济结构服务化是中国经济增长路径转向的重要转折点。有预测指出,在"十四五"期间制造业比重将进一步下降,"由2019年的39%降至2025年的35%,到2035年预计为30%左右;服务业比重将持续提升,2025年将占到经济总量的60%左右,2035年预计达到66%左右"①。此外,国际货币基金组织在《世界经济展望报告》中预测,2024年全球经济将增长3.2%,其中对中国的预测为4.6%。中国经济由"结构性加速"阶段进入"结构性减速"阶段(中国经济增长前沿课题组,2012)。

(二)中国经济从赶超模式转变为高质量发展模式

中国自1978年借助改革开放的政策红利以及二元经济结构特有的劳动力供给优势,叠加高储蓄和高投资实现了长达40余年的高速增长。中国经济总量在2010年跃居世界第2位后,②已经连续13年保持该地位,而在刚刚改革开放的1978年仅居世界第11位。但这种高速的曾被西方经济学家评价为"中国奇迹"的增长,其驱动方式是高投资、高能耗的粗放式发展,虽然这种经济发展方式使得中国经济实现了赶超,但粗放的增长模式带来的后果和潜在风险是巨大的,这使经济增长方式转变显得必要。从国内形势来看,中国经济面临着传统人口红利的衰退、资本回报率的递减、供需矛盾突出、实体经济与虚拟经济比重失调、资源环境约束加剧、国内大循环尚未完全建立等诸多问题。从国际形势来看,自2008年全球金融危机后,全球化浪潮便逐渐势弱,逆全球化趋势开始显现,产业链上的输出国推动"产业回归",促使其离岸生产转回至母国生产,中国生产分割长度出现短暂下降(倪红福等,2016),但是由于中国当时尚处于人口红利时期,发达国家的生产链回撤并不具备经济合理性且效果不明显。但2019年新冠疫情暴发进一步促使各国产业链回迁,航空熔断、各国通关口岸关闭,数据显示疫情后国际贸易缩水13%~32%,国际投资下滑近一半。③中国面临着西方发达国家的产业链回迁以及新兴经济体低成本竞争的双重挑战。处于价值链核心地位的大型跨国公司采取"横向压榨"和"低端锁定"等非常手段,使得中国本土企业与国外企业在产品生产和供给层面上形成了不易逾越的技术鸿沟,导致进口产品对本土产品的竞争性替代,加剧了高端需求外流和低端供给相对过剩。据统计,2019年中国进口跨境电商市场交

---

① 陈昌盛,许伟,兰宗敏,等."十四五"时期我国发展内外部环境研究[J].管理世界,2020,36(10):1-14,15,40.

② 新华社.中国经济总量跃居世界第二[EB/OL].(2012-06-03)[2022-03-11]. http://www.gov.cn/jrzg/2012-06/03/content_2152071.htm.

③ WTO. Trade set to plunge as COVID-19 pandemic upends global economy[EB/OL]. (2020-8-8)[2022-3-2]. http://www.wto.org/english/news_e/pres20_e/pr855_e.htm.

易额增长率远高于社会消费品零售总额增长率,而同年中国贡献了全球境外消费奢侈品市场总额的 40%,这表明中国仍有较大的内需潜力。而成本优势并非消费者唯一关注的,年轻消费群体更热衷于个性化、创新性的产品,且更加追求产品质量。但国内商品种类、质量和品牌与国际先进水平相比仍有较大差距(中国社会科学院工业经济研究所课题组,2021),低质产品难以占领消费市场且会造成社会资源的浪费,致使社会经济发展付出代价(张军扩等,2019)。供需失衡造成国内有效需求与产业转型升级的长期分离,国内企业获利能力降低,生存环境恶化,直接导致中国经济下行压力加大。

党的二十大提出中国式现代化,其立足于中国人口规模巨大的基本国情,全体人民共同富裕的目标任务,物质文明和精神文明相协调的现实要求,人与自然和谐共生的时代特征,走和平发展道路的战略选择。在中国式现代化进程中,曾经依靠劳动力、资本、资源和外部市场循环扩张来发展经济的增长模式难以持续,资源和环境约束触及底线,技术模仿和赶超受到发达国家封锁打压,基础研究薄弱导致自主创新缺乏后劲,一些地区地方政府显、隐性债务高企,其中隐性债务风险更难以察觉和化解,公共服务的供给能力和水平以及公平可及性仍然不高(国家发展和改革委员会,2016)。在中国从满足人民群众的“物质文化需求”到逐步实现“基本小康”进而跃向“全面小康”的过程中,人民群众更加迫切地追求民主、法治、公平、正义、安全、环境等方面的“非物质”“非文化”的需求(丁任重和张航,2022)。因此,在这一阶段,中国经济发展模式急需调整,需要从过去的赶超模式转变为高质量发展模式,即从单一物质增长转向促进“人的发展”,实现更高质量、更高效、更公平和更可持续的发展。

(三)制造业比重下降过早、过快

20 世纪 90 年代后,中国借助贸易自由化浪潮,依靠改革开放和要素价格优势嵌入全球价值链,中间品的跨境流动使得中间需求呈现爆炸式增长,进而促使以加工贸易为主的中国制造业进入了空前的贸易繁荣阶段(凌永辉和刘志彪,2021)。中国制造业 GDP 占比在 1997 年达到 36.8% 的最高点之后(蔡昉,2021),便经历了下降与回升的相互交织徘徊,在 2006 年达到 36.3% 后便一路降低至 2018 年的 27%。虽然中国大规模工业化已接近尾声(陆江源等,2018),但不同于发达国家成熟的“去工业化”,即一个国家制造业增加值占 GDP 比重超过 30% 以后,制造业在创新引领、产业驱动以及出口扩张等方面具有较强的带动作用,发达国家依靠的是高端制造业占据产业链上高附加值环节。现阶段中国制造业“大而不强、全而不强”,制造业比重过快降低容易导致产业空心化,其整体衰退风险提升(黄群慧和杨虎涛,2022),不利于经济的可持续发展和社会稳定(中国社会科学院宏观经济研究中心课题组,2020)。与此同时,在农业比重相对稳定的情况下,与制造业比重过快下降相对应的是服务业比重过快上升。从服务业结构上看,比重过快上升在相当程度上是房地产和金融业快速膨胀的结果。不仅如此,制造业比重下降叠加人工智能制造对重复劳动的替代降低了制造业吸纳就业能力,而生产效率较高的新兴服务业又无法在短时间内成为主导产业,导致制造业工人流向了低效的传统服务业,而传统服务业对经济增长的作用有限。虽然服务业效率提升能够作为经济增长引擎(黄群慧和贺俊,2019),但我国服务业发展滞后是"去工业化"的诱因(黄永春等,2013)。有研究指出,即使我国工业增加值占 GDP 比重处于下降阶段,工业部门的技术进步速度也快于服务业(夏杰长和倪红福,2016)。回顾美国、日本、德国、法国四大经济体的经济增长数据,当服务业比重上升超过 1 个百分点时,各国当年经济增长率下降的概率较大(卓贤,2016)。因此,服务业比重上升过快不利于经济发展,而制造业作为生产性服务业的积极需求方,决定着生产性服务业的发展水平和竞争力。制造业比重过快下降所导致的服务业比重虚高(中国社会科学院工业经济研究所课题组,2022),会反过来侵蚀服务业升级的基础,拖累服务业高端化进程。从长期来看,这并不利于经济平稳、健康、有序发展。

(四)生产性服务业在经济中发挥的作用日趋显著

当一国的生产系统从规模化逐步转向深度加工后,分工的不断细化会促进形成制造业的碎片化生产。而近年来在要素成本上涨和环境规制趋紧的情况下,一些过度依赖传统制造业的地区正面临发展动力逐步衰减的困境,在国外有效需求不足、国内高端需求外流的形势下,以"分离式生产"为特征的传统市场分工所带来的"外部性"绩效日渐式微(陈晓峰,2020)。在此阶段,高效的服务业可以弥补制造业的边际效率递减,因此生产性服务业从制造业母体中剥离并发展成为服务于制造业主体的独立部门。伴随着产业结构的升级,生产性服务业的特性和功能不断凸显和强化(Hutton,2004)。在工业时代初期,生产性服务业企业被制造业企业"外置化"并参与到生产制造的过程中,制造业企业生产效率提升,进而促发对生产性服务的需求,生产性服务业与制造业之间相互依存、相互促进,在这一阶段,生产性服务业企业获得了有利于自身发展的外部条件,企业规模和数量不断增加,服务质量提高,其逐渐转变为保障工业生产各阶段更高效运营并提升制造业企业产出价值的"生产者";在后工业时代,工业生产对经济的带动作用逐渐放缓,经济增长需要仰仗各经济部门,生产性服务业因其高附加值和高技术含量能够更加全面地参与经济发展的各个环节,为不同经济主体提供新技术、新知识,成为新型技术和创新的主要提供者和传播者(顾乃华,2010),对制造业发展和经济增长均具有重要推动作用。生产性服务业的快速增长及其空间集聚反映了世界范围内以城市为基础的生产和控制的等级体系(邱灵和方创琳,2012),生产性服务业集聚已成为区域经济空间重构战略实现的驱动力(韩峰等,2015)。发达国家的经济发展实践证明,随着由制造业剥离出的生产性服务业集聚程度和专业程度逐渐提高,生产性服务业所具有的融合关联性、知识创新性及辐射带动特点使其成为最具增长潜力的部门,其对于制造业发展以及经济增长具有支撑作用(李子叶等,2015)。有研究测算,中国生产性服务业增长对 GDP 增速的贡献明显,1980—2014 年平均贡献率为29.37%(李平等,2017),仅次于第二产业,能够推动全要素生产率(TFP)提升(杨晨和原小能,2019)。随着生产性服务业规模的进一步扩大,制造业和服务业的生产率差距将因生产性服务业发展而趋于收敛(张月友等,2018),生产性服务业对经济增长的支撑作用愈发明显。

二、研究意义

(一)理论意义

产业集聚是产业发展演化过程中一种普遍的空间地缘现象,是产业资本要素在某一空间范围内的大量集中,同时也是很多国家或地区经济长期保持竞争力的重要源泉。传统产业集聚理论主要以制造业集聚为研究重点,对服务业集聚特别是生产性服务业集聚等探讨不足,体现为仅仅聚焦于生产性服务业集聚对制造业的作用,而忽视了其行业渗透能力和产业关联作用,具有一定的局限性。事实上,生产性服务业不仅能够卷入农业生产,而且对于消费性服务业和公共服务业的发展也具有深远影响。生产性服务业具有高技术性、高附加值和高创新性特点,符合经济高质量发展的内在需求,但生产性服务业集聚究竟以何种路径作用于经济高质量发展,以往的研究并未形成统一的理论分析框架。本书基于经济高质量发展内涵,从空间视角理解生产性服务业集聚对于经济高质量发展的影响,并进行分维度的理论分析,在一定程度上丰富了相关理论研究。此外,现有文献的主流做法是从城市经济学的外部性理论分析生产性服务业集聚的作用,而空间经济学则更加强调集聚的形成过程和内部的作用机理,本书分别从生产性服务业集聚所发挥的规模经济效应、技术创新效应和资源配置效应三条路径分析其对经济高质量发展的影响,以形成完整的理论分析框架。

(二)现实意义

要实现经济高质量发展,关键在于经济发展方式的转型,即从要素驱动转向创新驱动,同时注重生态环境因素的约束上限,实现对经济资源、环境资源的有效整合。生产性服务业因其创新联动性和较高的产业融合度而具有创新驱动的天然优势,过去的研究往往忽视了其环境友好的特点。伴随着中国改革开放和服务业发展,中国城市的功能经历了从"工业建设容器"到"经济增长机器"的转变,还将进一步转变为承载人民群众美好生活追求的"开放空间",城市作为生产性服务业的空间载体具有产业与空间的双重属性,因此研究城市层面的生产性服务业集聚对经济高质量发展的影响实现了产业与空间的耦合。中国目前虽有北京、上海等区域竞争力强、生产性服务业集聚程度高的城市,但从全国平均水平来看,生产性服务业集聚水平整体较低、附加值不高、创新引领作用不强,依然是我国实现经济高质量发展的掣肘。

因此,深度剖析中国生产性服务业集聚面临的系列结构性问题,有助于破解国内现有生产性服务业集聚发展的现实困境,梳理地方在推进生产性服务业发展过程中的症结和难点,提出更符合中国实际情境的生产性服务业集聚发展政策,有利于从产业绿色发展的视角为实现中国经济高质量发展提供政策启示,为实现出口导向型工业化经济向创新与服务业主导的经济转型和为助推经济高质量发展提供新思路和新途径,为决策者提供一定参考。

第二节 核心概念的界定

在研究生产性服务业集聚对经济高质量发展的影响前,需要了解两个基础概念,即生产性服务业集聚和经济高质量发展。本节将对生产性服务业集聚和经济高质量发展的概念进行界定,并明确其范畴和特征。

一、生产性服务业集聚

对生产性服务业集聚概念的理解分为生产性服务业和产业集聚两个层面。一方面,需要明确生产性服务业是什么,包含什么,起到什么作用。生产性服务业是服务业的重要组成成分,是某种具有相似特征与属性的服务提供者的"集合"。那么,搞清楚生产性服务业的共性特点便是本节需要解决的问题。另一方面,理解生产性服务业集聚的前提是需要明确产业集聚的概念。早期的城市经济学将集聚效应描述为"为利用企业或产业集聚的外部性影响,生产要素不断向某一地区集聚,从而使该地区劳动生产效率提高,进一步提高该地区的生产要素回报率",它描述的是一个动态的过程,即生产要素在空间范围内不断汇聚,具有相同特征的企业在某一特定地理区域内集中的现象。与产业集聚的明确定义不同,虽然学术界对生产性服务业的定义形成了基本共识,但对其范畴尚未形成完全一致的看法。

（一）生产性服务业的概念及特征

经济合作与发展组织（Organization for Economic Co-operation and Development，OECD）对生产性服务业的定义是"Producer services are intermediate inputs to further production activities that are sold to other firms"，即向其他企业提供中间投入以用于进一步生产的服务活动的总称，因此这种提供中间产品或服务的行业或部门被称为生产性服务业。Machlup（1962）以知识生产为特性介绍了美国的研究开发、信息服务、邮政服务等行业。[①] Greenfield（1966）明确定义了生产性服务业，他认为与其他服务业相比，生产性服务业最重要的特征是其服务对象是生产企业，生产性服务业是为生产企业提供服务和劳动的产业。Hubbard 和 Nutter（1982）、Noyelle 和 Staback（1984）将生产性服务业概括为提供消费性服务以外的其他产品或服务的行业，其产品和服务并不直接用于消费或直接产生效用，它们是经济活动中的中间投入品。Grubel 和 Wailer（1989）从生产性服务业与制造业的关系的角度进行界定，认为生产性服务业为制造业企业提供了市场化的中间投入服务，其有助于制造业进一步生产。生产性服务业最初是从制造业中分离出来的，它对制造业的作用不断变迁，从管理功能（润滑剂作用）到促进功能（生产力作用）再到战略功能（推进器作用）。Healy 和 Ilbery（1990）从服务业分类的角度，认为生产性服务业是为其他产业提供服务，而消费性服务业则是直接为最终消费者提供服务。Hansen（1994）从价值链角度进行理解，认为生产性服务业能够在生产过程的不同阶段提高生产效率和产出价值，如上游的研发和下游的销售等。

20 世纪初，随着我国服务业规模扩大及其在 GDP 中占比的不断提升，国内学者的研究视角逐渐转向对制造业影响较大的生产性服务业。刘志彪（2001）最早系统地讨论了生产性服务业的内涵，认为其人力资本和知识资本特征明显，是以人力资本和知识资本作为投入并进行产出的服务部门。郑吉昌（2005）将生产性服务业概括为直接向工业企业提供中间投入品，为商品交换过程提供金融服务以及为新产品的生产提供适当的人力资本服务，为整个生产体系提供空间协调和规制服务的部门。高觉民和李晓慧（2011）认为生产性服务业是以市场为导向，为生产企业提供生产活动所需的中间投入服务的产业。谭洪波（2015）根据其内涵将生产性服务业定义为满足其他行业或部门的中间需求进而提供所需服务的行业，强调其产品的中间品特性。程大中（2020）将在国民经济活动中为生产者提供中间投入服务的部门与行业统称为生产性服务业。

[①]　Machlup 在《美国的知识生产与分配》中对生产知识的产业做出了大量的描述，并针对翔实的数据进行说明。

综上所述,可以将生产性服务业的特征归纳为以下几点:

第一,生产性服务业最重要的特征是其中间投入特性,该特征是其区别于其他服务业最明显的特性。生产性服务业的服务对象主要是生产者,而非最终消费者。

第二,生产性服务业具有较强的产业关联性。生产性服务业提供了制造业生产所需要的中间产品或服务,并与制造业形成完整的产业闭环,成为制造业乃至整个经济系统中的关键环节,能有效提升上下游产业的关联度。

第三,生产性服务业是资本和知识、技术密集型服务业。生产性服务业在提供中间产品和服务的过程中完成了人力资本、知识资本和技术资本的导入,其作为知识的主要创造者和传递者,是构成产品价值和形成产业竞争力的重要源泉。生产性服务业中科学技术、信息通信和金融服务业都是知识密集程度很高的典型行业,行业内具有专业知识的人才承担规划、控制和评估等专业性服务工作,其服务范围包含为制造业企业输送人力资本、知识资本和技术资本等。

第四,生产性服务业具有外置性。这主要是根据生产性服务业的起源所提出的,即生产性服务业本源于制造业内部,制造业企业考虑到市场需求和成本,将产业体系内的物流、设计、创意、策划、研发、金融、会计等服务业务分离出去,利用市场机制来重组业务分工,这不仅能够促进企业加快进入市场,而且有利于提升产品质量、提高竞争力,并进一步促使生产性服务业业务范围向"微笑曲线"两端延伸。

第五,生产性服务业具有大都市集聚发展偏好,且近年来在城市内部出现生产性服务业高端产业业务(金融、商务、咨询、决策)的进一步集聚,服务功能区的强大优势在城市内部出现极化效应,这一特点在国际大都市表现得尤为明显。

基于此,本书的生产性服务业是指为生产者提供中间投入品的服务行业,它作为内部非核心生产环节从制造业中分离并逐步发展起来,能够通过直接的服务或间接的知识溢出作用于社会生产的全过程,具有资本、知识密集型属性,本质特征是其服务对象并非最终消费者。在实际经济统计特别是文献中,生产性服务业的范畴仍未统一,因为某些生产性服务业有时也为最终消费者提供服务,如融资和租赁服务等,但总的来说,生产性服务业与生活性服务业[①]的侧重有所不同。生产性服务业发展之初是为制造业企业提供中间投入品,但随着生产性服务业从制造业母体中剥离,其业务范围不仅包括满足母体企业的服务需求,还包括产出多样化的服务产品以满足行业内企业、其他工业生产者甚至某些个人消费者的服务需求。虽然生产性服务业企业可能也会直接服务于消费者,但这个比例较低,其产品的使

---

① 生活性服务业是相对于生产性服务业而言的,其直接为消费者提供产品或服务。也有文献将服务业划分为生产性服务业、消费性服务业和公共基础性服务业,如孙濮阳(2012)和邓仲良(2020),但学术界对于生产性服务业的中间投入特性形成了基本的共识。

用主体仍是生产者。生产性服务业的内涵特征图见图 0-1。

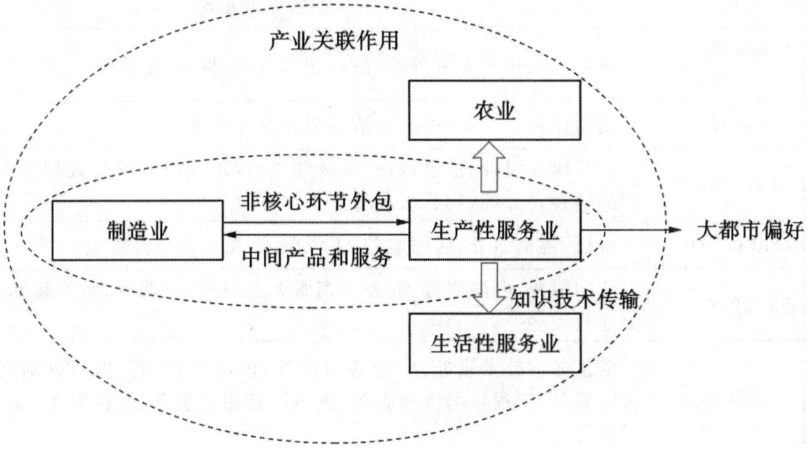

图 0-1　生产性服务业的内涵特征

（二）生产性服务业的范畴

由于学术界尚未对生产性服务业范畴形成一致意见，因此本节对国内外学者和机构给出的生产性服务业范畴进行了梳理。

1. 国外学者对生产性服务业范畴的认定

针对生产性服务业的概念和特征，研究者们一般采用投入-产出方法来识别具体的生产性服务业。一个特定服务业行业提供的产出中用于其他行业的中间投入的比重越高，该特定行业就越具有生产性服务业的性质；相反，则越具有生活性服务业的性质。一般把 50% 作为区分这两类服务业的参考分界线，高于 50% 的一般为生产性服务业，低于这一比重的为生活性服务业。基于这一界定方法，学术界通常将交通运输服务业、租赁和商务服务业、信息传输和软件业，以及金融业看作服务业中最具代表性的生产性服务业。

Browning 和 Singelman（1975）将法律、金融、保险等为企业提供专业服务的行业视为生产性服务业。Daniels（1985）认为生产性服务业包含货币储存与分配、办公室清洁和安全服务。Marshall 等（1987）认为生产性服务业几乎涵盖与信息、实物和个人支持有关的服务活动。Lundquist 等（2008）认为生产性服务业包括通信技术服务、营销、广告活动设计、金融证券等融资服务、法律服务、机械设备相关租赁业、工程技术咨询、科研等部门。表 0-1 梳理了部分学者对生产性服务业范畴的认定。

表 0-1　　　　　　　　国外学者对生产性服务业范畴的认定①

国外学者代表	生产性服务业范畴
Browning & Singelman(1975)	为客户提供专业服务的行业,包含金融、保险、法律等
Daniels(1985)	货币储存与分配、办公室清洁以及安全服务
Marshall 等(1987)	产品研发设计、信息咨询、市场调查、技术支撑等信息处理服务,以及产品储存及分配、物流服务等
Drerman(1989)	银行、咨询服务、法律服务、工程服务、贸易和专业协会
Noyelle(1990)	法律服务、金融服务、商务咨询服务、工程管理服务、航空运输及其他交通服务等
Lundquist 等(2008)	信息通信技术服务、广告活动设计、市场营销和其他咨询活动、科学研究服务、工程技术咨询服务、机器设备租赁服务、法律服务、金融融资服务等

2.国内学者对生产性服务业范畴的认定

国内学者对于生产性服务业的行业研究范畴主要分为三种不同观点,即"五产业说""六产业说""七产业说"。"五产业说"将交通运输、仓储和邮政业,租赁和商务服务业,金融业,信息传输、软件和信息技术服务业,科学研究和技术服务业五大产业作为生产性服务业;"六产业说"在上述五产业的基础上加入房地产业;"七产业说"在上述六产业的基础上加入批发和零售业。表 0-2 列举了不同生产性服务业细分行业范畴的代表学者。

表 0-2　　　　　　　　国内学者对生产性服务业的研究范畴

研究范畴	代表学者
"五产业说"	顾乃华(2010),李子叶等(2015),惠炜和韩先锋(2016),余泳泽等(2016),刘奕等(2017),邓仲良(2020),龚勤林和王舒鹤(2022)
"六产业说"	过晓颖(2013),江曼琦和席强敏(2014),席强敏等(2015),陈建军等(2010,2016),常瑞祥和安树伟(2016),郑江淮和陈英武(2017),张素庸等(2019)
"七产业说"	吉亚辉和甘丽娟(2015),豆建民和刘叶(2016),于斌斌(2016)

资料来源:作者结合伍先福的《生产性服务业与制造业协同集聚对全要素生产率的影响》整理。

---

① 王玉玲.中国生产性服务业与制造业的互动融合:理论分析和经验研究[D].上海:上海社会科学院,2017.

　　此外,也有学者采用不同的分类方法,如高觉民和李晓慧(2011)选取四个行业作为生产性服务业,包括交通运输、仓储和邮政业,金融业,房地产业,科学研究和技术服务业。余奕杉等(2020)和罗超平等(2022)在"五产业说"基础上加入批发和零售业。部分学者并不认可房地产业的中间投入品属性,如李平等(2017)、罗能生和郝腾(2018)、韩峰和阳立高(2020)均未将房地产业纳入生产性服务业范畴,而是在"五产业"基础上加入批发和零售业,水利、环境和公共设施管理业。有的学者认为生产性服务业所涵盖的行业类别较多,选取服务业细分行业中的九个行业作为生产性服务业,如曾艺等(2019)将交通运输、仓储和邮政业,批发和零售业,租赁和商务服务业,信息传输、软件和信息技术服务业,金融业,科学研究和技术服务业,水利、环境和公共设施管理业等九个行业作为生产性服务业。王磊和陈彦(2021)也选取了九个行业作为生产性服务业,分别是批发和零售业,住宿和餐饮业,交通运输、仓储和邮政业,房地产业,租赁和商务服务业,金融业,信息传输、软件和信息技术服务业,科学研究和技术服务业,以及教育业。

　　学术界对于生产性服务业的行业认定还未统一,特别是在行业标准未确定之前,其分类不同可能会导致测算及检验结果的千差万别。因此,为了更加准确反映当下生产性服务业的发展现状和集聚水平,基于生产性服务业的内涵特征,结合《生产性服务业统计分类(2019)》,明确本书生产性服务业的行业范畴,包括交通运输、仓储和邮政业,租赁和商务服务业,信息传输、软件和信息技术服务业,金融业,以及科学研究和技术服务业五个行业,下文所述的生产性服务业均指以上五个服务业细分行业。

　　3.国内外相关机构常用的生产性服务业范畴

　　除了国内外学者对生产性服务业范畴进行了认定外,国内外相关机构也明确了生产性服务业的范畴,本节梳理了当前国内外相关机构对生产性服务业涵盖范畴的认定(表0-3)。随着近年来新形势和新业态的出现,2017年中国国家统计局颁布了《国民经济行业分类》(GB/T 4754—2017)[①],在2019年对《生产性服务业分类(2015)》进行修订并颁布了《生产性服务业统计分类(2019)》[②],至此形成中国新的生产性服务业统计调查监测体系。

---

　　① 详见国家统计局网站 http://www.stats.gov.cn/xxgk/tjbz/gjtjbz/201710/t20171017_1758922.html.

　　② 详见国家统计局网站 http://www.stats.gov.cn/xxgk/tjbzhzd/gjtjbz/201904/t20190418_1758936.html.

表 0-3 国内外相关机构常用的生产性服务业范畴的认定

机构名称	生产性服务业范畴的认定	网址
国际标准产业体系（ISIC4.0）	运输和存储活动，金融相关活动，房地产活动，信息与通信活动，科学研究和技术活动，管理及支持性服务活动	http://euklems.net/
经济合作与发展组织	信息与通信活动，专业技术服务和科学研究活动，房地产活动，金融和保险活动，管理及支持性服务业活动	http://stats.oecd.org/
美国经济普查局	运输和存储活动，信息传输和处理活动，金融相关活动，房地产及相关活动，专业技术服务活动，管理活动	http://www.bea.gov/
加拿大统计局	金融相关活动，信息和通信服务，房地产活动，交通运输和仓储服务，批发贸易和商务服务	https://www.statcan.gc.ca/
英国国家统计局	运输和存储活动，通信活动及信息处理，商务性服务活动，科学研究和专业技术服务活动，管理支持服务活动	http://www.ons.gov.uk/
德国统计局	信息和通信活动，金融相关活动，商务服务	http://www.destatis.de/
日本统计局	信息和通信活动，金融相关活动，房地产活动，运输服务	http://stat.gov.jp/
中国国家统计局	研发设计与其他技术服务，货物运输、通用航空生产、仓储和邮政快递服务，信息服务，金融服务，节能与环保服务，生产性租赁服务，商务服务，人力资源管理与职业教育培训服务，批发与贸易经纪代理服务，生产性支持服务	http://www.gov.cn/zhengce/

资料来源：作者结合祝新（2016）和王玉玲（2017）的研究整理。

其中，中国国家统计局以《国民经济行业分类》（GB/T 4754—2017）为基础，并考虑到相关统计部门对生产性服务业数据的可获得性，确定了《生产性服务业统计分类（2019）》。该标准对符合生产性服务业特征的有关活动进行再分类，将生产性服务业划分为三层，其中包括 10 个大类，35 个中类，171 个小类。

（三）生产性服务业的分类

已有文献将生产性服务业的分类方法归纳为两种。

一是从知识和技术密集度的角度将其划分为高端生产性服务业和低端生产性服务业。通常的做法是将科学研究和技术服务业,信息传输、软件和信息技术服务业,金融业等作为高端生产性服务业,而将交通运输、仓储和邮政业,租赁和商业服务业作为低端生产性服务业(宣烨和余泳泽,2014、2017;张浩然,2015;曾艺等,2019;余奕杉等,2020;邓仲良,2020)。有的学者则划分得更为细致,如公维民等(2021)将生产性服务业划分为高端型、现代型和传统型三类,其中高端型生产性服务业主要包含研发涉及服务业的具有高知识密集度的行业,现代型生产性服务业包括金融保险和资本市场服务业、租赁和商务服务业,传统型生产性服务业包含农、林、牧、渔等生产性辅助活动和交通仓储物流。

二是从服务产品提供者角度,将生产性服务业划分为通过市场交易的生产性服务业和内部自我提供的生产性服务业(程大中,2006、2008;Cheng 和 Daniels,2014;程大中,2020)。早期的生产性服务业通常是内设于大公司内部的某个部门,随着生产性服务业规模的扩大,其逐渐成为独立的市场化主体,但仍然有某些大企业或集团出于其业务版图的均衡性或者战略性的考量,而在企业内部保留这些服务部门,如一些国有企业通常下设金融机构、研发机构等,因此形成了两类生产性服务业。

（四）生产性服务业集聚的概念

自 Scott(1988)首次提出"服务业集聚"这一概念后,学界的研究热点逐渐从制造业产业集聚转向服务业集聚,在研究深度上不断对服务业整体向生产性服务业等细分行业纵深发展。西方学者较早关注了生产性服务业集聚,但大多数学者并未对其进行明确的定义,一般采用现有的集聚概念进行研究。少数学者对生产性服务业集聚概念进行了界定,如 Keeble 和 Nacham(2001)从字面上理解,认为生产性服务业集聚就是指在一定的地理范围内大量生产性服务业企业的集中。国内学者也对生产性服务业集聚进行了定义,认为生产性服务业集聚是生产性服务业企业在分工深化过程中按照价值链展开并延伸(韩峰等,2011),并表现为在一定地理空间范围内的大量集中的空间布局现象(过晓颖,2013)。考虑到生产性服务业所具有的城市集聚特征,根据前文对生产性服务业范畴的认定,本书认为生产性服务业集聚是指交通运输、仓储和邮政业,租赁和商务服务业,信息传输、软件和信息技术服务业,金融业,以及科学研究和技术服务业五个行业企业在城市空间范围内集中,并形成产业内和产业间的链式或网络式的相互作用和关联的经济活动现象。

（五）生产性服务业集聚模式与测度方法

相较于制造业产品的有形性、标准化、易运输和存储的特点，生产性服务产品具有无形性、异质性、生产和消费的同步性以及易逝性的特点（刘胜等，2021），因此早期生产性服务业是依附于制造业并在工业集聚区附近集聚的。伴随我国经济逐步进入转型发展阶段，以及工业企业参与国际分工嵌入全球价值链导致对生产性服务需求的增加，生产性服务业企业数量和规模日益壮大，服务半径不断延伸，生产性服务业不再依附于制造业，其集聚模式和分布特点更加多样，表现为与当地的知识技术禀赋和生产效率演化密切相关（顾乃华和刘胜，2015），其集聚模式主要分为以下两种。

第一种是企业主导"原发式"集聚模式，依托区域产业优势由企业自发集聚而形成生产性服务业集群，这种集聚模式通常与当地制造业发展水平或地理区位有着直接的关联。以企业主导模式形成的生产性服务业集聚由于企业类型不同可能表现为不同的模式，包括：（1）由众多小企业原子式的集聚形成的马歇尔式新产业区模式；（2）以某一大型企业为核心和众多小企业围绕其发展的中心辐射模式；（3）由大型机构的分支机构集聚而成的卫星平台模式。其中，马歇尔式新产业区模式的内部企业的产业关联密切，企业间的知识技术传播和人员流动性更强，该模式具有内部导向性；中心辐射模式通常是由集聚区内一个或少数几个核心企业所支撑的，其与集聚区外部的制造业企业构成了上下游的产业关联，该模式具有外部导向性且集聚区内的流动性较弱；卫星平台模式主要是集群内企业与集聚区外部母公司之间进行联系，因此集群内部的联系较少。

第二种是政府主导"嵌入式"集聚模式，主要依靠政府牵头，以优惠的产业政策为引导而形成，典型的就是高新园区或大型国有组织入驻的产业园区，大型国有企业的加入吸引一批中小型企业在园区内集中，大型国有组织和这些企业间以分包合同为基础进行联系。

此外，随着信息技术产业的不断发展，虚拟生产性服务业集聚模式也应运而生，其不再追求传统空间地理位置上的邻近，生产性服务业协作的数量和选择空间更大，表现为从传统的线下集聚转变为线上集聚（谭洪波和夏杰长，2022），区域的选择更加多样化，区位选择半径由中心城区向近郊地区扩散（Glaeser，1998），降低了商业成本的同时也加强了对上下游企业的控制。

在测度方法上，与产业集聚的测度方法相似，[①]对于生产性服务业集聚测度的主要指标包括：区位商指数、赫芬达尔-赫希曼指数、专业化和多样化集聚指数、地

---

① 王珺等.产业集聚与区域经济协调发展研究［M］.北京：经济科学出版社，2012：36-38.

理集中指数和产业地理集中度指数,目前使用较多的是区位商指数。表 0-4 为部分产业集聚度测度方法的比较。

表 0-4 部分产业集聚测度方法的比较

测度方法	主要思路	代表学者	优缺点
区位商指数	某地区生产性服务业就业人数占该地区总就业人数比重与全国生产性服务业就业人数与全国总就业人数比重的比值[①]	过晓颖(2013),张浩然(2015),李子叶等(2015),惠炜和韩先锋(2016),余泳泽等(2016),刘奕等(2017),曾艺等(2019),陈晓峰(2020),陈晓峰和赵德运(2022),李涛等(2022)	消除区域规模差异,但各种集聚效应都混在一起
专业化和多样化集聚指数	通过横向和纵向的方法分别测度。专业化集聚指数代表了生产性服务业某细分行业内的专业化程度,多样化集聚指数代表了生产性服务业行业间的集聚程度[②]	Combes(2000)、韩峰等(2011)、席强敏等(2015)、于斌斌(2016)、韩峰和阳立高(2020)、余奕杉等(2020)、王磊和陈彦(2021)、苏晓艳和李镇南(2022)	能够区分不同类型的集聚
专业化、多样化和波特指数	源于城市经济学理论中的外部性理论	于斌斌等(2015),文丰安(2018),黄繁华和郭卫军(2020)	分别对应 Marshall、Jacbos 和 Porter 外部性,具有理论基础
赫芬达尔-赫希曼指数	测度多样化集聚水平[③]	宣烨和余泳泽(2017),戴美虹(2020)	能够测度不同产业间的集聚水平
地理集中指数	企业区位选择的自然优势和地理邻近的溢出效应模型推导	罗勇和曹丽莉(2005)	考虑产业内企业的分布情况,能够区分随机集中和源于共享外部性或自然优势的集中,但数据获取较为困难
产业地理集中度指数	衡量经济活动地理分布的情况	王业强和魏后凯(2006)	考虑空间差异,但测算较为复杂

[①] 有的文献中亦采用产业产值进行测算。

[②] 在城市经济学中,也将专业化集聚看作本地化经济,将多样化集聚看作城市化经济。

[③] 事实上多数文献中使用赫芬达尔-赫希曼指数测度多样化集聚水平,也有文献仅使用该指数作为生产性服务业集聚水平的测度指标。

二、经济高质量发展

从历史进程看,在中国经济发展历程中,新状态、新格局、新阶段总是在不断形成,经济高质量发展是立足于新发展阶段,适应新形势下社会主要矛盾变化而对经济发展方式做出的重要调整,是为破解资源约束难题和满足人民对美好生活追求而必须长期遵循的发展原则,是根据现阶段经济发展特征而提出的总括性战略要求。

(一)经济高质量发展的概念及内涵

自党的十九大提出"经济高质量发展"以来,学术界开展了广泛的讨论,主要从政治学、社会学、经济学和宏中微观角度讨论经济高质量发展的理论内涵和实现路径。与传统经济发展方式相比,其主要特征表现为:一是从传统要素比较优势转向更多的新要素,如人力资本和数据要素(杨耀武,2021;任保平,2020);二是从"唯GDP论"转向更多元的微观需求,如对产品、服务质量提升和消费升级的需求(张涛,2020;杨耀武,2021);三是增加"非经济"因素,将经济高质量与社会高质量、治理高质量联系起来,认为前者是后两者的输出,将制度因素、营商环境、政策的稳定和连续等视为经济高质量发展的保障(高培勇,2019、2020;国家发展改革委经济研究所课题组,2019);四是考虑了生态环境因素,将自然资源要素和生产可能性边界的环境约束置于高质量发展的过程中,将生态财富与物质财富"捆绑"纳入财富理论中(任保平,2020);五是从单一经济绩效目标转向"以人的发展"为导向的经济社会福利目标(宋国恺,2018;金碚,2018;任保平和李禹墨,2018),经济高质量发展的最终目标是社会福利水平的普遍提升,以及未来社会福利水平的可持续增长,人们生活水平得到持续改善。表0-5列举了近年来国内学者基于不同视角做出的关于经济高质量发展的定义。

表 0-5 　　　　　　　　　　关于经济高质量发展的定义

视角	代表学者	定义
政治学角度	高培勇(2019、2020)	能够更好地满足人民日益增长的美好生活需要的发展,始终秉持创新、协调、绿色、开放、共享的新发展理念,是一种演化着的整体发展观
	张军扩等(2019)	以满足人民日益增长的美好生活需要为目标的高效率、公平和可持续的发展

续表

视角	代表学者	定义
社会学角度	任保平和李禹墨(2018)	强调经济、社会和生态效益三者的结合,体现人与经济社会相协调的一种包容性的增长
	宋国恺(2018)	指人的全面发展、社会的全面进步以及社会基础的不断强化
	金碚(2018)	能够更好满足人民不断增长的真实需要的经济发展方式、结构和动力状态
经济学角度	国家发展改革委经济研究所课题组(2019)	核心内涵就是供给体系的质量高、投入产出效率高、发展稳定性高
	李金昌等(2019)	强调经济发展成效与成果高质量的发展,是在保证一定经济发展速度的前提下,经济发展成果在"量"的基础上实现"质"的优化和飞跃
	简新华和聂长飞(2019)	"四高一好"的发展,即产品和服务质量高、经济效益高、社会效益高、生态效益高和经济运行状态好
	龙少波等(2022)	通过质量、效率和动力三大变革,最终实现创新、协调、绿色、开放、共享五大目标的动态过程
宏中微观角度	中国社会科学院经济研究所中国经济增长前沿课题组(2021)	经济增长的一国(或地区)在一定时期内因经济发展使居民当期所享受的社会福利水平提升,以及未来社会福利水平可持续提升的能力
	王一鸣(2018)	强调产品、产业和整个经济的微观、中观和宏观的全面发展
	任保显(2020)	能够保证产品从生产、分配、流通到最终被消费完毕整个过程中生产成本和交易成本最小化的经济运行状态

党的十九大对我国社会的主要矛盾转变做出了重要研判,即从"人民日益增长的物质文化需要同落后的社会生产之间的矛盾"转化为"人民日益增长的美好生活需要和不平衡不充分的发展之间的矛盾"。这一转变由我国经济发展的阶段性特征变化决定,是中国经济迈上高质量发展道路的逻辑起点(高培勇,2019)。社会主要矛盾的转变意味着从注重数量、满足人民基本物质文化需要的总量性矛盾转向注重质量、关注人的全面发展的结构性矛盾(吕承超等,2021),即从"有没有"转向"好不好",这一转变主要是依靠改革开放近40年的总量积累,在"赶超"阶段中国形成了经济发展体量大、工业基础雄厚、消费市场广阔、产业链条完备等系列成果

（王维平和牛新星，2021），中国从根本上扭转了计划经济时代供不应求和物资短缺的客观事实。在此阶段，劳动力从第一产业释放并转移至生产率更高的第二、三产业，劳动供给效应和效率提升效应抵消了边际报酬递减规律支配的资本积累效应，使得高投资具有内在的可延续性（冷成英，2021）。但是进入新时期，资本积累效应逐渐增强，人口增长率增速下滑致使劳动供给效应逐渐式微，同时改革进入深水区，效率提升幅度有限，导致资本积累效应超过劳动供给效应和效率提升效应之和。在这种情况下，投资驱动模式难以为继。因此，要实现经济高质量发展，应摒弃过去围绕增速"快"而形成的粗放型做法，特别是跳出思维"惯性"的泥潭，实现从"数量追赶"转向"质量追赶"。这一转变的前提是从注重规模转向注重效率，从注重产量转向注重质量，从注重总量转向注重人均，不仅是劳动、资本、土地要素的生产率提升，亦是在保持经济稳定性前提下的全要素生产率提升（王一鸣，2020）。

经济向高质量发展的转型过程中，优化经济结构必须以产业结构的整体提升为中心，在这一过程中要将发展现代农业、培育战略性新兴产业与构建现代服务业体系进行有机结合并使其协调统一（孙智君和陈敏，2019）。其中，农业是国家的根本和命脉，我国作为世界人口第一大国，粮食安全不仅事关民生，更是重要的战略安全问题，粮食短缺可能引发经济动荡甚至政治危机；制造业是国民经济主体，是经济高质量发展的基础，在 GDP 中应该拥有较为稳定的占比，其中高端制造业产业链的稳定性能够保证产品的国际竞争力，进而提升国家竞争优势，低端制造业的转型升级能够有效稳定制造业占比和带动就业；服务业是新的增长极，特别是现代服务业，要实现生产性服务业和一般生活性服务业向技术创新型服务业，以及知识消费型服务业转型升级（陈昌兵，2018）。此外，产业结构对一国经济意义重大（Matsuyama，1992；Caselli，2005），产业结构优化有利于缩小地区间经济差距（戴觅和茅锐，2015）。经济高质量发展是第一、二、三产业协调发展，而不是某一产业的"独秀"，是高技术含量产业在制造业中比重的提高，是实现生产性服务业对制造业的有效支撑以实现产业链由中低端向中高端跃升，是进一步提升生活性服务产品品质和附加值，提高人民的消费满意度，成为制造强国和服务贸易大国。

经济的高质量发展应当是考虑资源环境约束的绿色增长，是不以牺牲环境和后代人的利益为代价的增长，因此要从绿色发展角度重新进行审视经济高质量发展，转变狭义的经济发展观，将经济高质量发展扩展至生态和可持续发展上。Barbier（1987）、Pearce 等（2013）认为，高质量发展是在保持自然资源和生态环境质量的同时实现经济净效益最大化。胡鞍钢（2014）认为经济系统造成的环境损害如果难以被自然系统的自我消解能力弥合，那么自然系统将不能继续支持经济系统的正常运作，甚至会产生反向的破坏性作用。事实上，随着自然资源枯竭和边际技术进步的放缓，资源环境的保护显得尤为重要，过去"先污染后治理"的做法不仅花费大量人力、物力、财力,更会造成难以评估的生态环境损失。因此,经济高质量发展将生产力的发展调向保护(任保平,2020),将绿色发展理念嵌入生产全过程。它是绿色能源、绿色技术、绿色生产组织方式的结合,应在自然环境可承受和可持续的范围内,充分利用稀缺的自然资源并将其转化为生产力,将财富理论扩容至生态财富与物质财富,实现从"高碳增长"转向"绿色增长"。

经济高质量发展在保障经济适度增长的前提下,以改善人民生活水平为最终落脚点(逄锦聚等,2019),具有民生指向观。Arrow 等提出,如果要保障下一代享受到至少与当代人同等程度的福利,那么需要保持物质资本、人力资本和自然资本所构成的人均复合财富的稳定,[①]他强调人均的思想,即从人的发展本身出发。马斯洛的需求层次理论和马克思的人的全面发展理论都提出人的需求会随着经济社会发展和自身处境的改善而不断增进和演变,形成包含生存、发展和自我实现的层次推进(张涛,2020)。因此,在人民生活水平普遍提高的前提下,解决和满足人民群众需求层次的提升,是"好不好"和"满不满意"的问题(赵剑波等,2019),强调人民群众的"基本福利权力"。经济高质量发展的重要内涵就是增加公共服务的可及性(张军扩等,2019),将经济高质量发展的宏观、中观建设成果落实于民众可感知和真受益的生活品质改善之上,是良好的基础设施、优质的医疗教育资源、舒适的生活环境的综合体现,因此经济高质量发展的最终目的是提升民生福祉。

经济高质量发展促使经济增长从物质供给转向满足人的全面发展,强调围绕以人民为核心的根本命题,从单一的经济数量增长拓展至产业结构优化协调、资源集约利用、环境保护以及人民群众物质和精神生活水平提升等经济社会领域。因此,本书认为经济高质量发展的内涵包括宏观层面的经济增长质量高,中观层面的产业结构比例优、节能减排效果好,以及微观层面的民生福祉提升快,其核心驱动力为科技创新,基本路径是绿色发展,根本目标是人的全面发展。

(二)现有文献对经济高质量发展的测度

国内学术界对于经济高质量发展的测度大致可分为三类。第一类是采用单一指标刻画经济高质量发展水平,通常以生产率指标衡量,如人均 GDP(廖祖君和王理,2019)、劳动生产率(陈诗一和陈登科,2018;徐现祥等,2018)、全要素生产率(马茹等,2019;刘思明等,2019)、绿色全要素生产率(GTFP)(余泳泽等,2019)等。第二类是基于"五大发展理念",围绕"创新、协同、绿色、开放和共享"分层次构建指标体系进行测度(詹新宇和崔培培,2016;鲁亚运等,2019;刘瑞和郭涛,2020)。第三

---

① ARROW K J,DASGUPTA R,GOULDER L H, et al. Sustainability and the measurement of wealth[J]. Environment and Development Economics,2012,17(3):317-353.

类是基于经济高质量发展的内涵及特征构建指标体系,如杨耀武和张平(2021)从经济成果与分配、人力资本及其分布状况、经济效率与稳定性、自然资源、环境及社会相关指标五个维度构建指标体系。聂长飞和简新华(2020)依据"四高一好"从产品和服务质量、经济效益、社会效益、生态效益以及经济运行状态等五个方面进行分析。张涛(2020)从宏中微观角度构建"区域—行业—企业"三级高质量发展指标体系,从"创新、绿色、开放、共享、高效和风险防控"六个维度进行测度。魏敏和李书昊(2018)从经济结构优化等十个方面构建经济高质量发展水平测度体系。

国外的研究多聚焦于经济增长质量,其中 Mlachila 等(2014)对联合国人类发展指数(HDI)进行改进,构建了经济增长质量指数(QGI),用以测度90多个发展中国家的经济增长质量,该指数从增长基本面和社会成果两方面进行测度。Frolov 等(2015)采用矩阵法,根据人均发展指数和年均生产率增长率构建了区域经济增长质量评价体系。Qi(2016)构建的经济增长质量测度体系涵盖了经济规模、绩效、结构和协调度等内容。Asongu(2017)对 QGI 指数进行改进,将包容性增长纳入指标体系中。此外,国外权威机构和主要国家也发布了关于经济发展质量的评价指标,见表0-6。

表0-6　　　**国外权威机构和主要国家关于经济发展质量的评价指标**

机构名称/指标体系	主要指标	特点
联合国可持续发展委员会(1992)	包括经济指标、制度指标、环境指标和社会指标在内的"驱动—状态—响应"模型	指标体系主要偏重于对现状和历史数据的分析
联合国统计局(1994)	从经济、大气环境、固体废弃物、社会经济活动以及可持续发展等方面构建了指标体系	指标体系比较复杂,而且大多数指标比较偏重环境方面
世界银行(1995)	从自然资本、人力资本、人造资本和社会资本等四个方面构建指标体系	否定了以人造资本衡量经济社会的可持续发展,但未考虑地域的差异性
美国新经济评价指标体系(1999)	围绕知识型就业、全球化、经济活力、数字经济和创新能力5个方面进行评价	侧重于创新、数字经济等新型业态
联合国环境问题科学委员会(2003)	经济发展方面的指标主要包括经济增长、收支平衡、国家债务和存款率等	克服了指标体系、指标数目过多的缺点,对指标当前值和目标值赋予不同的权重

续表

机构名称	主要指标	特点
欧盟可持续发展评价指标体系(2006)	主要反映经济发展、资源管理、环境保护、社会发展水平	自 2007 年起每两年发布一次,2017 年调整后共计 17 个指标,指标体系比较复杂
德国国家福利测度指标体系(2010)	包含贫富差距、消费支出、国家实力、福利增加、福利降低、环境损害 6 个方面	关注社会公平、环境破坏、自然资源损耗等单纯 GDP 度量的缺失面
荷兰绿色增长评价指标体系(2012)	包括环境生产率、自然资产基础、生活环境质量、经济机遇和政策回应 4 个方面	主要侧重环境方面的指标

资料来源:在张景波(2019)、李金昌等(2019)的研究基础上进行整理。

总体来看,对经济高质量发展的测度呈现出由单一指标衡量向综合评价指标体系发展,从仅注重经济增长转向关注包含非经济因素的合意增长,从宏观国家层面向中观产业和微观企业层面延伸的趋势。现有比较流行的做法是以 TFP 来衡量经济高质量发展水平,但 TFP 仅仅是经济生产效率的一个衡量指标,单个指标能否真实反映出整个经济系统的发展质量水平仍受到质疑。虽然随着环境经济学的崛起,有学者将资源环境要素、合意和非合意产出纳入 TFP 的测算中,试图采用绿色全要素生产率衡量经济高质量发展水平,但该指标对于衡量包含宏中微观层面信息的经济高质量发展水平显然力不从心。此外,有学者构建了经济高质量发展指标体系,根据经济高质量发展的内涵选取合适的指标进行多维度构建,形成了较为全面的指标体系,但限于数据的可获得性,无法进行测算,进而不能获得可比结果,如李金昌等(2019)虽然构建了较为全面的指标体系,但数据难以获取,特别是省级或者城市级数据缺失严重导致指标体系的可实施性较弱。

(三)经济高质量发展评价体系的构建

虽然目前学术界还没有找到很好的方法来对经济高质量发展水平进行准确而权威的刻画,但本书认为经济高质量发展仍需通过完善的指标体系、精准的指标选取以及准确的计算来衡量,因此下面将着重介绍构建经济高质量发展评价体系的具体过程。

要准确评价经济高质量发展并非易事,需要在全面准确和可实施之间进行权衡。因此,本书结合现有研究总结了构建经济高质量发展评价指标体系所需遵循的原则,继而提出符合经济高质量发展内涵的评价指标体系。

1. 构建经济高质量发展指标体系需遵循的原则

第一，应该突出"经济高质量"。经济高质量和高质量具有一定的区别，经济高质量更强调从经济总量、结构、效率的角度来评估中国当前的经济发展水平，而高质量的范围则更为广泛，包括但不限于政治、国防、安全、军事等多方面，因此本书在选取指标时更偏重经济指标以及其背后的经济含义。

第二，指标选取应该少而精。抓住真正核心的指标，不能因众多不重要的指标稀释掉重要指标所包含的意义。过多指标的堆积不仅难以反映出真实的情况，还会对结果产生干扰，进而可能得到不正确的结论，同时增加数据搜集、处理和计算的工作量。

第三，应该区分过程指标与结果指标。本书是对经济高质量发展水平状态的测评，因此在选取指标时偏重于反映经济高质量发展状况的结果指标。因为在更多情况下，过程与结果之间表现为相关式的因果关系。将过程与结果指标混合在一起使用可能会产生高投入掩盖低产出的情况，甚至可能会得出高投入低产出优于低投入高产出的错误结论。

第四，应该考虑数据的可获得性。在选取指标时需要充分考虑数据的可获得性，真实可靠的数据是得出真实、客观评价结论的前提，若数据无法获取或者获取不全，则会直接影响测算工作。

第五，应该将多种类型指标相结合。经济高质量发展评价是一个涵盖宏中微观层面的复杂问题，必须根据需要来确定评价指标，做到总量指标与质量指标、客观指标与主观指标、正向指标与逆向指标相结合。

2. 经济高质量发展评价体系的构建和指标选取

根据前文有关经济高质量发展的内涵，按照经济高质量发展指标体系构建所需遵循的原则进行指标体系的构建。从经济增长质量、产业结构比例、节能减排效果以及民生福祉提升四个维度，结合评价体系的可操作性、评价指标数据可得性，构建包含4个维度、9个分项指标、23个基础指标的经济高质量发展评价指标体系（表0-7）。

经济增长质量包含经济成果与效率和经济波动两个分项指标。经济成果考虑产出在微观层面的配置问题，采用人均地区生产总值在一定程度上衡量不同区域之间成果分享的差异。经济效率通过系统运作中的投入产出效率来衡量（谢康等，2021），反映利用单位要素所获得的产出情况（钞小静和任保平，2011）。效率作为经济增长的永恒主题填平了各种低效率洼地（秦放鸣和唐娟，2020），是经济增长质量的重要内容，也应成为经济高质量发展的衡量工具。本书选取能够反映劳动、资本和土地这些基本要素的产出效率的指标，此外还选取全要素生产率指标，其中劳动、资本和土地作为生产要素反映了要素的投入产出水平，而全要素生产率作为经济增长中最重要的动力源泉被学者广泛证实。在全球经济衰退的大背景下,中国经济当前不仅肩负着转型升级的任务,而且要面对国内外复杂的政治环境,因此需要相对稳定的增长环境(盛毅,2020),经济波动会造成资源配置的扭曲从而阻碍经济效率的提高。保持经济稳定性、经济增长的稳定性和政策制定的连续性,不至于使得经济大起大落,减少对实体经济特别是小微企业的冲击。因此,选用经济增长波动和失业率指标,其中经济增长波动参考师博和张冰瑶(2019)的做法,采用包括当年在内的近三年经济增速的变异系数。由于小微企业提供了我国80%的就业岗位,因此失业率不仅反映了宏观经济状况,且在一定程度上反映了市场主体的运行状况。此外,劳动生产率参考范剑勇(2006)的做法,采用第二、三产业增加值之和与第二、三产业从业总人数的比重,资本生产率参考张军(2004)和单杰豪(2008)的做法得到,全要素生产率使用SBM-GML指数[①]并根据李斌等(2013)的做法得到,失业率参考张车伟(2003)的测算方法。

产业结构比例包含产业结构和产业协调两个分项指标。从中观层面来说,要实现经济高质量发展,首先产业要高质量发展,因此从产业结构角度看要实现产业结构的高级化,虽然中国在经济全球化浪潮中获得了巨大的红利,工业生产率水平一度远高于农业和服务业,进而促使生产要素从低生产率部门向高生产率部门流动,但是伴随着工业生产率的趋势性下降,服务业比重逐步提高,我国产业愈加趋向于以服务业为主导,这与世界其他经济体的发展历程一致,也符合经济发展规律。因此本书采用产业结构高级化[②]和产业结构合理化[③]对产业结构加以衡量,两个指标均参照干春晖(2011)的做法。此外,产业结构比例不仅指产业间产业总量比值关系的变动,还表现为各产业效率的提升和产业间的协调发展,经济高质量发展并不是某一产业生产率超高,各产业间的劳动生产率差异不宜太大,因此采用三次产业比较劳动生产率代表产业协调。

节能减排效果包含能源消耗和环境污染两个分项指标。经济高质量发展不仅追求效率的提升,更强调对环境的友好。经济活动的无序扩张造成自然资源和环境的耗损,这种损耗主要体现为对人类赖以生存的大气、水以及土壤的污染,造成了空气质量恶化、人均淡水资源占有量减少和土地荒漠化等难以挽回或者无法挽回的恶劣后果。同时以化石燃料为主的能源消耗造成工业废水、废气等污染严重威胁人类生存。自然资源退化可能影响经济增长率(Daly,1997),而环境污染所诱发的各类疾病将增加过早死亡的风险并增加医疗系统负担(Arceo等,2016)。本

---

① SBM-GML指数是指考虑非期望产生的非径向数据包络分析方法。

② 产业结构高级化采用第三产业增加值与第二产业增加值比重衡量,这基于我国三产比重与西方发达国家相比还有差距的客观现实。

③ 产业结构合理化着眼于要素资源在产业间的配置和利用效率。

书选取单位 GDP 能源消耗和单位 GDP 电力消耗作为能源消耗的主要指标,单位工业产值污水排放量和单位工业产值废气排放量作为环境污染的主要指标。

民生福祉提升包含基础设施建设、教育医疗条件和人居环境状况三个分项指标。经济高质量发展的最终落脚点是满足人民对美好生活的向往,基础设施建设反映了社会所提供的公共服务的物质工程设施,是居民的物质生活和精神生活基础,本书采用人均拥有公共图书馆藏量、人均道路铺装面积以及人均互联网宽带接入端口数来表示。教育能修正人的灵魂,医疗则修正人的身体,因此教育、医疗是促进人全面发展的重要保障,本书选取医疗卫生机构床位数以及教育支出占财政支出比例来表示教育医疗条件。其中教育支出占财政支出比例采用教育事业支出与地方一般公共预算支出比值表示。人居环境状况作为美好生活和经济高质量发展的题中应有之义,其好坏直接影响居民的满足感和幸福感,本书采用绿地覆盖率和生活垃圾无害化处理率来表示。

表 0-7　　　　　　　　　　　经济高质量发展评价指标体系

方面指标	分项指标	基础指标	单位	指标属性	
				正向指标	逆向指标
经济增长质量	经济成果与效率	人均地区生产总值	元/人	√	
		劳动生产率	—	√	
		资本生产率	—	√	
		土地生产率	—	√	
		全要素生产率	—	√	
	经济稳定性	经济增长波动	—		√
		失业率	%		√
产业结构比例	产业结构	产业结构高级化	%	√	
		产业结构合理化	%	√	
	产业协调	一产劳动生产率	元/人	√	
		二产劳动生产率	元/人	√	
		三产劳动生产率	元/人	√	
节能减排效果	能源消耗	单位 GDP 能源消耗	—		√
		单位 GDP 电力消耗	—		√
	环境污染	单位工业产值污水排放量	—		√
		单位工业产值废气排放量	—		√

方面指标	分项指标	基础指标	单位	指标属性	
				正向指标	逆向指标
民生福祉提升	基础设施建设	人均拥有公共图书馆藏量	册/人	√	
		人均道路铺装面积	平方米/人	√	
		人均互联网宽带接入端口数	—	√	
	教育医疗条件	医疗卫生机构床位数	张	√	
		教育支出占财政支出比例	％	√	
	人居环境状况	绿地覆盖率	％	√	
		生活垃圾无害化处理率	％	√	

第三节　研究内容和技术路线

一、研究内容

本书研究内容包含以下七个部分：

第一部分为绪论。首先，介绍本书的研究背景，阐明研究的理论和现实意义。其次，对生产性服务业集聚以及经济高质量发展进行概念界定，明确两者的内涵和外延，对生产性服务业集聚和经济高质量发展水平的测度方法进行梳理和比较，并提出本书构建的有关经济高质量发展的评价体系。最后介绍本书的主要研究工作及技术路线，以及可能存在的创新点。

第二部分为文献综述，主要回顾和梳理与本研究相关的文献。第一章第一节概述国内外关于生产性服务业集聚的相关研究，从生产性服务业集聚的空间区位和影响集聚的因素两个方面进行梳理。第一章第二节对经济高质量发展的相关文献进行回顾，重点梳理其发展脉络，经济高质量发展经历了以要素驱动的数量型经济增长阶段、以创新驱动的质量型经济增长阶段以及注重政治、经济、社会、环境、文化等因素的多维度的经济高质量发展阶段。第一章第三节梳理生产性服务业集聚影响经济高质量发展的相关文献，从经济、产业、环境和福利视角进行全面、系统的梳理。第一章第四节对现有的文献展开评述，总结既有研究的不足之处。

第三部分为理论内容，包含理论基础、研究假设和作用机理。第二章重点梳理产业集聚理论和与本研究密切相关的绿色经济理论，基于这两组理论提出生产性服务业集聚对经济高质量发展影响的基本假设,包括生产性服务业集聚对经济高质量发展的空间溢出效应以及其对经济高质量发展各维度的影响分析。第三章进一步论述生产性服务业集聚对于经济高质量发展的三条作用机制,包括生产性服务业集聚产生的规模经济效应、技术创新效应及资源配置效应,采用逻辑演绎和数理模型推导相结合的方式说明生产性服务业集聚对于经济高质量发展的作用机理。

第四部分具体分析生产性服务业集聚与经济高质量发展的特征事实,测度生产性服务业的集聚程度和经济高质量发展指数,总结其所面临的问题。发现近年来虽然生产性服务业行业呈现较快增长态势,但存在高端生产性服务业发展滞后、创新引领不足、附加值较低、有效供给不足且质量偏低、供给能力有限等问题。2013年后逐渐呈现出生产性服务业集聚与制造业集聚相互分离的趋势,形成了生产性服务业的自我循环倾向,产业关联的弱化拖累了产业结构升级。生产性服务业对绿色生产方式的作用不明显,地方政府虽着力于发展现代服务业,但区域间的产业政策同质化明显,未充分挖掘本地优势,导致生产性服务业行业雷同、业态重构、层级重叠、模式相同、区域间同质化明显、特色不足等,而多头并进和盲目发展不仅效率低下,且容易引发恶性竞争。

第五部分采用空间计量手段实证检验了前文的理论假设。第五章第一节采用SDM模型检验发现生产性服务业专业化集聚和多样化集聚存在正向空间溢出效应。为缓解内生性,使用GS2SLS模型和地理工具变量验证结论的稳健性。此外,采用异质性分析了解各细分行业和分区域状况。第五章第二节从生产性服务业集聚对经济高质量发展的各分维度进行检验,发现生产性服务业集聚对于经济增长质量具有促进作用,但仅表现为对经济成果与效率的正向作用,对于经济稳定性并不产生显著的影响。第五章第三节从生产性服务业集聚对整体产业结构优化和制造业产业结构优化的影响两个方面进行验证,发现其对于整体产业结构优化高质量发展并没有显著的促进作用,甚至加剧了不同产业间的生产率差异,不利于行业间的生产率水平收敛。从制造业结构升级角度分析,相较于中端制造业而言,生产性服务业专业化和多样化集聚更能促进高端制造业发展。第五章第四、五节检验生产性服务业集聚对于节能减排效果和民生福祉提升的影响,发现生产性服务集聚能够促进本地的节能减排,且具有正向的空间溢出效应。专业化和多样化集聚对于制造业的节能减排效果并没有体现。生产性服务业集聚确实具有低能耗和低资源依赖的特点,但并未有效发挥对制造业节能减排的效果,制造业企业对于高端生产性服务的需求更多是为了提高生产效率,获得更大的市场和更多的利润,而对绿色生产方式的改造、绿色技术的应用则相对较少。生产性服务业集聚能够显著促进民生福祉提升,且主要通过提高基础设施水平和医疗水平两方面促进经济高质量发展,但对人居环境作用并不明显。

　　第六部分从生产性服务业集聚基于规模经济、技术创新和资源配置对于经济高质量发展影响的三条作用机理进行验证。第一节从制造业行业层面发现生产性服务业集聚通过降低制造业成本促进经济高质量发展的作用明显,其中专业化集聚发挥的作用更大。从沪深 A 股企业层面验证生产性服务业集聚通过发挥规模经济效应为企业提供价低质优的专业化中间服务,节约生产经营成本,有利于全要素生产率的提升。第二节采用中介机制检验生产性服务业集聚是否通过技术创新效应作用于经济高质量发展,实证检验发现技术创新在生产性服务业专业化集聚与经济高质量发展之间发挥了显著的部分中介作用,中介效应占比为3.86%,说明我国生产性服务业专业化集聚通过技术创新促进经济高质量发展的作用较弱。技术创新在生产性服务业多样化集聚与经济高质量发展之间并未起到中介作用,虽然多样化集聚对技术创新具有促进作用,这与现有文献结论基本一致,但生产性服务业多样化集聚产生的技术创新并未从产业走向整体经济效率的提升,更未形成普惠的民生改善。这主要缘于我国的多样化集聚水平不高,产业间的相互协作和创新作用更多作用于企业或产业效率的提高,但对整体社会经济高质量发展还未产生显著影响,本书认为现有文献的结论可能过于乐观。对于各细分行业而言,技术创新中介效应存在于商务服务业专业化集聚、金融业多样化集聚以及科学研究和技术服务业专业化集聚中。第三节验证生产性服务业集聚通过纠正资源错配来实现经济高质量发展。为进一步探究资源配置扭曲的来源,从市场分割的角度探讨政府的地方保护对于资源配置的扭曲所产生的影响,发现我国仍存在较为严重的商品和要素市场分割现象,且要素市场分割现象更为严重。市场分割会削弱生产性服务业集聚对于资源错配的改善效果。按照分时段研究测算发现,市场分割不仅阻碍了生产性服务业对于资源错配的纠偏作用,且在一定程度上拉大了地区间的发展差距。

　　第七部分为结论、对策与展望。综述全书的主要结论,并在此基础上提出汇聚中高端要素,提高创新驱动能力;优化制造业企业与生产性服务业空间布局;增强对农业和服务业的支持作用;结合地方产业优势,合理实施产业政策;充分发挥生产性服务业的绿色服务功能;改变地方政府主导型产业政策的实施方式。最后提出研究局限及展望。

二、技术路线

　　本书研究工作的技术路线如图 0-2 所示。

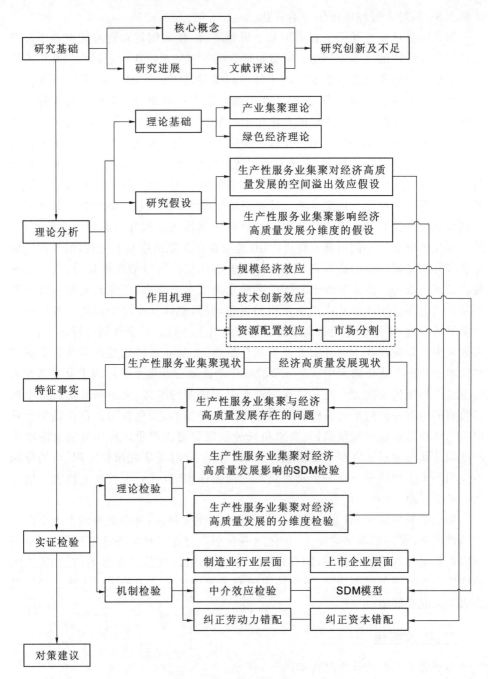

图 0-2　技术路线图

第四节　研究的创新点

本研究可能存在的创新点有以下几点。

第一,目前虽有关于生产性服务业集聚对经济高质量发展子命题的研究,但较为零散,未将生产性服务业集聚放在经济高质量发展相关理论框架下进行全面、系统的探讨。此外,生产性服务业集聚究竟以何种路径作用于经济高质量发展,以往的研究并未形成统一的理论分析框架。本书从空间和产业的视角探讨生产性服务业集聚对经济高质量发展的影响,从生产性服务业集聚对经济增长质量、产业结构升级、节能减排效果以及民生福祉提升四个方面展开分析,较为全面地梳理了生产性服务业集聚对经济高质量发展影响的动力来源和作用机理。

第二,作用机制方面,以往文献对于生产性服务业集聚对经济高质量发展的作用机理的探讨并不多,本书对生产性服务业集聚基于规模经济、技术创新和资源配置三条路径对经济高质量发展的影响进行理论分析和实证检验。不仅如此,现有文献对作用机理的检验尚显不足,由于规模经济通常难以衡量和捕捉,现有文献对规模经济的探讨往往停留于定性分析。本书从行业和微观企业两个层面实证检验了规模经济效应的存在。此外,针对生产性服务业集聚和经济高质量发展的空间非均衡性特征背后的逻辑进行分析,发现空间资源分配的扭曲不利于经济高质量发展,但生产性服务业集聚能够缓解资源扭曲,目前鲜有文献关注到生产性服务业集聚的资源配置效应,更没有研究从市场分割的角度剖析这一扭曲现象,事实上,商品和要素市场分割现象仍普遍存在,而行政级别较高的城市则表现得更为明显。本书从市场分割视角进一步分析了生产性服务业集聚程度在 2013 年左右开始下降的原因,进而解释了经济高质量发展的不平衡和不充分现象,以期对现有研究进行有益的拓展和补充。

第三,研究尺度方面,以往对经济高质量发展的研究多从宏观和中观层面分析全国或省域层面的经济高质量发展水平,本书以 261 个地级城市为研究对象,不仅扩充了样本数量,而且符合生产性服务业集聚于城市的特点,得到的研究结论更为严谨,为地方的产业政策制定提供了一定参考。

第四,检验方法方面,分析了生产性服务业集聚和经济高质量发展的空间特征,采用空间计量模型进行实证检验,以往研究未充分考虑内生性问题,本书采用 GS2SLS 模型分析生产性服务业集聚所产生的"时空惯性"影响,并加入地理特征工具变量进行估计,保证了结果的稳健性。

第一章　文献综述

随着西方主要经济体服务业的迅速发展,有关生产性服务业的研究成为国外学者追逐的热点。近十余年来,随着中国服务业占比的总体提升,特别是信息通信、金融、科学技术等生产性服务业的迅猛发展和其产业空间形态的初步建立,国内学者对生产性服务业集聚的经济效应和产业结构效益开展了广泛的讨论,但对其生态效益和福利效益的探讨尚显不足。本章对相关文献进行回顾与梳理(图 1-1),为本书的写作思路提供借鉴和启发,为本书的研究工作奠定坚实的基础。

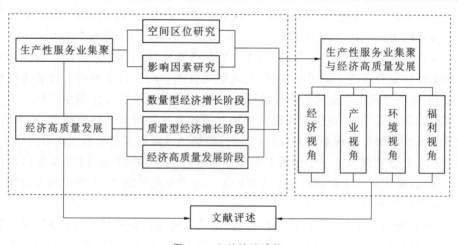

图 1-1　文献综述脉络

第一节　生产性服务业集聚的研究进展

对生产性服务业集聚的研究始于 20 世纪七八十年代,西方发达国家逐步实现工业化后,服务业在经济中的地位日益提高,因此学者们将研究的目光投向了具有更大增长潜力的生产性服务业。生产性服务业集聚作为一种产业的空间地缘现象受到经济学、地理学、城市规划学等学科的重视,但各学科侧重点略有不同。经济学主要从其空间区位特点出发,探究生产性服务业集聚特点的生成逻辑和影响因素。地理学及城市规划学则更倾向于现状研究,采用微观主体的地理坐标分析生产性服务业的集聚现状和演化规律。下面将从生产性服务业的空间区位及其影响因素两个方面对现有研究进行梳理。

一、生产性服务业集聚的空间区位研究

生产性服务业集聚的研究始于经济学家对国际大都市中生产性服务业区位特征的观察(Daniels,1982;Lesser 等,1990;Illeris 和 Sjoholt,1995;Sassen,2001;Taylor,2003;Boiteux-Orain 和 Guillain,2004),发现生产性服务业主要集中于国际大都市的中央商务区(Central Business District,CBD)(Harrington 和 Campbell,2006),特别是美国、欧洲等国家和地区的国际大都市更为普遍。但随着生产性服务业服务功能的多样化和规模的壮大,其服务半径得以延伸,出现了向郊区扩散的趋势。Daniels(1982)将大都市的生产性服务业集聚演化过程概括为四个阶段:生产性服务业在 CBD 高度集聚—郊区范围内的试探性随意分散—郊区范围内的明确空间导向并集聚于重要交通节点—形成郊区生产性服务业集聚功能区。邱灵(2014)研究了国际大都市生产性服务业集聚的特征,发现 20 世纪六七十年代其主要集聚于城市 CBD,之后美国、欧洲和加拿大等国家和地区的大都市区开始疏解中心商务区过于集中的矛盾(何骏,2009),均出现了生产性服务业向周边地区分散的趋势,进而形成了单一 CBD 与周边区域微型 CBD 共存的模式,80 年代后周边区域微型 CBD 已具有明确的功能分工。

受经济发展水平和阶段的限制,国内学者对生产性服务业集聚的研究始于 21 世纪初,并且随着生产性服务业发展和集聚模式的多样化,研究尺度从宏观向中观纵深发展。从宏观上看,我国生产性服务业虽具有集聚化倾向,但并没有显著的集聚性,呈现出点状集中模式(李佳洺等,2014)和“均衡—非均衡”的发展趋势(陈红霞和李国平,2016),尚未构成“中心—外围”结构(常瑞祥和安树伟,2016),具有从东北和中西部地区向东部地区集聚的趋势(盛龙和陆根尧,2013)。从中观上看,聚焦于对区域范围内的生产性服务业进行测度和比较,如京津冀地区(张旺和申玉铭,2012)、长三角地区(金飞和孙月平,2013;胡晓鹏和李庆科,2008)和特定省份(杨凤等,2021)。基于生产性服务业城市集聚的特性考察了城市内部的生产性服务业集聚特征,发现信息服务业、金融业、商务服务业,以及科学研究和技术服务业在直辖市中集聚效应明显(左阳和王硕,2012)。此外,学者们就国内主要城市,包括北京(陈红霞,2018、2019;张延吉等,2017;李芳芳等,2013;邱灵和方创琳,2012)、上海(汪建新,2009;刘斌,2012)、杭州(李佳洺等,2016)、兰州(张志斌等,

2019;公维民等,2021)等地的生产性服务业集聚特征进行了分析,总体来说,我国的主要城市具有明显的生产性服务业集聚趋势。

生产性服务业中各行业因其特性而表现出不同的区位集聚特点,Coffey 等(1996)以蒙特利尔为例,发现复杂程度较高且难以标准化的高等级生产性服务业表现出持续集聚态势,而少数简单、易于标准化的较低等级生产性服务业或者高等级生产性服务业内部功能较低部门以及规模较小的生产性服务业企业呈现分散化趋势。从区域上看,交通运输、仓储和邮政业在北部沿海、东部沿海和南部沿海区域的集聚性很强(陈红霞和李国平,2016),信息服务业和商务服务业具有首位城市集聚的特征,科学研究和技术服务业呈现位序-规模分布模式(李佳洺等,2014),金融业则由大都市集聚(申玉铭等,2009)向均衡分布发展。

二、生产性服务业集聚的影响因素研究

国内外学者对生产性服务业集聚的影响因素做了大量的研究探索,其影响因素主要可以归纳为以下几类。一是基础设施建设。虽然生产性服务业对运输成本的依赖度小于制造业,但良好的基础设施建设能够为生产性服务业集聚提供优越的交通通达性(邱灵和方创琳,2012)和良好的区位通信条件(刘刚和黄炎,2013;盛龙和陆根尧,2013),有利于其在空间范围上的集中(贺辉和王耀中,2015)。而在基础设施建设中,有一组研究关注了我国的高铁建设对生产性服务业集聚空间变化的影响,发现高铁的开通有利于生产性服务业向高铁沿线城市集聚(唐昭沛等,2021),进而促使生产性服务业从业人员向沿线城市和高级网络节点城市集聚(覃成林和杨晴晴,2017)。二是人力资本。知识溢出对于生产性服务业集聚具有正向影响,具有人力资本门槛(沈能,2013),专业人员密集度提升会促使软件业集聚(刘刚和黄炎,2013),信息服务业具有名校偏好,且更愿意邻近自然科学和自然科学技术研究机构、邻近企业集中度较高的开发区(张惠萍和林善浪,2011)。三是制度环境。生产性服务业具有无形性和契约密集性特征,因此其更容易受到制度成本的影响(刘志彪和张少军,2009),表现为在制度成本较低的国家集聚(谭洪波,2015)。柯丽菲(2016)以发达国家和发展中国家为样本,发现政府规模与生产性服务业集聚存在负相关。相较于传统型生产性服务业,现代型和高端型生产性服务业对产业政策的诱导更加敏感(陈红霞,2019;公维民等,2021)。四是与制造业的关系。制造业集中度会提升生产性服务业的行业集中度(盛龙和陆根尧,2013),生产性服务业与制造业之间也会呈现出协同定位的趋势(Andersson 等,2004;Aleksandrova 等,2020)。早期的生产性服务业集聚于制造业周围,但受到生产性服务业贸易成本的影响,当贸易成本较低时,两者更倾向于"分离式集聚";当贸易成本较高时,则表现出"协同式集聚"(谭洪波,2015)。

第二节 经济高质量发展的研究进展

国际上虽然尚未出现经济高质量发展的专门研究成果,但是从18世纪90年代以来,学者就对经济发展质量开展了深入研究。经济高质量发展的脉络大体包括以下三个阶段,即数量型经济增长阶段—质量型经济增长阶段—经济高质量发展阶段,下面将梳理相关阶段具有代表性的研究成果。

一、数量型经济增长的研究成果

在古典经济学时期,经济学家就特别关注经济增长,其中最具代表性的人物有斯密、李嘉图以及马尔萨斯。斯密(1776)将人均产出的提高或者劳动产品的增加视为经济增长,认为经济增长的源泉在于资本的积累。李嘉图(1817)和马尔萨斯(1820)也从不同方面强调资本积累在经济增长中的作用。19世纪后半叶,以"边际分析"为特征的新古典经济学兴起。新古典经济学在探索经济增长动力源泉方面拓展了古典经济学的资本积累理论,新古典经济学的代表人物马歇尔认为,人口数量的增长、资本(财富)的增加、治理水平的提高以及分工协作等微观要素亦能作用于经济增长。20世纪40年代,哈罗德和多玛基于凯恩斯理论从需求角度研究经济短期增长问题,他们认为经济增长的条件是储蓄转化为投资,即资本形成,这一增长理论仍然坚持资本积累理论,只不过把思路扩展至资本积累的来源——资本形成问题上。因此,数量型经济增长阶段的特点在于强调资本积累是经济增长的源泉,且资本积累在广义上包含了物质资本要素(如资本、劳动力、土地等)投入,该理论适用于工业化物质生产阶段,其经济增长还未达到生产力边界约束,因此实物资本投资对于经济增长作用效果明显。对于亚洲经济增长问题,克鲁格曼(2012)曾进行分析,他认为"亚洲取得了卓越的经济增长率,却没有与之相当的卓越的生产率增长。它的增长是资源投入的结果,而不是效率的提升"。[①]他将其形象地比喻为"流汗型"的增长,但这种要素投入的增长方式仍造就了长达数十年的经济增长事实,同时伴随着经济增速放缓、产能过剩、生产资料浪费严重等现象。

二、质量型经济增长的研究进展

新增长理论的诞生预示着质量经济学理论阶段的到来,它不仅强调经济发展数值的增加,更注重经济发展的质量与效率,首先的突破是相较于传统经济增长理

---

① 克鲁格曼.萧条经济学的回归[M].刘波,译.北京:中信出版社,2012:78-80.

念的实物资本投入增加了新的要素,指出技术进步是影响经济发展的关键因素(Solow,1956)。该阶段强调经济增长需要依靠创新驱动,具体来说,技术创新的融入使得生产过程中各实物生产要素实现最大收益,Solow 将技术进步作为经济增长的动力源泉,在其著名的索洛剩余模型中将除要素投入以外的、无法用要素投入增加所解释的部分归结为技术进步的贡献①。Arrow(1962)和 Lucas(1965)对技术进步内生化做了初步的尝试,但是他们的研究认为技术进步率最终取决于外生的人口自然增长率,因此,他们的模型仍未解决技术进步内生化问题。Romer(1986,1990)建立基于两部门四要素假设的内生技术变迁模型,认为经济增长率取决于人力资本的水平和技术进步,而基于产权保护条件的垄断竞争是必要的。当然,不能否认包括管理方式、制度环境等在内的其他因素也能够有效提升经济增长效率。在该阶段,学者和世界对于技术进步的关注达到了空前的高度,与此相关的研究犹如雨后春笋。

受到西方经济学影响,国内学者同期也提出了对质量型经济增长的看法,田江海(1985)提出质量型经济区别于数量型经济,以经济效益为核心,通过扩大再生产和集约化经营来实现经济发展。事实上,该观点蕴含了高质量发展中关于"人的发展"的朴素思想。欧阳峣等(2012)将中国的经济发展阶段解构为以要素投入数量驱动的数量型阶段和以要素使用效率驱动的质量型阶段,后者的驱动要素为管理、知识和技术,新要素的投入使得传统要素的生产可能性边界得以扩展。王薇和任保平(2014)认为数量型经济增长反映的是经济增长的速度,是以较高增长率实现GDP 总量的增长;质量型经济增长反映的是经济增长的优劣程度,是传统要素使用效率的提高和经济结构优化。张同斌(2016)从单一要素禀赋视角观察我国经济增长动力机制转换,认为中国由数量型"人口红利"阶段转向质量型"人力资本红利"阶段,其本质是由传统要素驱动向知识等创新驱动的转变。王桂军等(2020)肯定了技术进步对于中国经济质量的推动作用,但近年来其作用有所减弱。

事实上,质量型经济增长的相关研究虽然注重技术进步对生产要素重新排列组合的能力,但对于经济增长的社会环境成本、可持续发展等非经济因素的关注仍不够。

三、经济高质量发展的研究现状

20 世纪以来,经济发展研究开始进入高质量发展阶段,许多学者不再局限于研究经济发展的某个要素或某个方面的数量与质量,其研究范围拓展至经济、社

---

① SOLOW R. A contribution to the theory of economic growth[J]. The Quarterly Journal of Economics,1956,70(1):65-94.

会、政治、自然环境、文化等多方面。经济高质量发展是对数量型经济增长和质量型经济增长的发展延伸,是包容性、多维度要素的可持续性增长,其落脚点在于人的发展。

虽然国外学术界并没有正式提出经济高质量发展的表述,但相关研究中仍体现了该思想。1990年,世界银行提出的"broad-based growth"(广泛基础的增长)强调了社会利益的均等化。在此之后,许多机构包括世界银行、亚洲开发银行等提出"益贫式增长",强调经济增长的核心在于使穷人受益。Vinod Thomas(2000)在《增长的质量》中关注到福利、教育可及性和自然资源的可持续发展。[①] 2008年,由世界银行增长与发展委员会发表的《增长报告:可持续增长和包容性发展的战略》明确提出要持续长期增长,社会包容是关键,强调增长要重视人的基本权利,重视增长方式的转型及增长的长期性和持续性,确保增长效益为大众广泛共享。Mlachila(2017)认为经济发展质量应该是经济增长率和社会福利水平同步提升。Aghion和Durlauf(2019)则在更广泛的命题下研究了经济增长。

国内有关经济高质量发展的文献主要是自2017年十九大首次提出"高质量发展"的新表述以来,学者从经济学角度对该命题进行了阐释并形成了系统的研究成果。而在此之前,虽有关于经济高质量发展的意思表达,但并未形成丰富、全面的理论成果和实践证明。现有关于经济高质量发展的研究呈现出从理论向实践(魏敏和李书昊,2018;袁晓玲等,2019;秦放鸣和唐娟,2020;杨耀武和张平,2021)、从现象到机制(任保平,2020;冷成英,2021;李子联,2021)、从整体向局部(马茹等,2019;师博和张冰瑶,2019;聂长飞和简新华,2020;赵儒煜和常忠利,2020)、从产业向行业的发展趋势(陈昌兵,2018)。此外,还有从对经济高质量发展的单一研究到关注其与其他变量之间关系的多样化研究的转变(上官绪明和葛斌华,2020;周忠宝等,2020;牛欢和严成樑,2021;汪淑娟和谷慎,2021;刘家旗和茹少峰,2022)。

第三节　生产性服务业集聚与经济高质量发展的研究进展

现有研究多聚焦于生产性服务业集聚对制造业的影响,关于生产性服务业集聚与经济高质量发展的研究较为零碎,缺乏整体性。2007年,《国务院关于加快发展服务业的若干意见》(国发〔2007〕7号)提出,大力发展面向生产的服务业,促进

---

① 世界银行的Vinod Thomas(2000)在其著作《增长的质量》第二、三、四章中分别就财政福利、教育公平和自然环境对经济增长的影响做了论述。

现代制造业与服务业有机融合、互动发展;城市要充分发挥人才、物流、信息、资金等相对集中的优势。① 随后学术界主要从生产性服务业集聚对经济增长、制造业升级两个方面的影响开展研究,随着研究深入,逐步延伸至生产性服务业集聚对节能减排以及工资收入方面的影响,但后者的研究成果相对匮乏。

一、生产性服务业集聚与经济增长

学术界广泛讨论了有关生产性服务业集聚与经济增长关系的问题,从研究尺度上看,由宏观向中微观逐步深入,也有研究就某一特定区域进行研究;从行业上看,有着从整体到各细分行业深入的趋势,且因为生产性服务业属于中间投入品并具有知识、技术含量密集的特性,通常其空间集聚表现为向城市集聚的趋势,因此有研究将城市规模、城市等级等异质性加入研究框架中。对经济增长的度量分为"量"(经济总量)和"质"(生产效率)两类。

(一)生产性服务业集聚与经济总量增长

关于生产性服务业集聚与经济总量增长的关系,学术界存在两种观点。

第一种观点认为前者显著促进了经济总量增长。分工深化是生产性服务业产生的根本原因(郑吉昌,2005),而柔性生产方式的外部化趋势促使其发展壮大。在"促进论"方面,早期的研究主要侧重于定性分析,将生产性服务业作为中间产品引入模型,用以理解生产性服务业促进制造业和经济增长的作用机制(Markusen,1989)。随着研究的深入,学者就该领域展开了广泛、深入的讨论。具体而言,从宏观市场角度,Jacobs 等(2014)分析了生产性服务业对经济增长的贡献,认为生产性服务业具有较高的技术进步水平及对资本和劳动要素较高的聚集能力,通过提升全要素生产率进而推动经济的可持续增长,生产性服务业被认为是中国经济高质量增长的动力源泉(刘健,2010;李平,2017;杨晨和原小能,2019)。生产性服务业与工业部门这种跨部门产业间的相关性决定了生产性服务业的空间集聚特征,因此,有学者从空间视角发现生产性服务业集聚显著提升了本地区经济增长质量(任阳军等,2021),对邻近地区经济增长质量具有抑制作用(曾艺等,2019)。从中观产业角度看,生产性服务业的知识密集特性使其具有规模递增的产业特征,其创造出的内生比较优势能促进经济增长(顾乃华,2005),但高端和低端生产性服务业集聚对经济增长的影响存在异质性(席强敏等,2015;张浩然,2015)。从中观城市层面看,中国的生产性服务业主要集中在高行政级别的城市(张萃,2016),且总体水平

---

① 《国务院关于加快发展服务业的若干意见》(国发〔2007〕7 号).(2008-03-28)[2022-03-05].http://www.gov.cn/zhengce/content/2008/03-28/content_4022.htm.

偏低(江曼琦和席强敏,2014),发展模式逐渐由专业化向多样化转变。此外,生产性服务业多样化水平越高的城市,对周边城市的工业劳动生产率的空间正向溢出效应就越强,但受到交易成本和"面对面"接触需求的影响,这种空间溢出效应会随距离的增加而衰减。因此,高端生产性服务业适合在超大城市和特大城市多样化发展,中小城市则适应于发展与自身禀赋特点相匹配的专业化生产性服务业(于斌斌,2016)。从微观企业角度看,生产性服务业集聚通过降低企业与潜在客户之间的搜寻和交易成本(Eswaran 和 Kotwal,2002)、利用关联产业要素重组(Gagnon等,2003;徐从才等,2008;Wood,2010),提高商品和服务生产过程中投入要素的生产率,有助于扩大经营规模和提升运营效率(江小娟,2004),增加其产出价值。不仅如此,生产性服务业集聚还通过企业间的正式与非正式的学习交流有效促进技术进步和技术扩散,大城市由专业化向多样化模式转换以促进低效率资源的释放,实现资源优化配置(曹聪丽和陈宪,2019;高康和原毅军,2020),使低效率企业退出市场,提升整个行业的劳动生产率,从而促进经济增长(刘志彪,2001;钟韵和阎小培,2003;陈保启和李为人,2006;刘重,2006;Francois 和 Woerz,2008;Aslesen 和 Isaksen,2010;王琢卓和韩峰,2012、2014、2015;韩峰等,2014)。

第二种观点认为生产性服务业集聚对经济总量增长的促进作用并不明显。Andersson(2006)发现生产性服务业集聚对区域整体发展没有显著影响。吴亚菲和孙淼(2017)以长三角城市群为研究对象,发现生产性服务业集聚对经济增长具有抑制作用。文丰安(2018)认为中国城市生产性服务业集聚并不能有效提升地区经济增长质量。邓仲良(2020)认为生产性服务业比重提升尚未形成对整体经济的明显驱动效应。刘书瀚和于化龙(2020)通过比较长三角、珠三角和京津冀城市群生产性服务业集聚状况,发现长三角和京津冀城市群的生产性服务业集聚对于经济增长作用并不显著。

(二)生产性服务业集聚与生产效率

部分文献从生产效率的视角分析了生产性服务业集聚与经济增长之间的关系,其结论可以分为以下三类:

第一类观点认为生产性服务业集聚能够有效提高地区劳动生产率(Rivera Bratiz,1988;惠炜和韩先锋,2016)和全要素生产率(张浩然,2015;黄斯婕和张萃,2016;曹聪丽和陈宪,2018),生产性服务业集聚通过专业化分工和学习效应直接提升企业全要素生产率(黎日荣,2019)。区域性中心城市的高端生产性服务业对全要素生产率提升起到主要作用,其中信息和通信技术类生产性服务业集聚能够突破知识获取的时空障碍,通过流程再造来实现知识共享,从而提升经济效率(Hendriks,2015)。此外,有一组研究将资源约束和非期望产出等生态环境因素纳入分析框架,考察生产性服务业集聚对绿色全要素生产率的影响,发现生产性服务业集聚能够有效促进绿色全要素生产率水平的提高,且该结论不仅在省域层面成立(张素庸等,2019),在城市层面也被支持(罗能生和郝腾,2018;徐晓红和汪侠,2020;陈晓峰和周晶晶,2020;余奕杉等,2020;李涛等,2022),有学者发现生产性服务业的不同集聚模式对绿色全要素生产率产生不同的影响(张贺和许宁,2022)。有的学者运用指标体系,从经济、社会和资源环境三个维度验证了生产性服务业集聚对城市经济绩效的正向促进作用(李斌和杨冉,2020)。

第二类观点认为生产性服务业集聚对地区经济效率不存在显著的促进作用。于斌斌等(2015)发现生产性服务业集聚对经济效率的提升会受到对外开放程度的影响,开放程度提升时会削弱其正向促进作用,认为生产性服务业的空间集聚并不利于开放程度较高地区经济效率的提升。王静田等(2020)研究发现交通、仓储和邮政业与制造业的协同集聚并未显著促进城市全要素生产率提升。

第三类观点认为生产性服务业集聚与经济效率间具有非线性关系。李子叶等(2015)认为生产性服务业集聚与城市全要素生产率存在"U"形正向非线性关系,而韩增林等(2018)、袁冬梅和李恒辉(2021)则认为两者之间存在倒"U"形关系,且当前处于生产性服务业集聚对经济效率的正向促进阶段。张明斗等(2021)发现生产性服务业集聚与城市经济效率存在倒"U"形的非线性关系。

二、生产性服务业集聚与产业升级

随着分工深化和生产的碎片化,制造业为追求更高的生产率而将其非核心部门进行剥离,从而促进了早期的生产性服务业形成。对于生产性服务业与制造业关系的研究成果现已比较丰富。

总体上看,可将已有研究归纳为两类:第一类主要讨论生产性服务业集聚如何影响制造业升级,学者从微观企业层面和中观产业层面进行分析。从微观企业生产率的角度出发,一些学者发现生产性服务业集聚具有空间溢出效应,不仅能够提升本地制造业企业生产效率(余泳泽等,2016;程中华等,2017;高康和原毅军,2020;李涛等,2022),而且能促进邻近地区制造业企业效率提升。相对于专业化集聚,多样化集聚的促进作用更加明显(宣烨和余泳泽,2017)。也有研究认为生产性服务业与制造业存在一定的竞争关系,生产性服务业集聚所产生的拥挤效应抑制制造业企业资本回报率(杨君等,2021),"挤出"制造业企业(黎日荣和周政,2017),降低了制造业效率(李亚楠和宋昌耀,2021)。有学者基于中观产业视角,分析出生产性服务业集聚通过技术创新效应(温婷,2020)、规模经济效应和资源配置效应提升了第二、三产业在GDP中的占比(李振波和张明斗,2015;孟凡峰,2015;孙畅和曾庆均,2017)。不仅如此,生产性服务业集聚所产生的规模经济效应能够促进成本节约(喻胜华等,2020),有利于价值链提升,进而促进产业结构高级化与合理化(郭淑芬等,2020),提升制造业中高技术和高生产率行业占比(王志强等,2017;韩峰和阳立高,2020)与制造业发展质量(郭然和原毅军,2020),提高其获利能力(顾乃华,2010)以及在全球价值链中的分工地位(刘奕等,2017;黄蕙萍等,2020),增强制造业韧性(李兰冰和刘瑞,2021)。此外,有学者认为两者间存在非线性关系(林秀梅和曹张龙,2019、2020),生产性服务业集聚程度只有达到特定水平后才能够促进制造业升级(朱彦,2022)。

第二类着重关注生产性服务业与制造业协同集聚对产业升级的促进作用。由于生产性服务业与制造业之间存在共赢的意愿,因此在工业化早期表现为生产性服务业"遵从"制造业,随着工业化进程的加快,制造业中间需求迅速扩张,生产性服务业得到充分发展,生产性服务业投入对制造业发展具有重要支撑作用(Park,1989;Park and Chan,1989;Uno,1989),两者在地理空间上存在协同定位关系(陈建军和陈菁菁,2011)和空间局部相似性(钟韵等,2021),但城市层面上融合集聚程度并不显著,仅有部分技术密集型的制造业与ICT(信息与通信技术产业)等生产性服务业有着较强的空间协同集聚倾向(江曼琦和席强敏,2014)。在产业发展上两者相互促进(高觉民和李晓慧,2011),生产性服务业与制造业的协同集聚通过促进技术创新(胡绪华等,2021)改善制造业企业全要素生产率(罗良文和孙小宁,2021),提高工业利润率(胡艳和朱文霞,2015)。随着制造业和服务业的边界变得愈加模糊,有学者关注生产性服务业与制造业的共生关系(陈春明和高雅丰,2021),以研发服务业为例,认为其与制造业的共生关系由低到高依次表现为"产业关联互动—产业协调—产业融合—产业开放共生"(刘佳等,2021)。

三、生产性服务业集聚与环境污染

研究生产性服务业集聚与环境污染的文献相比前两类显得较为缺乏。从研究结论上看,多数研究支持生产性服务业集聚的环境友好性,认为生产性服务业集聚可以提高能源使用效率(程中华等,2017),抑制环境污染,且不同城市规模、城市级别、行业间具有异质性。通过实证检验发现,生产性服务业集聚不仅能有效降低本地工业污染物排放(刘胜和顾乃华,2015;郭然和原毅军,2019),专业化和多样化集聚还可减少废水和二氧化硫的排放量(余泳泽和刘凤娟,2017;纪祥裕,2019),促进区域生态效率提升(万伦来和李浩,2020)和城市环境质量升级(韩峰等,2021),而且集聚的溢出效应能有效降低邻近地区污染物排放(陆凤芝和王群勇,2021a,2021b),但伴随污染指数的提升,集聚的减排效应在逐渐弱化。虽然大部分文献支持生产性服务业集聚对环境污染的抑制作用,但也有部分学者持相反看法。苗建军和郭红娇(2019)实证检验发现生产性服务业集聚水平的提高会加重环境污染程度,降低污染程度需要依靠生产性服务业与制造业协同集聚。韩峰和谢锐(2017)认为生产性服务业专业化和多样化集聚不仅未能产生预期中的碳减排效应,反而提升了周边地区的碳排放水平,他认为这是由城市规模与其集聚模式未能有效匹配造成的,进而导致生产性服务业的碳减排效应未能有效发挥。

四、生产性服务业集聚与收入差距

近年来,随着生产性服务业集聚问题热度的持续升温,学者逐步将研究视角扩展至其对微观主体福利的影响。其中主要的研究焦点在于其对收入差距的缩减作用,但聚焦该领域的成果还十分匮乏。韩峰等(2014)发现生产性服务业集聚吸引了大量农村劳动力,使农村劳动力在城市获得就业机会,推进了人口城市化,生产性服务业的集聚和人力资本水平相互促进并共同正向影响地区工资水平(蔡宏波等,2017;冯粲,2020),有利于缩小企业工资差距(李宏兵等,2017),进而提升居民消费率(汤向俊和马光辉,2016)。不仅如此,生产性服务业集聚还有助于降低性别工资差距,集聚度越高的区域对女性就业歧视越低,女性进入劳动力市场显著缩小性别工资差距(戴美虹,2020)。也有学者得出了相反的结论,如杨仁发(2013)认为单纯的生产性服务业集聚并不能影响地区工资水平,但制造业与生产性服务业协同集聚对地区工资水平具有显著性作用。

第四节　文献评述

一、文献总结与评论

生产性服务业集聚作为推动经济增长的新动能,地位越来越被学术界认可,随着对生产性服务业研究的深入,学者们也逐渐关注到其行业集聚对经济增长、产业升级、环境污染和收入差距等经济高质量发展子命题的影响。大多数文献肯定了生产性服务业集聚对于经济总量和经济效率的促进作用。成果较多的生产性服务业集聚与制造业关系的研究,从对制造业升级的影响以及与制造业协同集聚两个方面,支持了生产性服务业集聚对制造业获利能力提升的积极作用。在生产性服务业集聚对环境和收入差距的影响研究中,其正向作用也被大多数学者证实。

在研究尺度和方法上,该领域的研究主要集中于宏中观层面,多从国家或省级层面进行探讨,仅有少量文献从微观层面进行分析,且大多注重于分析制造业企业,关于生产性服务业对于农业和服务业自身影响的研究较少。在研究方法上,有些学者采用了固定面板效应模型,有的则基于"集聚效应"和"拥挤效应"选择门限面板,有学者关注生产性服务业集聚的空间属性,采用空间计量的方法探讨集聚所产生的空间相关性,但关于内生性问题的探讨较少,有些文献即便进行了检验也仅仅是采用自变量的滞后期进行验证。在研究结论上,虽然大多数学者支持生产性服务业集聚的积极作用,但仍存在不一致的看法,结论上还尚存争议。此外,对于作用机制的分析是大多数文献所欠缺的,虽有文献尝试进行机制分析,但仅聚焦于生产性服务业集聚对制造业升级的影响,忽视了生产性服务业所具有的资源配置能力和行业渗透力,且大部分文献对于作用机制的探讨尚显匮乏。

二、既有研究成果存在的不足之处

综上所述,生产性服务业集聚对经济高质量发展的影响研究尚存以下改进空间。

一是缺乏关于生产性服务业集聚对于经济高质量发展的系统性研究,现有研究较为分散和零碎,虽有研究提出生产性服务业集聚是经济高质量发展的新动能,但其结果仅停留于测算和验证,未将生产性服务业集聚放在经济高质量发展的理论框架下进行分析,也未探讨生产性服务业集聚对于不同产业主体的作用方式。

二是相关结论尚存争议,生产性服务业集聚对经济增长的作用虽然以"促进论"占主导,但仍有文献并不支持其对经济增长的驱动作用,且生产性服务业集聚对于经济增长受城市规模、开放程度和行业的影响而有所不同。这可能与样本选择的范围或时间跨度有关,如王静田等(2020)、黄繁华和郭卫军(2020)选择长三角城市群进行研究,邓仲良(2020)使用1990—2016年的数据进行测算。因此,明确现阶段生产性服务业集聚对经济高质量发展的影响和作用路径,对指导生产性服务业发展的"顶层设计"具有重要意义。

三是现有对经济高质量发展的衡量通常使用TFP,但该衡量方式和研究宽度难以适应新形势下的发展需求,TFP仅仅是经济发展质量的一个衡量指标,显然不足以反映经济高质量发展全貌。且已有文献往往采用传统TFP,即将劳动、资本等传统生产要素纳入核算体系中,却忽视了环境资源等要素在经济发展中越发重要的"软约束"作用,这与真实的经济世界相左。当然亦有文献试图从绿色全要素生产率视角探索生产性服务业对城市经济绩效的影响,将能源要素纳入TFP核算框架中,但限于数据可得性,仅从省域层面进行测算,近年来也有学者从城市层面数据进行探索,但单绿色全要素生产率一个指标也难以表征经济高质量发展这一多维度系统。

四是已有关于生产性服务业集聚对节能减排和收入差距方面影响的研究还不够深入。现有研究较多关注生产性服务业集聚的环境治理功能,即集聚对于节能减排具有积极作用,但生产性服务业所具有的技术卷入是否有利于制造业生产环节的节能,其行业本身的节能属性往往被忽视。此外,现有文献研究生产性服务业集聚对福利的影响时仅从收入水平这一个角度进行验证,但随着生产性服务业供给模式的多样化,还可能表现在就业、教育、医疗等其他公共服务领域。因此,在多角度探讨生产性服务业集聚对福利的影响方面还有继续挖掘的空间。

五是关于作用机制,国内学者试图剖析生产性服务业集聚对经济增长和产业升级的作用机制并加以检验,大多数文献仅从外部性理论进行分析,虽有文献试图将涉及的所有机制较为全面地罗列出来,如曾艺等(2019)分析了关于生产性服务业集聚对经济增长质量影响的六条作用机制,但由于作用机制过多各作用机制难免有交叉,在集中检验时并没有明确说明如何在指标体系中对各机制进行严格区分。

六是没有很好地处理内生性问题,早期的研究中,有大量学者未考虑内生性问题,而已有进行内生性检验的文献通常采用一阶滞后项进行处理,但经济发展具有连贯性以及对政策反映的滞后性,一阶滞后项与控制变量之间的内生性问题往往没有得到很好的解决。

综上所述,现有文献未能形成系统性的有关生产性服务业集聚与经济高质量发展相关的理论研究,在研究尺度、方法和指标选取上需要进一步完善,在研究的深度和广度上亦具有延伸的空间。

第二章　理论基础与研究假设

在进行现实问题分析和讨论前需要将经济学理论作为研究基础,本章抓住集聚与高质量这两个特点,重点梳理了产业集聚理论和与本章的研究密切相关的绿色经济理论,基于这两组理论提出生产性服务业集聚对经济高质量发展影响的基本假设。

第一节　理 论 基 础

一、产业集聚理论

产业布局呈现出的区域集聚态势是经济发展到一定阶段的产物,即某一类型的产业或一些相互关联的产业逐渐集中于特定的地理位置,形成若干企业和机构的集合。从其产生的原动力来看,是企业为了追求经济效益和获得竞争优势而形成的一种产业空间现象。早在古典经济学时期,经济学家就已经注意到产业分布的不均衡性,随着西方发达国家工业化进程的推进,经济学家发现产业在某一区域的集中为集聚区内的企业带来了正外部性,进而能够有效促进生产率的提升,其中以马歇尔对"地方性工业的利益"的论述最为著名,他关于特定地域之特定工业所享有利益的论述至今仍对产业集聚的研究有深刻的影响。在马歇尔之后,一些经济学家从城市经济学和区域经济学角度对其理论进行了丰富和完善。20世纪90年代以后,以美国的迈克尔·波特、保罗·克鲁格曼为代表的经济学家,结合产业经济学、新经济地理学、区域经济学、国际经济学(国际分工和贸易理论)等相关知识,提出了较为系统的产业集聚理论(刘树林,2012)。

(一)思想萌芽阶段

古典经济学时期,亚当·斯密在其著作《国富论》中从分工的角度对产业集聚进行了一定的描述,认为产业集聚是由一群具有分工性质的企业为完成某种产品的生产联合而组成的群体[①],这种产业的分工不仅存在于区域内部,在国家之间也很普遍,他的思想和系统理论被概括为绝对优势理论。大卫·李嘉图在亚当·斯密的理论上进行了延伸,他从对两国贸易的观察中提出了比较优势理论。该理论认为每个国家都应集中生产并出口其具有比较优势的产品,对于比较劣势的产品,则应该进口而非自我生产,其思想蕴含了不同产品生产的区位问题。这两位重要的经济学家对产业分工问题的关注为后来的产业区位和产业集聚问题的研究奠定了基础。

在这一阶段,已经出现了对空间不均衡现象的观察和思考,他们主要关注自然条件和资源禀赋,认为土地、水域、温度、湿度等自然条件在空间上的不均衡导致集聚的产生,但是这些理论无法解释某些自然条件和资源禀赋并不占优的地方也存在着大量集聚活动的现象。因此,经济学家开始从外生的自然因素转向内生的经济因素去探求集聚形成的原因。

(二)系统提出阶段

古典区位理论面世标志着集聚因素被纳入经济学研究的视野中,以杜能为代表的区位理论家奠定了市场经济条件下区域资源配置问题的理论基础,其中许多朴素的观点成为后来区域经济学、经济地理学和空间经济学核心思想的重要来源。杜能(1826)以德国工业化前某典型城市周围的农业活动演绎了完全竞争土地市场的空间均衡,将完全封闭的"孤立国"划分为六个同心圆圈层,各圈层受到土地肥力、运输成本等因素影响与不同的农业生产活动进行匹配。杜能创立的农业区位理论也关注了产业集聚活动的向心力和离心力问题[②],虽然它未正式提出这些名词,但对于运输成本、原材料成本、工资和地租的作用分析与后来经济地理学中"中心—外围"理论对集聚原因的探讨基本吻合。

马歇尔(1890)在《经济学原理》中关注了工业产业区位和工业集聚现象,他是最早关注产业空间集聚现象的学者。他将产业集聚的特定区域称为"产业区",发现产业区内汇集了大量的有相互联系的中小企业,且这些企业在某一区域内的集聚是为了获取外部规模经济。他在古典经济学框架下,以收益不变和完全竞争假设为前提,进一步探讨这种外部规模经济的来源,提出了著名的产业外部性的三个来源,即劳动力市场蓄水池、中间投入品共享和知识溢出效应。他指出,同一产业的企业在区域内集聚得越多,就越容易吸引诸如劳动力、资金、能源、运输以及其他

---

①　亚当·斯密.国富论(上)[M].贾拥民,译.北京:中国人民大学出版社,2016:506-508.

②　THUNEN J. H. The Isolated States[M]. Oxford:Pergammon Press,1996:289-290.

专业化资源等,使得区域内企业更方便获取生产要素,进而越容易降低该区域整个产业的平均生产成本,而且随着投入品专业化的加深,生产效率将会更高,该空间内的企业也将更具竞争力,这表明经济活动的集聚是经济活动本身所带来的。他的这一洞见是对当时的经济思想的重大推进。这一观点后来成为分析城市经济、区域经济和空间研究中产业集聚发展的重要依据。

韦伯(1909)在马歇尔外部性理论的基础上,从微观企业区位选址的角度提出了工业区位理论。他在《工业区位论》中提出工厂的最佳位置由三个区位因素决定,分别是运输成本、劳动力成本和集聚经济。韦伯认为,区位因子的合理组合使得企业成本和运费最小化,企业会将生产地点设立在使生产和流通最经济的地点上。也就是说,当集聚的收益大于运费和劳动费用等成本时,产业集聚就会发生;但当集聚的收益不能弥补运费和劳动力成本上升的影响时,则会表现出产业的分散。

马歇尔和韦伯从不同角度探讨了产业集聚,但他们的理论均是建立在完全竞争和均质空间的假设之上,研究前提的局限导致无法找到分析外部经济的工具。虽然后来克里斯塔勒(1933)[1]、胡佛(1948)[2]、廖什(1939)[3]、艾萨德(1956)[4]等学者又将产业集聚聚焦于城市和区域内部,对工业区位理论进行了补充和完善,但他们的研究仍围绕传统产业区位理论展开,导致产业集聚的研究陷入困境,难以突破。

(三)发展繁荣阶段

产业集聚的研究有重大突破是在 20 世纪 90 年代初期,在此之前经济学家们对研究假设和分析工具的探索为后来的产业集聚研究创造了有利条件[5]。克鲁格曼[6]在《政治经济学杂志》上发表了著名的"Increasing return and economic geography",这标志着新经济地理理论的诞生。在这篇文章中,他将不完全竞争和收益递增引入两区域模型中,这对经济活动和经济因素的空间集中和分散具有很强的解释力。克鲁格曼(1991)认为产业集聚就是大量的产业集中,向心力和离心力的大

---

①　克里斯塔勒(1933)研究城市空间组织和布局时,探索最优化城镇体系的一种城市区位理论。

②　胡佛(1948)将产业集聚划分为地方化经济与城市化经济两种。

③　廖什(1939)认为工业布局的原则不是杜能提出的寻求最大收益或阿尔弗雷德·韦伯提出的寻求成本最低,而是寻求最大利润,也就是使总收益和总成本之差最大。在产业布局过程中,如果要考虑各种因素的影响,找出各经济单位布局的相互依存关系,就要寻求整个区位系统的平衡,他在此基础上提出了经济区位理论。

④　艾萨德(1956)是西方区域科学创始人,他系统阐述了区域开发的理论和方法。

⑤　20 世纪 30 年代,美国经济学家张伯伦和英国经济学家罗宾逊将不完全竞争纳入经济分析中,迪克西特和斯蒂格利茨将张伯伦的思想模型化,将外部规模经济带来的收益递增和不完全竞争纳入一般均衡分析中,构建了包含规模经济与消费者多样化偏好的垄断竞争均衡模型。

⑥　克鲁格曼(1991)揭示了非完全竞争市场下的产业地理集聚机制。

小决定了经济行为和要素在空间上是收敛还是扩散。其中向心力包括市场规模效应、厚的劳动力市场以及纯的外部经济,而离心力则包含不可流动要素、地租以及纯的外部不经济。

波特(1990、1998)从微观企业创新的角度解释集聚的发生,他认为贸易的专业化并不能通过要素禀赋状况得到合理的解释,强调产业集聚有利于创新主体低成本试错。马丁(1999)探讨了集聚经济条件下的序列区位竞争的结果,他通过模型对企业的区位选择及产业的集中做出预测:当存在集聚经济时,赢得第一次的区位竞争将使得一个地区对未来企业的进入更具有吸引力,第二家企业有可能选择与第一家企业相同的地点,同一地点的企业会随着外生相对成本优势和内生集聚优势的增加而增加,最终形成产业集聚。

在此之后,学者们在城市经济学中也关注了产业集聚现象,如藤田昌久和蒂斯(1996、2016)研究了企业集聚的三种理论范式,即完全竞争下的外部性、垄断竞争下的规模收益递增,以及博弈环境下的空间竞争,并且进一步研究了产业区位与城市的关系,认为企业之间的信息交换使得企业能够从中获利,企业获得了集聚的激励进而表现为空间上的集聚现象。戈登和麦肯(2000)认为集聚机制为产业共同体、纯集聚效应和社会网络效应。杜兰顿和普加(2004)概括并详细论述了城市企业集聚的原因,即共享(sharing)、匹配(matching)和学习(learning)。鲍尔温和大久保(2006)提出了新新经济地理理论,深化了对"集聚经济"的微观机制探讨,认为大城市生产效率更高可能是高效率企业自主选择的结果。

总体来说,产业集聚理论经历了对空间不均衡现象进行观察的思想萌芽阶段,关注企业区位选择以及集聚外部性的系统提出阶段,以及将假设条件放松后新经济地理理论提出的发展繁荣阶段,产业集聚理论不断丰富,为本书探索生产性服务业集聚的微观机制奠定了基础。其发展脉络如图2-1所示。

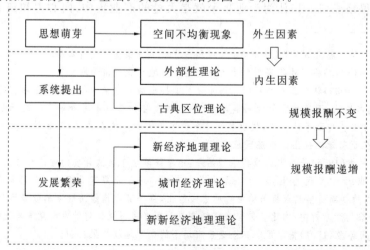

图2-1 产业集聚理论的发展脉络

二、绿色经济理论

(一)绿色经济理论的渊源与内涵

有关资源限制的思想最早可追溯至马尔萨斯的《人口论》,马克思在《资本论》中关注到劳动是人与自然物质交换的过程。20世纪20年代生态学产生,工业革命后环境问题和资源的不可再生性被众多经济学家、环境学家关注[1],环境经济学的出现使得人们关注环境的生态价值,1972年由美国学者德内拉·梅多斯、乔根·兰德斯、丹尼斯·梅多斯三人合著的《增长的极限》出版后引发了人们对环境的普遍关注。1989年,第15届联合国环境规划署理事会通过的《关于可持续发展的声明》将可持续发展定义为:"既满足当代人的需求,又不对后代人满足其需求的能力构成危害的发展。"其核心思想是:健康的经济发展不仅要满足人类的各种需求,充分发展个人,还要保护资源和生态环境,且不威胁子孙后代的生存和发展(杨云彦和陈浩,2012)。

"绿色经济"最早由大卫·皮尔斯在其1989年的著作《绿色经济的蓝图》一书中提出,他将环境内生为经济变量,认为环境效益与经济效益同等重要。2007年,在联合国巴厘岛气候会议上,时任联合国秘书长潘基文提道:"人类正面临着一场绿色经济时代的巨大变革,绿色经济和绿色发展是未来的道路。"2008年,联合国环境规划署提出全球绿色新政及绿色经济计划,至此绿色经济发展浪潮在全球展开。绿色经济概念于2011年被联合国环境规划署正式定义为"低碳、资源高效和具有社会包容性的,能够改善人类福祉和社会公平并显著降低环境风险和生态匮乏的经济"。[2] 绿色经济理论在中国的具体实践是党的十八届五中全会将"绿色"与"创新、协调、开放、共享"共同作为我国的新发展理念提出。绿色经济理论以思维方式的绿色化指导实践中的生产和生活方式,核心是对传统经济增长方式的消解和对绿色经济增长方式的塑造。

(二)对绿色经济理论相关理论的辨析

为了更好地理解绿色经济理论所研究的对象和范畴,本节对与绿色经济理论

---

① 包括大卫·李嘉图以土地肥力的例子说明资源的相对稀缺性,约翰·穆勒(1848)反对无止境地开发自然资源,女生物学家蕾切尔·卡森(1962)在其著名的科普著作《寂静的春天》中描绘了由农业污染所带来的可怕景象,之后保罗·萨缪尔森(2008)、曼昆(2015)等学者均在其经济学著作中提到了资源环境的重要性。

② UNEP. Towards a green economy: pathways to sustainable development and poverty eradication[R]. 2011.

同时被提及的其他相关理论进行辨析。

虽说绿色经济理论是可持续发展理论在经济学领域的应用,但两者之间仍具有差异性。可持续发展理论的核心思想是保证人类社会的代际公平和发展的可持续性,其关键在于寻求经济、社会和生态系统的稳态发展(陈伟平,2015)。生态经济理论的研究对象是生命范畴的人类社会和人类社会开发范畴的环境系统,并且该理论更强调生态系统的价值,认为经济系统是生态系统的子系统(Daly,1995;Brown,1998)。循环经济理论由经济学家 Boulding 在 20 世纪 60 年代首次提出,我国学者诸大建(1998)对循环经济理论做了全面的概括。该理论主要紧扣循环经济发展模式,强调生产过程中"废弃物"的再利用和再循环,进而实现可持续的循环经济模式,它更强调以技术手段达到生产过程的全闭环,实现生产废料变废为宝。低碳经济理论则强调通过对能源技术改进与创新实现能源消耗的降低与碳排放的减少,其根本目标是减少温室气体排放以应对气候变化,与其他绿色经济发展模式相比,碳排放权交易是其独有的,而 2021 年 9 月 22 日,《中共中央 国务院关于完整准确全面贯彻新发展理念做好碳达峰碳中和工作的意见》正式提出了中国实现碳达峰、碳中和目标的路线图、政策体系和保障机制。总体来说,绿色经济理论虽是可持续发展理论的延伸,但较生态经济、循环经济和低碳经济理论而言,它有着更为广泛的内涵。

第二节　研究假设

与集聚经济效应的划分方法一致[①],生产性服务业集聚根据其行业集聚模式划分为专业化集聚与多样化集聚(韩峰等,2020)。生产性服务业专业化集聚是指某一细分生产性服务业在一定区域内的空间集中状态,生产性服务业多样化集聚则反映了不同类型生产性服务业在同一地区的空间分布状态。上文对经济高质量发展进行了定义,即认为经济高质量发展是经济增长质量高、产业结构比例优、节能减排效果好和民生福祉提升快。因此,在分析生产性服务业集聚对经济高质量发展的作用机理时,不仅要探讨前者对后者总的影响,也有必要从生产性服务业专业化集聚和多样化集聚两个角度对高质量发展的各个维度进行剖析,理解生产性服务业集聚究竟如何影响经济高质量发展。此外,由于集聚是一种经济活动产生的空间地缘现象,因此本节从空间的角度理解其对经济高质量发展的影响。

---

① Hoover(1936)和梁琦等(2014)从城市经济学角度将集聚经济划分为专业化集聚和多样化集聚。

一、生产性服务业集聚对经济高质量发展的空间溢出效应

受城市资源禀赋、产业政策和发展定位等因素影响,城市内部的制造业与其生产性服务业难以做到完全匹配,也就是说制造业企业的中间品和服务需求难以通过该城市内部的生产性服务业企业获得完全满足,这就迫使制造业企业向周边地区寻求服务。

一方面,某一区域内的制造业企业可能需要依靠周边地区的生产性服务业来满足其中间服务需求,该区域内的生产性服务也可能惠及周边地区。当区域的经济发展到一定阶段后,如某些区域中心城市的人口、资源和环境承载力达到极限时,本地的资金、人才和产业会向周边城市溢出,以寻求新的发展空间,从而对周边城市的经济增长效率产生积极的促进作用。在现实中,某些特大城市的边缘城市就具备了这种疏散中心城区拥堵的功能。因此,生产性服务业集聚能够突破本地区的限制对周边区域产生溢出影响。

另一方面,市场规模的限制是生产性服务业产生空间外溢效应的内在动因。由于受到服务对象的市场规模限制[①],生产性服务业企业的"本地化"服务有时难以支撑其运营,为了获得更多的市场份额和利润,通常会开拓市场,与更远距离的制造业企业合作,进而产生空间外溢效应。此外,信息通信技术所具有的传输瞬时特性为生产性服务业集聚的空间溢出插上"翅膀",是生产性服务业集聚产生空间外溢效应的外在动力。随着信息通信技术应用的广泛化,生产性服务业企业的沟通成本更低,进而能为远距离服务提供信息保障。不仅如此,交通基础设施建设成为生产性服务业集聚的空间外溢效应的另一外在动力。一方面,交通基础设施能有效降低生产性服务业企业的交通运输成本;另一方面,为知识、技术和信息等要素交流创造更为便捷的条件进而增加交流频率,使得信息、技术等在空间范围内的扩散速度更快,在交流中降低默会性信息的交流成本。但这种空间溢出效应并不会无限蔓延,距离衰减理论认为,与思想发源地距离越远,人们接受思想并进行交流的难度就越大,特别是对于难以储存的"意会知识",因此其空间溢出效应会随着地理距离的增大而逐渐减弱。

假设1:生产性服务业专业化集聚和多样化集聚具有正向的空间溢出效应。

---

① 通常来说,越是生产性服务业集聚水平较高的地区,其本地化服务的比例可能更低,其业务的辐射范围更广。

二、生产性服务业集聚对经济高质量发展影响的分维度分析

(一)生产性服务业集聚对经济增长质量影响的理论分析

鲍莫尔的成本病理论可能并不适用于生产率水平较高的生产性服务业,Singlemann(1978)曾把服务业划分为生产性服务业、分销服务业、消费性服务业以及公共服务业,发现一些生产性服务业甚至比某些制造业的生产效率更高。Klodt(1995)发现在经济服务化的过程中,几乎所有 OECD 国家服务业与非服务业之间的产业生产率偏差都在缩小,而这些国家的一个共同特点就是服务业中的 70% 属于生产性服务业。20 世纪 80 年代至今,发达国家服务业的发展以人力资本和信息技术密集型的生产性服务业为主,这些产业代表着更高的生产率,属于"进步部门"(樊文静,2019)。国内学者也发现某些生产性服务业的劳动生产率与全要素生产率高于制造业(张月友等,2018;张建华和程文,2019)。

生产性服务业专业化和多样化集聚对于企业自身的生产率提高起到积极作用。首先,城市作为生产性服务业集聚的空间载体,集聚区内的生产性服务业企业相互毗邻,通过共享基础设施和辅助产品可以有效降低运营成本。如物流业中的大型物流中心枢纽,不同物流企业的快递物流中心集中分拣,能够降低企业运营成本(徐秋艳和房胜飞,2018),所形成的规模经济和业务辐射能力能够进一步增强货运联系网络的集聚性(贾鹏等,2021)。对于微观企业来说,新企业进入市场时更倾向于选择加入现存的集聚中心,虽然集聚区域内部的价格竞争会变得更加激烈,但是企业会利用广度边际来获得补偿。[①] 对于制造业企业而言,生产性服务业在地理空间上的集聚降低了制造业企业的搜寻成本。特别是当制造业企业对于产品种类和价格拥有不完全信息时,这种对集聚的需求将变得更为强烈。因此,制造业企业作为中间品服务的消费者可能更倾向于在集聚区域内选择中意的生产性服务业企业。其次,不同行业间的企业为了获取集聚利益,会在区域内聚集,生产性服务业的多样化集聚增加了生产性服务业各细分产业间的互动交流,如 ICT 对多个领域的渗透服务,以金融行业为例,大数据、云计算与人工智能等新一代信息技术正在逐步成为金融科技的核心技术,大数据技术能够为银行提供客户管理、风险控制以及欺诈行为识别服务,还可以为保险公司提供产品研发、保单和理赔管理等服

---

① 藤田昌久和蒂斯在《集聚经济学:城市、产业区位与全球化》一书提道:"一个新企业进入市场时,会选择加入现存的集聚中心,使集聚规模进一步增大。在这种情况下,一个新企业的进入会增加总需求,从而对现有企业产生正的外部性。虽然价格竞争会变得更激烈,但看起来企业会利用广度边际(extensive margin)效应来提高它们的均衡价格。市场规模效应将消费者眼中的替代品转变为互补品,在统一市场中竞争。"

务。这种生产性服务业不同行业间的融合交流不仅能扩大产品范围和服务半径，而且能够有效深化和放大集群的竞争优势。再次，生产性服务业的人均资本装备量低于工业，因此生产性服务业集聚能够有效促进就业（李子叶，2015）。不仅如此，高端生产性服务业集聚触发对高技术人才需求的同时也引致了大量低技能劳动力需求，所创造的劳动岗位对经济稳定起到了积极作用。最后，地方政府通过优惠性政策吸引企业进入集聚区，当政策优势逐渐显现且集聚效应存在并足够强时，将会促使地方经济由低就业和低工资的低水平均衡转变为相对更大的就业规模和高工资的高水平均衡（Kline，2010），促进整体的经济和绩效水平提高。

生产性服务业专业化集聚可以降低制造业生产成本（Zhao 和 Zheng，2012），促进制造业企业生产率的提升。一方面，生产性服务业企业集聚可以为下游制造业提供生产服务中间投入的多种选择，改善企业服务外包环境，为制造业提供更加完善的服务，厂商选择物美价廉的中间服务产品进行生产，生产成本的降低有利于企业利润水平的提高并给扩大再生产创造条件，实现专业化基础上的规模经济；另一方面，中国的城市正逐步呈现出"后工业化"社会特征，特别是行政级别高且人口和经济规模较大的城市，其服务业和生产性服务业占比较高，但是生产性服务业集聚可能导致其与制造业争夺资源，形成"挤出效应"，从而抑制制造业获利能力（杨君等，2021）。

假设2：生产性服务业专业化集聚和多样化集聚能够有效提升地区的经济增长质量。

（二）生产性服务业集聚对产业结构升级影响的理论分析

在探讨生产性服务业集聚与产业结构升级的关系之前，有必要对产业结构升级进行说明。结合本书对经济高质量发展内涵的界定和生产性服务业源于制造业的特殊性，产业结构升级包含两层含义：一是整体产业结构的合理和高级化以及农业、制造业、生产性服务业三产业之间的协调发展，农业与制造业是发展生产性服务业的前提与基础，生产性服务业则是农业与制造业升级换代的有机补充；二是制造结构升级，即生产性服务业集聚推动传统制造业行业向现代行业、低技术含量行业向高技术含量行业转换升级的能力。因此需要分别从这两个方面进行理论阐述。从社会整体产业结构来看，生产性服务业集聚因其高技术含量和产业关联度作用于不同产业。

发展中国家普遍存在着农业产出占总产出比重较低、农业就业占比相对较高的现象，继而表现为农业生产率与非农产业生产率的较大差异（李政通和顾海英，2021）。虽然主粮生产已经基本实现机械化，但在一些地区仍存在小规模性、现代化水平较低、农村基础设施建设短板等问题，区域间的差异较大。在新时代，农村呈现出农民老龄化、农村空心化、生产分散化、农业兼业化等新特点(何自立和顾惠民,2022),传统优势随着农村集体力量的弱化而越来越不明显。农业生产的机械化、信息化和智能化成为未来发展趋势,这便为生产性服务业的嵌入提供了可能。生产性服务外包是增加迂回经济性的重要途径。一方面,农户对资产和技术专用性程度具有高外包服务需求,如农机的设备租赁、种苗的选种购置、培育养殖监督服务等,而农户或村集体以购买服务替代了直接投资,以此来规避投资风险,同时通过生产性服务外包形式利用专业化的选种育苗等技术培育出更加优良的产品,增加了产品附加值,此外,通过劳动替代降低了劳动监督成本(罗必良,2017),提高了农业综合生产技术效率(许佳彬等,2020;闫晗等,2022)。另一方面,生产性服务的本质是人力资本和知识资本的传递者,其将这两种类型的资本输入生产过程,从而大大增加产品的最终附加值(格鲁伯和沃克,1993)。农民通过购买生产性服务引进新的要素和技术,如近些年"互联网+"技术迅速发展,在很大程度上,它在连接和匹配生产性服务业方面发挥了重要作用,有利于在更大的空间内实现平稳的供需对接(姜长云,2019),为农业产业链运行和引领农业向价值链高端跃升提供驱动力量(芦千文和丁俊波,2021)。但需要说明的是,生产性服务业在为农业提供服务产品、降低生产成本的同时也诱发了交易成本,当交易成本大于专业化分工带来的收益时,分工深化将受到限制(杨小凯等,1999),农户将在分工深化与交易成本之间进行理性的选择。此外,能够购买生产性服务以促进农业规模化生产的区域通常具有较高的生产水平和规模化生产的潜力,对于某些经济欠发达和自然资源禀赋不足的地区,发挥生产性服务业对农业生产率的促进作用较为困难。

制造业中高技术含量企业产值、数量提升快于中低技术企业是实现制造业结构优化的关键。首先,与制造业前后向关联紧密的生产性服务能降低制造业成本,提高制造业生产率(Francois,1990)。具体而言,专业化仓储、邮政和交通运输服务企业集聚有利于制造业企业获得更低价的仓储运输服务;商务服务业企业集聚使得制造业企业获取更低价格的工业设计和品牌营销等产品附加价值服务;通信服务业企业集聚加速了信息技术的更新迭代速度,进而能为制造业企业提供定制化服务,同时通信服务技术的导入实现了制造业产业数字化赋能,加强了制造业企业与消费端之间的联系,从而能够有效满足消费者的多样化偏好,为提高复购率提供可能;金融服务业提供多组合服务产品供给,为企业进行价格渠道升级提供资金准备;科技服务业集聚更多是为制造业企业提高其实施产品创新的潜在可能性(黄先海和诸竹君,2021)。其次,生产性服务业企业发展初期因产业互动的需要邻近制造业集聚区,生产性服务业企业区位的邻近促使掌握相似技术的员工更有机会流动到各制造业企业,专业技术人才的流动给生产性服务业技术和信息的传播提供机会。因此,集聚产生的技术知识溢出作用于制造业企业,提高制造业企业的生产率和技术创新能力。此外,在区位黏性的作用下,企业在区域内的选址将有效促发"循环累积"效应,进而促使企业在某一区域长期集聚,在一定程度上有利于区域内产业链环节的连续性和成熟性。产业链内的技术创新可以进一步加强企业在各个环节的专业化程度,有利于产业的发展及结构优化。最后,多样化集聚有助于分散单个产业遭遇冲击所带来的风险(Acemoglu 和 Zilibotti,1997)。一方面,多样化集聚促进低效资源的释放,引导资金及技术流向现代制造业,加快传统制造业转型升级,降低高端制造品的生产成本和交易成本(曹聪丽和陈宪,2019);另一方面,分工协作的多个生产性服务业企业、科研机构、地方政府和行业协会,通过本地劳动力在区域内的流动、消费者—供应商之间的信息交换、企业间的技术模仿和交流、地方政府和行业协会的协同组织等,有效提高了生产性服务业企业间的协同技术创新能力、服务产品创新能力和人力资本积累速度(Ellison 和 Glaeser,1997)。随着城市化进程的加快,大城市出现生产性服务业专业化向多样化模式的转变,如2015 年北京市金融、科技、信息三大行业对 GDP 现价贡献率达 62.1%,生产性服务业成为主导性产业[①]。这些生产性服务业企业在区域内的多样化共聚能够充分发挥规模效应和创新效应,有效降低制造业企业成本,促进制造业转型升级。虽然,生产性服务业集聚能够对制造业产业带来趋于正向的作用(文丰安,2018),但这种正向的促进作用在受到如产业关联、地理距离和制度环境等的摩擦时,会减弱甚至无法发挥。如当生产性服务业集聚而导致中心区域地价、人力成本过高,生存压力迫使制造业离开集聚区时,会使得这种集聚外部性的发挥受阻。余泳泽等(2016)发现生产性服务业集聚的空间外溢效应不断衰减,当距离达到 500km 时,其空间外溢的影响衰减至一半。

就服务业内部而言,生产性服务业集聚能够在行业内和行业间形成规模经济,但生活性服务业是直接向居民提供物质和精神生活消费产品及服务的,具有生产与消费同步性,一般无法像生产性服务业那样进行标准化生产(王文等,2020)。因此,在效率无法改善的情况下,生活性服务业的劳动生产率提升有限,劳动力的加速扩张容易进一步加快低效服务业的蔓延并拉低产业劳动生产率增长速度,甚至可能致使生活性服务业陷入停滞(张建华和程文,2019)。由于生活性服务业自身的生产率提升有限,因此对于服务业内部而言,其结构优化和效率提升主要依赖于生产性服务业。

假设 3:生产性服务业集聚可以有效促进产业结构的优化升级,能够有效提升其自身和制造业的生产率水平。

---

① 新华社.北京:生产性服务业已占半壁江山[EB/OL].(2016-07-14)[2021-11-30].http://www.gov.cn/xinwen/2016-07/14/content_5091152.htm.

假设4：生产性服务业集聚有利于制造业产业结构升级。

(三)生产性服务业集聚对节能减排效果影响的理论分析

集聚是一种紧凑的空间经济行为(邵帅等,2019),其正外部性的重要体现之一便是对节能减排的促进作用;但集聚也会相应带来负外部性,即集聚过程势必会扩大区域内的生产规模和要素投入,进而加速能源的消耗,不利于节能减排目标的实现。相较于工业,服务业对环境资源的消耗要低得多。[①] 生产性服务业集聚带来的技术经济外部性,其影响分为生产性服务业企业通过集聚发展对节能减排造成的直接影响以及生产性服务业集聚的外部性影响制造业生产技术,从而促进制造业节能减排的间接影响。多数实现碳达峰的发达国家的碳排放强度都相对较低,这主要是因为主导产业大多为生产性服务业和高端加工制造业。[②]

对于生产性服务业自身来说,它与传统制造业相比具有高智力资本、高创新、高效率、低能耗的禀赋,其发展不依赖于自然资源消耗,具有污染排放较少的特点。Kolko(2010)指出,与制造业相比,生产性服务业具有"城市化程度更高,集聚度更低"的特点,这缘于服务业对资源的依赖程度较低,但需要近距离面对多样化的消费者群体。从生产性服务业的发展历程来看,生产性服务业从制造业企业中剥离,其完成剥离的过程本身便包含了分担且减少制造业污染物排放。此外,经济发展阶段变化促使属于现代服务业的生产性服务业成为大城市的主要经济增长动力,在环境规制倒逼作用下,区域政府通过提升制造业门槛以实现地区的清洁和低碳发展(聂晓培等,2020),这种行政手段间接增加了制造业生产成本,使得制造业企业外迁并为生产性服务业集聚腾挪空间,生产性服务业获得了激励并通过增加生产服务投入提升其服务产品质量和附加值,借助生产性服务业聚集带来的群体竞争优势实现规模经济和节能减排。

对于制造业,首先,生产性服务业集聚尤其是科技环保产业集聚为制造业企业提供了污染治理外包服务的多样化选择,企业会在购买治污服务和自行治理之间做选择。通常来说,专业化的环保设备往往价格不菲,而设备维护和运行的人力成本使得制造业企业更倾向于将治污过程外置化,通过购买第三方治理服务降低企

---

① 根据庞瑞芝和邓忠奇(2014)的研究,工业能耗与污染物排放远高于服务业,其中单位工业增加值的平均能耗是服务业的4.26倍,单位工业增加值的CO_2和SO_2的平均排放量分别是服务业的5.97倍和32.7倍。

② 王晓涛.碳达峰碳中和如何更有效地成为高质量发展引擎[EB/OL].(2021-12-31)[2022-03-21]. https://www.ndrc.gov.cn/wsdwhfz/202112/t20211231_1311184.html? code=&state=123.

业的治污成本并提高治理效果,企业能够专注于核心业务。随着这种外包模式的推广,制造业获得了益处,进而增加了对这种服务的需求,这种良性的互动有效促使生产性服务业尤其是环保服务业实现转型升级,即"装备制造商—环保设施运营服务商—环境综合服务商",使得该产业的业务范围扩大,进而提升其生产效率。其次,生产性服务业企业将高级生产服务嵌入制造业生产过程与价值链中,加快清洁技术在制造业间的扩散,促进生产环节向低污染、高附加值的两端延伸,通过改变投入方式,即使用更多的节能环保技术及服务投入替代物质能源消耗,更多地将研发设计、第三方物流、信息技术服务等服务要素作为中间投入,进而实现生产过程的低能耗与环境友好。最后,已经有较多研究表明能源效率的提升依赖于技术进步(Lin 和 Polenske,1995;Fisher-Vanden 等,2004),生产性服务业集聚有利于促进企业增加新产品的研发投入(Hosoe 和 Naito,2006),特别是 ICT 和科学研究等高端生产性服务业集聚所产生的技术溢出,能够为节能减排提供助力。此外,创新不仅体现在产品或技术上,制度和管理上的创新在一定程度上也能有效提升能源利用效率,从而达到节能减排效果。如通过政府促进政策性金融机构、商业性金融机构将减排目标加入融资约束中,美国摩根大通银行早在 2008 年 2 月便采纳了碳原则,摩根大通银行在对高能耗和高污染的电力生产行业授信时,会加强尽职调查,更严格地评估风险(张伟等,2019)。这种生产性服务业的行业管制也能够倒逼高污染行业降低能耗。

假设 5:生产性服务业集聚能够促进节能减排效果的提升,但受到集聚水平的影响。

(四)生产性服务业集聚对民生福祉提升影响的理论分析

生产性服务业并不直接参与物质产品生产,其主要功能是为改善生产提供便利(张彬斌和陆万军,2016),但它仍具有服务业的特征,即受市场规模的限制,生产性服务业的发展不仅依赖本地经济规模和经济集聚程度,也依赖与外部市场的连接性,因此以基础设施为支撑的通达性成为生产性服务业区位选择的重要因素,如交通运输业和信息通信技术的发展能够有效支撑生产性服务业在区域范围内的集聚。

基础设施的完善在提高地区之间通达性的同时也加快了生产要素的流动速度,缩短了人们的城际通勤时间和差旅商务活动中的在途时间,从而增大了空间邻近效应所带来的影响。因此,交通及信息通信基础设施较为完善的区域中心是生产性服务业企业实现跨界运营的理想场所,具有综合性服务业功能的高端生产性服务业更是集聚在具有良好基础设施的少数区域(邱灵和方创琳,2012)。生产性服务业集聚带动对交通和网络通信的需求,甚至拉动了与之配套的消费性服务需求,增强了生产性服务业所在地区的对外辐射能力和增大了服务半径,也带动了更大的市场需求和市场发展潜力,进而刺激生产性服务业的发展形成良性互动。以金融业为例,其通常坐落于城市 CBD 或次中心,这些地方本就具有较高的基础设施水平。基础设施的完善提升了集聚区的空间质量和形象,进而形成了对劳动力集聚的向心力,生产性服务业集聚所产生的劳动力需求会吸引高素质、高技术人才汇集,继而促发对居住、教育、卫生医疗等消费的需求,而且相较于传统制造业和服务业劳动力,生产性服务业从业人员特别是高端人才对于优质居住环境、医疗教育的需求更为迫切,使得生产性服务业集聚区域具有提升民生福祉的内在驱动。不仅如此,生产性服务业集聚所产生的人才和产业的集中可能引发土地价格、地租费用的上升,从而淘汰一些生产效率低下、附加值低的产业,形成更为集约、空间布局更为优化的发展模式。当然,集聚不可能一直持续,当超过均衡状态时,集聚可能会促发低质的恶性竞争,造成效率损失,不利于整体福利水平的提升。

假设 6:生产性服务业集聚有利于民生福祉提升。

第三节　本章小结

本章主要内容包含理论基础和研究假设。其中,第一节对产业集聚理论和绿色经济理论的发展历史进行梳理,将产业集聚理论的发展归纳为思想萌芽阶段、系统提出阶段和发展繁荣阶段。首先梳理了在古典经济学时期不同的经济学家所提出的产业集聚的思想,该时期虽然没有正式提出该理论,但经济学家已经关注到由自然禀赋等外在因素所导致的空间不均衡现象。系统提出阶段以马歇尔外部性理论为标志,其对于产业集聚理论的经典归纳仍是现代产业集聚分析的重要基础,而在马歇尔之后,虽然有众多学者对产业集聚理论进行了完善,但始终没有找到合理的模型化工具。克鲁格曼将不完全竞争和收益递增引入两区域模型中,标志着新经济地理学的诞生,该学说对经济要素的空间集聚和分散具有很强的解释力。至此,产业集聚理论进入了发展繁荣阶段。其次主要梳理了绿色经济理论的渊源和内涵,并对与绿色经济理论相关的理论进行了辨析,认为绿色经济理论是可持续理论的延伸,核心是对传统经济增长方式的消解和对绿色经济增长方式的塑造。

第二节结合经济高质量发展的定义和各维度内涵,从生产性服务业的空间属性和产业属性两个维度提出了生产性服务业集聚和对经济高质量发展的研究假设。一方面,从空间视角分析了生产性服务业集聚的空间外溢特性;另一方面,从产业视角分析生产性服务业集聚对经济高质量发展影响的各维度。生产性服务业集聚可以提高集聚区内要素生产率,通过行业渗透卷入农业、制造业生产领域,进而促进整体产业劳动生产率提高,为高端制造业提供技术和服务支持,促进传统制造业行业向现代行业、低技术含量行业向高技术含量行业的转换,有利于实现清洁生产和节能减排。基础设施建设是生产性服务业集聚的前提条件,且生产性服务业集聚会进一步促进基础设施完善,进而引发对教育、医疗、公共服务等的全面需求。

第三章 生产性服务业集聚对经济高质量发展影响的作用机理

第二章分析了生产性服务业集聚对经济高质量发展的空间溢出作用和各维度影响,但并未对其中的作用机理做出详尽的分析,即仅仅解决了"是什么"的问题,但没有解决"为什么"的问题。本章试图从生产性服务业集聚所产生的规模经济效应、技术创新效应及资源配置效应三条路径,厘清生产性服务业集聚对经济高质量发展影响的作用机理。

第一节 生产性服务业集聚、规模经济与经济高质量发展

一、自由企业家模型

现有文献多根据集聚外部性理论从静态角度分析生产性服务业集聚的溢出效应,较少有文献从动态角度进行解释,即如果初始情况下不存在集聚,生产性服务业缘何集聚以及集聚是否会因外部冲击产生动态调整并呈现非对称性,进而通过循环因果加剧这种非对称现象。一方面,微观的企业决策往往因被宏观经济活动掩盖而难以捕捉;另一方面,在理论分析上空间建模的复杂性使得模型构建较为困难。本节尝试从空间经济学视角采用自由企业家模型(FE 模型)分析生产性服务业集聚是否确实存在规模经济效应。

在进行分析之前,有必要说明空间经济学的两个基础假设,即规模报酬递增和垄断竞争。当制造业企业对中间投入品具有多样性偏好时,中间投入品生产者便可能增加规模收益,由于规模收益递增,生产者不可能选择多元化的生产模式,而是选择各自具有规模收益递增特征的生产部门进行生产,其结果就是不同的生产者成为各自生产领域的垄断者。尽管这些厂商都具有垄断特征,但他们并不是自

然垄断行业,也并非政府特许的垄断生产部门,因此市场上存在许多潜在的进入者,他们的存在使得这些厂商不能按垄断价格定价,而是按边际成本加成定价法进行定价。后文的数理模型主要参考了安虎森(2005)和陈强远等(2021)的研究。

假设存在城市 N 和城市 S,在各城市内部均有两个部门,即传统部门 M 和现代服务部门 T,其中传统部门中的企业是均质的,其投入为单一的传统劳动力要素,具有规模报酬不变和完全竞争的瓦尔拉斯均衡特征。现代服务部门投入主要是以知识为核心的人力资本投入,包括企业家和现代劳动力两种,其中每个现代服务业企业需要使用 1 单位的企业家作为固定投入,使用现代劳动力和服务业中间投入品组合 C_c 表示可变投入,a_i 为单位产品生产所需的可变投入,同时也是异质性服务业企业 i 的内在生产率,a_i 越大,表明企业的内在生产率越低。据此,将城市 N 和 S 的异质性服务业企业的生产成本函数表示为:

$$C(x_i) = \pi_i + a_i x_i P, \quad C^*(x^*) = \pi_i^* + a_i x_i^* P^* \tag{3-1}$$

式(3-1)中,$C(x_i)$ 和 $C^*(x^*)$ 分别为城市 N 和 S 中现代服务业企业 i 的生产总成本;π_i 和 π_i^* 分别指城市 N 和 S 中现代服务业企业 i 所支付的企业家报酬;x_i 和 x_i^* 分别指城市 N 和 S 中现代服务业企业 i 生产的服务产品数量;P 和 P^* 分别指城市 N 和 S 的中间投入品价格指数,是现代劳动力报酬与中间投入品价格的组合:

$$P = \omega^{1-\mu} \left[\int_1^{n_N} p_i^{1-\sigma} \mathrm{d}i + \int_1^{n_S} \overline{(p_i^*)}^{1-\sigma} \mathrm{d}i \right]^{\frac{\mu}{1-\sigma}} \tag{3-2}$$

$$P^* = (\omega^*)^{1-\mu} \left[\int_1^{n_S} (p_i^*)^{1-\sigma} \mathrm{d}i + \int_1^{n_N} \overline{(p_i)}^{1-\sigma} \mathrm{d}i \right]^{\frac{\mu}{1-\sigma}} \tag{3-3}$$

式(3-2)和式(3-3)中,ω 和 ω^* 分别代表城市 N 和 S 的现代劳动力报酬。对于异质性服务业企业而言,其生产率差异 a_i 假定外生且服从连续可微的帕累托分布:

$$G(a_i) = \left(\frac{a_i}{a^{\max}} \right)^k, \quad k \geqslant 1 \tag{3-4}$$

式(3-4)中,a_i 代表单位产品生产所需的可变投入;$a^{\max}$ 代表异质性服务业企业生产单位产品的最大投入;k 为帕累托分布的形状参数。

对于 a 而言,其概率密度函数与分布函数分别表示为:

$$f[a] = \rho a^{\rho-1}, \quad F[a] = a^\rho, \quad 0 \leqslant a \leqslant 1, \quad \rho \geqslant 1 \tag{3-5}$$

式(3-5)中,ρ 是常数,表示密度函数的形状。此外,经济地理学中的经典假设为冰山成本,具体体现在同一区域内部是没有交易成本的,但不同城市间具有运输成本,并且物品在运输途中以某一固定比例损失掉。因此,考虑运输成本后,城市间的服务贸易价格为:

$$\overline{p_i} = \tau p_i, \quad \overline{p_i^*} = \tau p_i^*, \quad \tau \gg 1 \tag{3-6}$$

式(3-6)中,p_i 和 $\overline{p_i}$ 分别表示城市 N 生产的服务品在城市 N 和 S 的销售价格;p_i^* 和 $\overline{p_i^*}$ 分别表示城市 S 生产的服务品在城市 S 和 N 的销售价格。通常来说,由于服务产品的贸易成本相对于制造业表现为隐性的存在且相对较高,因此假设 τ 较大。

对于企业家和现代劳动力而言,假设企业家为获取最大化收益而在城市间自由流动,并且企业家的流动会使得现代服务业企业流动;但现代劳动力是城市特有的,不具有流动性。而根据新经济地理理论,企业家作为高知识或技能载体,其流动会带来知识的传播,促进知识溢出,进而提高服务业生产率。而这种生产率的提高与城市规模有关(Davis 和 Dingel,2012)。为了将城市服务部门的知识溢出模型化,将城市服务部门的知识溢出定义为城市规模带来的单位产品可变投入的减少,即服务业企业的实际生产率提升,采用企业内在的生产率 a_i 和城市企业家相对规模之间的生产率函数进行表示:

$$z_i = ma_i = \frac{a_i}{1 + \gamma(s_n)^2}, \quad m = \frac{1}{1 + \gamma(s_n)^2}, \quad \gamma > 0 \tag{3-7}$$

$$z_i^* = m^* a_i = \frac{a_i}{1 + \gamma(s_n)^2}, \quad m^* = \frac{1}{1 + \gamma(1 - s_n)^2}, \quad \gamma > 0 \tag{3-8}$$

此外,传统部门的唯一投入是传统劳动力,而现代服务部门投入包括固定的企业家投入和可变的现代劳动力投入。假设传统劳动力通过技能培训能够转化为现代劳动力,为简化表达,使用培训费用来表示,即:

$$\omega = tw, \quad t > 1 \tag{3-9}$$

式(3-9)中,t 表示通过技能培训转化为现代劳动力的单位时间分摊成本。前文假设每个企业在其生产领域具有垄断地位,因此仅选取其最具有优势的一种产品进行生产以追求收益的最大化,将企业家投入作为每个企业的固定投入。假设城市 N 和 S 的企业家禀赋是既定的,以 K_N 和 K_S 表示,则两个城市的相对禀赋可以表示为 s_K 和 $1 - s_K$,其中 $s_K = \dfrac{K_N}{K_N + K_S}$。

每个城市的消费者都具有两个层面的效用函数:总效用函数和子效用函数。其中总效用函数为消费传统部门产品和多样化现代服务品的效用总和,采用柯布-道格拉斯效用函数表示;子效用函数为消费多样化服务品时的效用函数,采用不变替代弹性函数表示:

$$U = C_T^\mu C_M^{1-\mu}, \quad C_T = \left(\int_0^{n_N + n_S} c_i^{1-1/\sigma} di \right)^{1/(1-\frac{1}{\sigma})}, \quad 0 < \mu < 1 < \sigma \tag{3-10}$$

式(3-10)中,C_M 和 C_T 分别代表消费者对传统产品以及现代服务品的消费;μ 是消费者支出中现代服务产品支出所占的份额;σ 表示任意两种现代服务产品的替代弹性,视为常数。企业家与工人的名义收入分别用 ω 和 ω^* 表示。

城市 N 的服务业企业 i 的利润最大化过程可以表示为：

$$\max(p_i x_i - \pi_i - x_i P), \quad \text{s.t.} \ x_i = c_i + \tau \overline{c_i} \tag{3-11}$$

式（3-11）中，c_i 与 $\overline{c_i}$ 分别表示城市 N 和 S 对城市 N 的服务业企业 i 提供的服务产品的需求；x_i 表示城市 N 的服务业企业 i 的服务品产出量。同样假设 $x_j^* = c_j^* + \tau \overline{c_j^*}$，$x_j^*$ 表示城市 S 的服务业企业 j 的服务业产品产出量，$\overline{c_j^*}$ 和 c_j^* 分别表示城市 N 和 S 对城市 S 的服务业企业 j 提供的服务产品的需求。求解可得到：

$$p_i = \frac{\sigma z_i}{\sigma - 1}, \quad \overline{p_i} = \tau p_i, \quad p_j^* = \frac{\sigma z_j}{\sigma - 1}, \quad \overline{p_j^*} = \tau p_j^* \tag{3-12}$$

进而得到两个城市服务业企业 i 和 j 的企业家回报：

$$\pi_i = \frac{p_i x_i}{\sigma} = \frac{\mu p_i^{1-\sigma} E^W}{\sigma} \left[\frac{s_E}{G^{\frac{1-\sigma}{\mu}}} + \frac{\varphi(1-s_E)}{(G^*)^{\frac{1-\sigma}{\mu}}} \right] \tag{3-13}$$

$$\pi_j^* = \frac{p_j^* x_j^*}{\sigma} = \frac{\mu (p_j^*)^{1-\sigma} E^W}{\sigma} \left[\frac{\varphi s_E}{G^{\frac{1-\sigma}{\mu}}} + \frac{1-s_E}{(G^*)^{\frac{1-\sigma}{\mu}}} \right] \tag{3-14}$$

式（3-13）和式（3-14）中，$\varphi = \tau^{\sigma-1}$，表示贸易自由度；$s_E = \dfrac{E}{E + E^*}$，表示城市消费支出份额；$E^W$ 表示城市 N 和 S 的总支出。对于生产率为 a 的服务业企业 i 来说，企业家的回报差 $\mathrm{d}\pi_i$ 表示为：

$$\mathrm{d}\pi_i = \frac{\mu a_i^{1-\sigma} E^W}{\sigma K^W \lambda} (1-\varphi) \frac{\varphi s_E + s_E - s_K - \varphi + \varphi s_K}{[s_K + \varphi(1-s_K)](\varphi s_K + 1 - s_K)} \tag{3-15}$$

式（3-15）中，$\lambda = \dfrac{\rho}{1-\sigma+\rho} > 0$，在初始情况下企业家不流动时，均衡情况下企业家回报差为 0，即可以得到：

$$s_n = \frac{1}{\varphi - 1} + \frac{1+\varphi}{1-\varphi} s_E \tag{3-16}$$

由于 $\varphi \in [0,1]$，因此 nn 曲线的斜率大于 1，说明本地市场具有放大效应，即本地服务业需求规模变化将会使得本地服务产品生产份额产生更大比例的变化。

以上基于企业家不流动的情况，当企业家在区域间流动时，假设企业家的流动意味着企业发生迁移，即城市间服务业企业发生区位转移，根据陈强远（2021）的分析，即便 N 和 S 城市的服务业企业生产率相同，企业家也会向具有企业家比较优势禀赋的城市移动，即从城市 S 向城市 N 移动，且生产率越高的企业向城市 N 转移所获得的收益更高，因此具有更高的转移意愿。

二、生产性服务业集聚、规模经济与经济高质量发展的内在逻辑

前文揭示了生产性服务业企业区位转移的动因，即集聚具有市场放大效应，生产性服务业企业会向企业家禀赋更高的地区移动，生产的转移带来了支出的转移，

企业家的转移使被转入一方市场份额和产品种类增加,这会驱使该地区的服务产品价格下降,进而使其更具有竞争优势,形成向心力。这是微观视角的企业区位转移的动因,从宏观角度看则表现为规模经济,是资源积聚效应的体现及生产规模和经济效果之间关系的结果(袁桂秋和张玲丹,2010)。生产性服务业集聚以企业群的面目出现在市场,一个产业或产品在空间上大规模集中起来,可以获取一系列比如生产、信息搜索、市场营销、辅助性服务等方面的外部经济效益。生产同类型产品或同种产品的不同品类、规模和品牌的企业在空间上的大规模集中,形成一个门类齐全、产品线长的供货地点,更容易吸引广大用户。一个地区的市场规模越大,就越能吸引外部企业的进入(藤田昌久和蒂斯,2016),激发地区的市场潜力,扩大地区市场规模,进而产生集聚。从规模经济角度看,区域的规模经济使得服务业中间商品和最终商品在流通过程中产生的"空间摩擦"减弱,表现为交易费用和单位服务产品的长期平均成本降低(沈能,2013),生产性服务业具有拓宽产业链中各个不同环节之间相互联系的空间边界的内在需求,生产性服务业集聚使得这种内在需求加强,诱使生产性服务业企业在更大空间范围内达成分工协作。在这一过程中,生产性服务业由于规模的扩张和种类的增加,成为具有规模经济效应的独立部门。以交通运输服务业为例,外部规模经济表现为航空、铁路、公路、水路和管道这五种运输方式的有机结合,区域范围内的综合运输,以及各种运输线网规模的不断增长,均具有降低成本、增加利润的规模经济效应;内部规模经济表现为道路运输市场中各个道路运输企业追求其所能达到最优经济效益与最优社会效益的生产规模,道路运输企业生产规模的扩大,将使固定成本(包括土地、厂房、运载工具等),及变动成本(包括燃料成本、驾驶员人工成本等折算在单位客货运量)降低,同理在一定地理范围内,多家道路运输企业的合作共用站场,分享线路,形成运输集团,不同企业分工合作进行业务细化,亦能不断提高经济效率(胡珂强,2020;刘丹等,2014;张旭等,2021),企业和行业整体的生产率提升有利于经济高质量发展。

生产性服务业集聚对于制造业部门也具有规模经济效应。新经济地理学在不完全竞争和冰山成本的假设下提出"中心—外围"理论,从资源的空间配置角度描述了企业为追求生产成本节约和劳动生产率提升,将生产部门设置在较大地区(Krugman,1991)。而企业的规模集聚有助于促进产业集聚,且无论是企业集聚还是产业集聚,集聚的发生必然伴随着劳动力等生产要素向较大地区的规模化聚集,进而产生溢出效应,促使地区生产效率提高。生产性服务业集聚促进专业化和分工深化,可供选择的服务中间投入品种类增多、品质提升,促使服务市场竞争加剧与成本下降,因此降低投入制造业的中间服务的成本有利于促进制造业发展,且越依赖中间投入服务的制造业,其受影响的程度也越深(周念利,2014)。生产性服务业集聚提供了优质的服务要素,有助于制造业企业降低生产成本和管理成本,提高企业组织管理效率,进而提高企业生产率(刘斌和王乃嘉,2016),生产性服务业企业为制造业企业所提供的分销、可行性研究、市场咨询等服务,能够使制造业企业获取全面而广泛的市场需求信息,进而采取差异化策略,为客户提供多样化、差别化和定制化的产品,并且通过增加产品的耐用性、安全性和舒适度,提高产品质量,锁定目标市场,扩大市场份额。

生产性服务业集聚的规模经济效应不仅作用于制造业和服务业部门,也为农业规模化生产提供可能(图3-1)。首先,从农户个体看,现行的农地产权制度以所有权、承包权和经营权"三权"分置为特征,在"三权"分置的政策条件下,土地经营权可流转是发展农业适度规模经营的重要前提。拥有农地经营权但行为能力不足且资源配置有限的农户个体将经营权甚至经营权的细分产权分离出来,政府、村集体或农户自发将分散的外包需求聚合并流转交易给具有技术和管理能力的生产性服务主体(曹峥林,2019),农民自主决定将农资采购、农药喷洒、病虫防治等环节交由生产性服务业企业代为管理,既保证了所有权不变、承包权的稳定,还能够灵活处置经营权,提高规模经济效益。在西方发达国家,这种农业生产的服务外包较为普遍,如 Allen 等(2002)对北美的一项研究表明,大规模农场相较于小规模农场,更倾向于服务外包。其次,从生产性服务业主体看,农业活动的技术可卷入市场,如果一定规模的农户将具有较高技术含量和高资本密集度的某个生产环节外包并产生一定的总规模需求,围绕生产环节提供专业化服务的经营主体便能够获得外部规模经济,并形成稳定的服务规模供需市场。特别是随着技术进步,机械化、智能化和信息化的生产方式能够对农业生产进行改造,这种生产方式的变革不仅降低了劳动强度,也提高了生产效率,但上述替代过程意味着投资的增加,如农机设备、智能化检测服务系统等专用性强的基础投资,机械化生产在要求匹配适度土地规模的同时也会提高农机设备的使用频率,而生产性服务市场的供需稳定为农业规模化生产提供可能。再次,从农业产业看,横向分工及其区域连片化将离散的服务需求聚合(张露和罗必良,2021),形成了不同服务环节的规模需求,进而诱导提供不同环节服务的生产性服务主体进入,为服务市场的形成与发育提供土壤。此外,农业社会化服务市场的形成受市场容量(专业化连片种植)限制的同时,市场容量的生成又反向促进了种植的标准化生产,即与作物品种相关联的服务市场发育越成熟,越能够促进农户种植决策的同质化发展。因为考虑便捷地获取低成本的生产性服务,以及享受销售、保险和金融等非生产性服务以抵御自然风险和市场风险,农户可能更倾向于调整种植决策,保持彼此间种植品种的一致性。值得说明的是,横向专业化水平的提升对于农户纵向服务卷入的影响也可能是非线性的,当横向专业化程度超过门槛值后,交易成本的升高可能抑制农户更大范围的服务卷入。最后,生产性服务业外包能够有效缓解由城市化进程引起的农业劳动力流失导致的土地撂荒,实现农业生产主体内部的资源优化和有效配置。

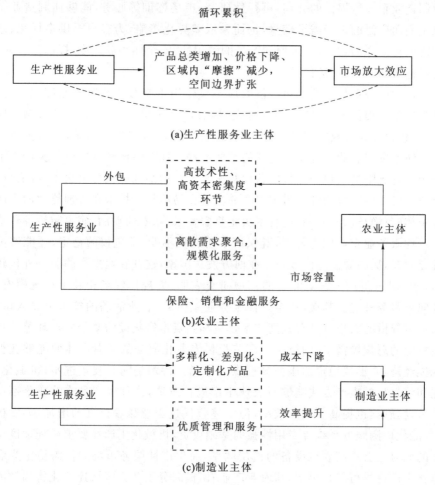

图 3-1 生产性服务业对不同产业主体的规模经济效应

第二节 生产性服务业集聚、技术创新 与经济高质量发展

一、生产性服务业集聚与技术创新

与 20 世纪的技术进步速度相比,21 世纪以来,随着技术系统复杂性的增加和产品更新迭代速度的加快,研发费用的逐年增加似乎并没有有效提升研发生产率,

反而使研发生产率呈现出逐年下降的趋势(余泳泽,2015;江小涓和孟丽君,2021),相同水平的技术进步却要求更多的研发投入,而这种高额的研发投入使得企业独自开发新技术更为困难。波特的集聚经济理论强调集聚对于企业创新具有的风险共担作用,然而当代的技术创新与100年前相比可能更为困难,虽然当代的总体科技水平要高于100多年前,可是由于创新的不可预测性,创造出同等程度的技术进步可能需要更多的科研技术人员夜以继日地工作。因此,产业间和企业间的合作共聚能够有效分担这种创新不确定性带来的风险,使得区域内企业更有意愿参与合作创新。具体来说,首先,生产性服务部门集聚在空间及地理邻近性方面促进了不同类型生产性服务业与创新主体(比如中间品厂商)间信息的快速交换和面对面交流,强化了生产性服务业与中间投入品厂商间的动态互动,使创新过程中的信息收集、筛选和转换更为便利,创新价值链各环节的分工更为深化。这种严格分工和协同协作促进了专业化知识在生产性服务业,尤其是高端生产性服务业各部门及创新主体间的传播,使得生产性服务业主体通过有效评估区域内创新链条上不同环节的供应商质量,促进创新价值链的纵向整合。在这一过程中,生产性服务部门与中间投入品创新厂商间建立的稳定合作关系有助于形成合作者之间的风险共担机制,进而降低创新环节的不确定性。其次,生产性服务业集聚降低了创新过程中的协调成本。生产性服务业集聚能为集聚区内企业提供学习和创新的环境。生产性服务业集聚能够促使创新链条中供应商与需求商之间、生产性服务部门与创新厂商之间形成两种不同的经济和社会关系:第一种是非正式的"非贸易"关系,以及一系列因高技术劳动力工作流动和厂商间模仿而产生的缄默知识转移①;第二种是更正式的、覆盖整个区域的合作协议,包含但不限于有关技术发展、职业培训以及涉及生产性服务供给的厂商、集体参与者或公共机构之间的合作协议。这些经济和社会关系共同构成生产性服务集聚区中的创新社会环境。与单个创新厂商的创新行为相比,由生产性服务厂商、创新厂商以及各类经济社会关系构成的社会创新环境的整体创新效应更具优势,有助于促进信息收集的便利性和交易成本的降低(Williamson,2002),从而降低与创新有关的常规和战略决策的事前协调成本,简化集体行为。尤其是在信息有限、昂贵以及可能的机会主义行为存在的情况下,由生产性服务业集聚而产生的社会创新环境不仅通过邻近性和社会凝聚力为协调决策的执行提供便利,而且还通过培养信任和实施威胁性社会制裁措施阻止机会主义行为。构建威胁性社会制裁以阻止机会主义行为,一方面基于集聚区内共同

---

① 亚当·斯密在《国富论》第一篇第二章《论劳动分工的起源》中曾提道:"导致从事不同职业的人们之间出现重大的才能差异的是互通有无、以物易物、相互交易的倾向……这种千差万别的天才都能够相互取长补短,他们根据各自的天赋和才能所生产出来的不同产品,也仿佛变成了一种共同财富。"

价值和相似行为规范,通过形成信任和忠诚的关系发挥积极作用;另一方面可以对机会主义行为产生快速孤立和惩罚(Arrighetti 等,2008),降低创新过程中的协调难度。最后,生产性服务业集聚促进了创新过程中知识的社会化和提升集体学习的动态效率。社会创新环境中的学习是创新链条中供应商与需求商在忠诚和信任的稳定持久性合作基础上,以一种自发的、社会化的方式在生产性服务厂商与中间投入品创新厂商之间,以及地方劳动力市场中产生的。在频繁的人事流动以及创新链条中供应商和需求商之间强烈的创新互动作用下,生产性服务业集聚使知识和信息通过研发、生产和营销等部门间的相互作用而系统、隐性地转移,进而引发了增量性的创新过程和形成特定的技术轨道。而生产性服务业集聚区中高技术劳动力频繁的工作变换和有限的外向流动性共同形成了厂商间知识积累和集体学习的动态效率,进而提高了区域创新效率。

为进一步说明生产性服务业微观主体的创新决策是否有利,参考 Poyaqo-the-otoky(1995)的方法对生产性服务业集聚所产生的技术创新效应对于微观主体影响进行数理模型分析。假设在集聚区域有 n 个生产性服务业企业,且能够提供某种无差别的服务。第一阶段由这些生产性服务业集聚企业自主决定自身的创新水平,第二阶段则参与古诺竞争。生产性服务业集聚企业的最终收益取决于两个阶段利润与支出的比较,即第二阶段的利润减去第一阶段的创新支出。

假设生产性服务业企业提供服务的成本不变,但集聚带动技术创新能够减少成本;并假设技术创新存在信息外溢的可能性。生产性服务业集聚企业可以有两种策略选择:合作创新和非合作创新。一方面,如果生产性服务业集聚企业选择非合作创新,即企业按照利润最大化原则独立提供服务产品和进行创新活动,在确知其他集聚企业创新水平的条件下,参与古诺竞争。另一方面,由 k 个生产性服务业集聚企业参与合作创新,即合作创新的集聚企业按照联合利润最大化原则共同决定创新水平,然后参与古诺竞争。此外,假设参与合作创新的生产性服务业集聚企业之间完全信息共享,即信息溢出达到最大化。

需要进一步验证的假设为:

假设 1:合作创新的生产性服务业集聚企业比非合作创新企业进行更多的创新,以降低成本。

假设 2:合作创新的生产性服务业集聚企业通常可以比其他非合作创新企业获得更多的收益,除非其他生产性服务业集聚企业实现完全信息共享。

假定某市生产性服务业由 n 个企业集聚而成,其逆需求函数为:

$$P = D - \sum_n q_i \tag{3-17}$$

其中,D 表示需求函数,$i=1,2,\cdots,n$。

假设生产性服务业企业规模收益不变,其生产成本会受到其创新数量的影响。

假定 1:某个代表性生产性服务业集聚企业 i 的单位生产成本为 $C_i = A - z_i - \beta \sum_{i \neq j} z_j$,其中 $0 < A < D, z_i + \beta \sum z_j \leqslant A, z_i$ 和 z_j 分别表示生产性服务业集聚企业 i 和 j 的创新产出水平,β 表示生产性服务业集聚企业间的信息溢出度,即 $0 \leqslant \beta \leqslant 1$。

由于存在信息溢出效应,生产性服务业集聚企业 i 的创新成果反过来也具有降低生产性服务业集聚企业 j 的生产成本的作用。

假定 2:生产性服务业集聚企业从事创新活动的成本 $C(z_i) = \gamma z_i^2 / 2, \gamma > 0$,创新活动的成本是其收益的二次函数,成本降低相对于收益是递减的。

现有 k 个生产性服务业集聚企业在城市 i 中,$2 \leqslant k \leqslant n$。因为信息在该区域的合作创新企业间是完全共享的,因此 $\beta^k = 1$;而非合作创新企业的信息溢出度为 $\beta^n = \beta$,创新成本函数不变,创新呈现规模收益递减。在确知其他生产性服务业集聚企业创新的条件下,生产性服务业集聚企业进行创新数量和水平的竞争。

首先分析参与合作创新的生产性服务业集聚企业 i 的利润最大化一阶条件。某个参与创新合作的代表性生产性服务业集聚企业 i 的生产成本 g_i 取决于:(1)其自身进行的创新水平 z_i;(2)其他合作创新的集聚企业 $-i$ 进行的创新水平 z_{-i};(3)$n-k$ 个非合作创新企业进行的创新水平 z_j。

假设合作创新的企业同质,即 $z_i = z_{-i}$,则 $g_i = A - k z_i - \beta(n-k) z_j$。同样地,非合作创新的代表性企业 $j (j = k+1, \cdots, n)$ 的单位成本 h_j 受到以下三方面影响:(1)自身的创新水平 z_j;(2)借助信息溢出效应吸收的 $n-k-1$ 个其他非合作创新企业 $-j$ 的创新水平 z_{-j};(3)借助信息溢出效应吸收的合作创新企业 i 的创新水平 z_i。故:

$$h_j = A - z_i - \beta(n-k-1) z_j - \beta k z_i \tag{3-18}$$

合作创新的代表企业第二阶段的古诺利润为:

$$\pi_{i,c} = \left[\frac{D + (n-k) h_j + (k-1) g_i - n g_i}{n+1} \right]^2 \tag{3-19}$$

在第一阶段,合作创新选择各合作企业创新产出 z,以实现合作创新之处联合净利润最大化:

$$\frac{\max k [D + (n-k) h_j + (k-1) g_i - n g_i]^2}{(n+1)^2 - k z_i^2 / 2} \tag{3-20}$$

将 h_j 和 g_i 分别代入式(3-20)中,通过推导利润最大化一阶条件得到:

$$D - A = \frac{z_i \{ \gamma(n+1)^2 - 2k^2 [(n-k)(1-\beta) + 1]^2 \}}{[2k(n-k)(1-\beta) + 2k] - (n-k)(2\beta - 1) z_i} \tag{3-21}$$

再分析非合作创新的生产性服务业企业 j 的利润最大化一阶条件。前文已假设某个非合作创新的生产性服务业企业 j 的单位成本 s_j 取决于企业自身的创新水平 z_j、其他非合作创新生产性服务业企业 $-j$ 的创新水平 z_{-j} 及参与合作创新的生产性服务业企业 i 的创新水平 z_i，即：

$$s_j = A - z_j - \beta k z_i - \beta(n-k-1)z_{-j} \tag{3-22}$$

此外，剩余的其他非合作创新的生产性服务业企业 $-j$ 的单位成本为 $t_j = A - z_{-j} - \beta k z_i - \beta z_j - \beta(n-k-2)z_{-j}$。因此，合作创新的代表性生产性服务业企业 i 的单位成本 v_i 取决于自身的创新水平 z_i、其他合作创新的生产性服务业企业 $-i$ 的创新水平 z_{-i}、代表性非合作创新生产性服务业企业 j 的创新水平 z_j，以及剩余的非合作创新生产性服务业企业 $-j$ 的创新水平 z_{-j}，即：

$$v_i = A - z_i - (k-1)z_{-i} - \beta z_j - \beta(n-k-1)z_{-j} \tag{3-23}$$

当 $z_i = z_{-i}$ 时，式(3-23)简化为 $v_i = A - k z_i - \beta z_j - \beta(n-k-1)z_{-j}$。

因此，未参与合作创新的企业的古诺利润为：

$$\pi_{j,rem} = \frac{[D + (n-k-1)t_j + kv_i - ns_j]^2}{(n+1)^2} \tag{3-24}$$

则为参与合作创新企业在第一阶段选择使第二阶段创新开支净利润为最大化的创新产出，即：

$$\max \frac{[D + (n-l-1)t_j + kv_i - ns_j]^2}{(n+1)^2} - \frac{\gamma z_j^2}{2} \tag{3-25}$$

将上述 t_j、s_j、v_i 分别代入式(3-25)，加上对称性条件 $z_{-j} = z_j$，求解利润最大化的一阶条件为：

$$D - A = \frac{\{\gamma(n+1)^2 - 2[n(1-\beta) + B][\beta(n-k) + (1+k)(1-\beta)]\}z_j}{[2n(1-\beta) + 2\beta] - k[\beta(k+1) - k]z_i} \tag{3-26}$$

求式(3-21)和式(3-26)的联立解，得到参与合作创新的集聚企业和未参与合作创新的集聚企业创新产出的均衡值，即相当于合作创新的集聚企业和未参与合作创新的集聚企业间的博弈，式(3-21)和式(3-26)则相当于创新选择的反应函数。因此，对于合作创新的集聚企业有：

$$z_i = \frac{K}{M_1} + z_j \frac{M_2}{M_1} \tag{3-27}$$

对于未参与合作创新的集聚企业有：

$$z_j = -\frac{K}{M_3} + z_j \frac{M_4}{M_3} \tag{3-28}$$

其中，z_i 和 z_j 分别是合作创新集聚企业和未参与合作创新集聚企业的创新产出，联立解相应的系数为：

$$M_1 = \frac{\gamma(n+1)^2 - 2k^2[(n-k)(1-\beta)+1]^2}{2k(n-k)(1-\beta)+2k} \tag{3-29}$$

$$M_2 = (n-k)(2\beta-1) \tag{3-30}$$

$$M_3 = k[\beta(k+1)-k] \tag{3-31}$$

$$M_4 = \frac{\{\gamma(n+1)^2 - 2[n(1-\beta)+\beta][\beta(n-k)+(1+k)(1-\beta)]\}}{2n(1-\beta)+2\beta} \tag{3-32}$$

得到创新产出均衡解为:

$$z_i = \frac{K(M_2+M_4)}{|M|}, \quad z_j = \frac{K(M_1+M_3)}{|M|} \tag{3-33}$$

由式(3-33)可知,当且仅当 $M_2+M_4 > M_1+M_3$ 时, $z_i > z_j$。

将 M_1、M_2、M_3、M_4 代入式(3-33),可简化为:

$$k^2[(n-k)(1-\beta)+1] > n(1-\beta)+\beta \tag{3-34}$$

分两种情况进行证明:

(1)当 $n=k$ 时,式(3-34)经过变换整理为 $(k+\beta)(k-1)>0$,根据前文定义 $2 \leqslant k \leqslant n$ 是成立的。

(2)当 $n \neq k$ 时,式(3-34)经过变换整理为 $(1-\beta)[(n-k)k^2-n]+k^2-\beta>0$。由于 $1-\beta \geqslant 0$, $k^2-\beta>0$,因此只要 $(n-k)k^2-n \geqslant 0$ 即可。

变换后整理得到:

$$(k+1)[(n-k)(k-1)-1]+1 \geqslant 0 \tag{3-35}$$

因为 $n-k \geqslant 1$, $k-1 \geqslant 1$,则 $(n-k)(k-1)-1 \geqslant 0$,显然式(3-35)成立。

由(1)和(2)证明可知 $z_i > z_j$,即参与合作创新的集聚企业比未参与合作创新的集聚企业从事更多的创新活动,具有更多的创新产出。因此,通过此模型可以得出的结论为:生产性服务业集聚企业间的合作创新能够给合作企业带来更多的利益,提高集聚企业区域整体的产出效益。

二、技术创新与经济高质量发展

熊彼特的创新理论认为,技术创新是现代经济理论中推动经济增长的重要内生变量,这在发达国家经济发展实践中得到验证,美国、德国、日本等发达国家长期处于全球产业链的上游,一个重要原因就是这些国家注重技术创新投入,在技术创新领域保持着全球领先地位。技术创新能够提高整个社会的劳动生产率和资源配置效率,缩小地区差距。不仅如此,技术创新还能保障经济发展的强度和稳定性。从发展强度看,技术创新可能会拓展生产的可行性边界,能够为经济潜在增长率输送新养分(张冰瑶和江静,2021)。持续的创新可以提高经济韧性。在经济复苏时,创新通过提供新产品和服务来创造需求,进而推动经济繁荣;当经济面临下行压力时,创新成果的商业应用可以拉动产业投资,从而提高抵御危机的能力。对于企业来说,研发投入的增加必将推动企业的持续创新和专利存量的增加;企业间的生产互动产生的"干中学"效应提高了企业专业化程度和创新能力,中国的代工企业就是依靠此方法充分获取了代工客户的知识溢出。金培(2018)、辜胜阻等(2018)、刘宏和乔晓(2019)的研究表明,技术创新促进经济高质量发展。在经济发展由高速增长转向高质量发展的过程中,技术创新是引领经济高质量发展的重要动力。我国经济发展实践也表明,技术创新是促进经济高质量发展的核心驱动力。

三、生产性服务业集聚、技术创新与经济高质量发展的内在逻辑

国家竞争优势理论(Porter,1990)认为"一个国家的竞争优势更大程度上是取决于技术进步、产业创新和升级"①。生产性服务业专业化集聚能够通过共享集聚区的知识技术、人力资本,部门或企业间的合作创新来降低创新风险和创新协调成本,通过促进集体学习和知识的社会化过程来提高创新活动研发效率和技术创新水平。与单个创新厂商的创新行为相比,由生产性服务厂商、创新厂商以及各类经济社会关系构成的社会创新环境的整体创新效应更具优势,有助于促进信息收集的便利性和交易成本的降低,提高生产效率。

生产性服务业集聚生产的多样化协同创新创造多样化的创新环境,有利于不同产业间企业的技术交流和创新活动的开展。生产性服务业在高校、科研机构和制造业之间起着"助推器"和"润滑剂"的作用,可使高校和科研机构创造的隐性知识与自身实际需求相结合,革新后使其显性化,不仅可以加速新知识的传递和溢出,而且能够提高制造业的知识吸收能力,从而提升区域创新效率(原毅军和高康,2020)。而生产性服务业所提供的信息技术在一定程度上协调了区域内的创新企业之间的关系,使他们实现了信息共享,降低了创新活动的不确定性。生产性服务业提供的融资服务为创新过程的实施提供了资金支持。

因此,生产性服务业的专业化创新与协同创新能够形成产业比较优势以及区域比较优势(图3-2)。技术创新作为经济高质量发展的内在驱动力和重要依靠,能够推动经济从传统的资源要素拉动转向技术创新拉动转变,从而产生持续的经济增长动力,促进经济高质量发展。

---

① 迈克尔·波特.国家竞争优势理论(上)[M].北京:中信出版社,2012:75-86.

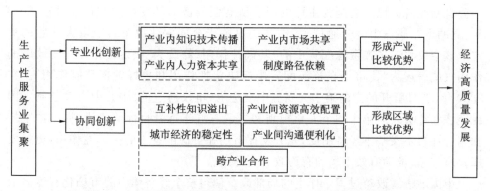

图 3-2 生产性服务业集聚对经济高质量发展的技术创新效应

第三节 生产性服务业集聚、资源配置 与经济高质量发展

一、有关资源配置的认识

资源配置是指在一定的时间与空间范围内,社会对其所拥有的各种资源在不同用途和不同使用者之间的分配(高培勇等,2020),其配置方式包括计划配置和市场配置两种。资源配置的最优原则,即满足社会需要和资源得到合理有效利用。由于生产率的提高不仅来源于单个企业内部要素满足和合理配置,还依赖生产要素在企业间的配置状况,生产要素可以通过资源重置,从低效率的经济主体向高效率的经济主体合理流动,间接地提升经济效率和全要素生产率。生产要素配置作为资源配置的重要组成和起点,应同一定的经济、社会发展目标相适应,同自然资源条件及开发战略相适应。

从新中国成立之初到改革开放,中国实行了高度集中的计划经济体制,私营经济在 1957 年后的社会主义改造中被扫光,当时的城市是国有制经济,农村是集体所有制经济[①],个体和私营经济几乎难寻踪迹,这种经济体制虽然有利于"集中力量干大事",但也极大地束缚了生产力。1978 年以后,党的工作重心转向经济建设,为了解决计划经济管理体制所面临的问题,促进生产力发展,经济管理体制改革的大幕徐徐拉开(史丹,2021)。在这一阶段,中国实行的并非一步到位的"休克"疗法,而是分步骤和分阶段的渐进式的改革,通过逐步放宽市场准入,实现了从单

---

① 张卓元.中国经济改革的两条主线[J].中国社会科学,2018(11):12-29.

一公有制经济向以公有制为主体的混合所有制经济的转变(方福前,2021)。2013年,党的十八届三中全会通过了《中共中央关于全面深化改革若干重大问题的决定》,该会议将市场在资源配置中的"基础性作用"修改为"决定性作用",将政府的作用权威表述为"使市场在资源配置中起决定性作用和更好发挥政府作用"。在2020年10月召开的党的第十九届五中全会上,审议通过的《中共中央关于制定国民经济和社会发展第十四个五年规划和二〇三五年远景目标的建议》提出:"坚持和完善社会主义基本经济制度,充分发挥市场在资源配置中的决定性作用,更好发挥政府作用,推动有效市场和有为政府更好结合。"

中国渐进式改革过程中伴生的局部改革使得整个经济体中的市场化程度高低不一,产生了一些不符合市场经济效率原则的扭曲现象(吴建峰,2014)。这种经济体制造成的资源配置扭曲阻碍了效率的提升,而其中某些部门的要素扭曲尤为突出(陈诗一和刘文杰,2021)。金融业、科学研究和技术性服务等生产性服务业因行业门槛较高扭曲严重。以金融业为例,虽然伴随着社会资本进入涌现了较多股份制银行,生产性服务业中金融业的专业化集聚水平较高,进而极大促进了金融行业发展,但不可否认该行业仍是国有资本高度主导、政府干预较多的部门。以银行业为例,由于中国的银行信贷具有典型的垄断竞争特性,表现为进入限制、存贷款数量限制、利率限制等形式的金融抑制特征明显,这种抑制不仅表现在地域上,更表现为市场化改革不彻底所致的"所有制歧视"。具体而言,相较于其他企业本地的国有企业更易享受到低息贷款的优惠,而其他企业的融资成本则相对较高,这不利于市场公平。此外,"银政壁垒"亦限制了资本的跨区域流动,商业银行的属地管理制度将异地客户挡在了门外(王京宾和李博,2021)。相对于银行业,证券和股权交易市场的管制则更为严格。此外,地方政府和企业之间的"合谋"相比制度性"摩擦"则可能造成更大程度上的资源错配和效率损失。地方政府受到发展地方经济和通过市场保护扶持当地弱势产业的双重激励,这支逆市场力量阻碍了省际和省内的资源流动(陆铭和陈钊,2006),低效率经营和"僵尸"企业借助稳定税收和就业的借口寻求各种政策的保护(蔡昉,2021),地方政府也采用贷款或其他方式支持企业以回应这种保护。不仅如此,一些本该退出的企业还会"改头换面"来争取产业政策支持,占用宝贵的资源和要素,妨碍生产要素重新组合,进而引发资本的低效配置,拖累整体生产率水平。这种资源配置扭曲的后果是严重的,我国钢铁产能过剩就是一个典型的例子,产能过剩带来的巨大浪费和负担是持续性的,虽然早在2013年10月,《国务院关于化解产能严重过剩矛盾的指导意见》就提出"整合分散钢铁产能",但截至目前,我国钢铁等传统行业的过剩产能尚未彻底化解(杨桐彬等,2021)。

与资本错配相比,劳动力错配可能更为严重,虽然近年来我国逐步放开了落户政策,普通劳动力市场正在形成并完善,但现实是户籍制度仍极大限制了劳动力的自由流动。虽然国家大力推行并实施渐进式的户籍改革制度,如积分落户制度以及各地的"抢人"大战,均为劳动力的自由流动提供新的畅通渠道,但这些政策并非普惠制的,可能因为某些条件将一部分人挡在了"门外"。当然,这些创新的举措是值得肯定的。第七次全国人口普查数据显示,人户分离人口为 4.9276 亿人,与2010 年第六次全国人口普查相比,增长 88.52%,其中市辖区内人户分离人口增长192.66%,流动人口增长 69.73%。[①] 这组数字背后是流动人口这一庞大的群体,且呈现"候鸟式"的短期流动特征,青壮年劳动力进入城市工作却无法享有与城镇居民同等的权利,这有悖于经济高质量发展的内在要求。不仅如此,这种短期的流动造成了留守儿童众多和夫妻异地分居等社会问题,农村地区隔代抚养现象十分普遍。此外,技能型劳动力和高级劳动力的流动也受到了严格限制,主要表现为科研技术人员、国有企业高级经理人员基本上只受行政命令调动,而大量高等学校和科研院所的科学研究人员追求较为稳定的工作环境而不得不接受较低报酬的现实,无法充分调动和释放科研工作人员的创造活力。另外,受到档案、组织关系、行政级别的限制,企业和社会组织等"编外人员"进入党政机关、国有企事业单位的渠道不畅通,不利于人才的自由流动,扭曲了人力资源的配置。曾有研究发现,与其他国家相比,中国的科学研究和技术服务业、教育、公共管理社会保障和社会组织、卫生和社会工作、金融业等市场化程度较低,中国大学生较少配置到制造业和批发零售业,而在其他国家,制造业和批发零售业吸引大学本科以上学历劳动者就业的能力较强。中国的生产性和非生产性行业间存在人力资本错配(中国经济增长前沿课题组,2014)。

二、生产性服务业集聚、资源配置与经济高质量发展的内在逻辑

集聚所具有的功能之一便是不仅通过规模经济和技术创新实现集聚区内部企业的效率增进,也有助于纠正资源错配,使资源在企业之间实现合理配置。具体而言,生产性服务业专业化集聚促使拥有某种相同技能的劳动力在集聚区内汇聚,一方面有利于降低企业搜寻和匹配劳动力的经营成本,进而实现成本剩余;另一方面有利于劳动力在行业内获得更多的选择机会,受"趋利性"影响,具有更高技能的劳动力一般会流向规模较大并且效益较好的企业、行业和地区,而技能中等或偏低的劳动力则有更大可能"被选择"到效益略低的企业或者"被挤出",在这一过程中完成了劳动力要素资源的优化配置。此外,随着生产性服务业专业化规模化发展,其

---

① 国家统计局 国务院第七次全国人口普查领导小组办公室. 第七次全国人口普查公报(第七号)——城乡人口和流动人口情况[EB/OL]. (2021-05-11)[2024-06-06]. http://www.stats. gov. cn/zt_18555/zdtjgz/zgrkpc/dqcrkpc/ggl/202302/t20230215_190403.html.

服务半径延伸的同时有助于释放农业转移劳动力,并促使其获得边际上的非农产业就业机会,提高劳动生产率,有利于社会整体的生产率增进。不仅如此,专业化集聚通过分工和资本深化使不同地区形成具有竞争力的比较优势,这不仅能促进专业化生产,提高劳动生产率,而且有利于资本集聚与机器设备共享,提高资本利用率,从而实现资源的有效配置。Waiengnier 等(2020)通过研究生产性服务业的大都市区集聚效应,发现集聚能够发挥对全球化资本执行战略指挥和控制职能,并且随着生产性服务业集聚规模的扩大,对于微观企业的资源配置与空间布局的作用愈发明显(Lanaspa 等,2016)。

生产性服务业多样化集聚的资源错配纠正效应则主要来自不同产业间结构效应对资源的优化配置,以及知识与技术溢出对要素水平高级化的推动作用。一方面,多样化集聚作为一个开放系统,能够突破行业与空间的边界,进而降低集聚区内部企业的经营风险,在资源配置出现缺口时表现出更强的要素吸纳能力;另一方面,多样化集聚便于不同行业与地区间人员的接触与交流,利于旧知识的传播和扩散,以及新知识的孕育和产生,引发的学习效应能够持续提高劳动力水平,改善劳动力结构,进而实现资源的高效配置。

对于稀缺的土地资源而言,生产性服务业集聚还有助于土地资源的合理利用,实际上我国存在大量的空置土地和不合理利用,产业结构升级的步伐受限于土地资源错配,进一步制约了我国的经济高质量发展(李勇刚,2019)。城市内部土地空间资源利用的产业竞争与博弈一直客观存在,利润生产能力强、产业排挤效能高及创新层级高的经济实体具有比较竞争优势。生产性服务业集聚能够"置换"出工业企业的落后产能,这不仅有利于土地高效利用,更有利于清洁生产和节能减排。事实上,"腾笼换鸟"①"退二进三"②概念的提出,便是为了纠正我国存在的土地资源错配问题,提升土地资源的配置效率(黄忠华和杜雪君,2014),促使制造和生产等传统业务受到地租、政策、环境的影响而转向外围发展,向城市郊县转移;而营销租赁、金融保险、互联网服务等生产性服务产业密度急剧上升,服务类型资本和人才密集资本加速向城市中心区域汇集。这种产业密集度和集中度彰显了生产性服务产业超强的土地利用能力和地租支付能力。因此,生产性服务业集聚有助于充分

---

① "腾笼换鸟"最早是 2008 年广东省主动推进产业结构转移和升级的一种形象说法。当时的珠三角地区劳动密集型产业虽是当地经济的主要支撑,但也占据了较多的土地资源。而随着劳动力成本与土地价格的上升,相当一部分附加值较低的劳动力密集型产业向外迁移,腾出来的空间留给了附加值较高的产业。

② 2001 年国家计委《"十五"期间加快发展服务业若干政策措施的意见》中提到"鼓励中心城市退二进三""调整城市市区用地结构,减少工业企业用地比重,提高服务业用地比重",虽然2015 年宣布该文件失效,但仍然体现出当时一个时期内服务业发展的重要地位。

发挥其宏微观经济效应,纠正资源错配,提高配置效率(戴美虹,2020)。

生产性服务业集聚基于资源配置效应对经济高质量发展的作用机理如图 3-3 所示。

此外,也应该意识到并非生产性服务业集聚度越高越好,其集聚并不能持续性地改善资源错配,会受到市场规模等因素的限制。生产性服务业相较于传统制造业和服务业来说,对专业知识和技能的要求较高,且高端生产性服务业存在隐形进入门槛,早期的生产性服务业集聚会吸引具有专业技能的人才进入集聚区,在市场机制和相应的制度并不完善时可能会加剧集聚区的劳动力错配,如唐荣和顾乃华(2018)就发现服务业上游度会加剧劳动力错配程度,但会因集聚区资源整合能力和市场化程度的提高而得到削弱。

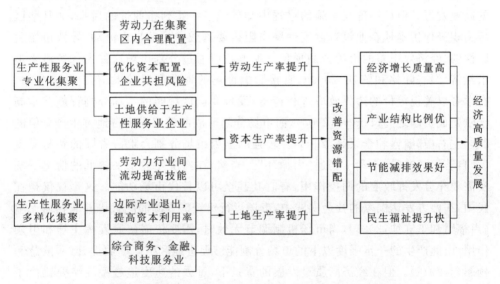

图 3-3　生产性服务集聚基于资源配置效应对经济高质量发展的作用机理

三、市场分割、资源配置与生产性服务业集聚水平

在研究生产性服务业集聚对资源错配的纠偏作用时,不得不考虑为何现实情形是生产性服务业集聚水平在 2013 年后有所下降(参见第四章第一节测算结果),究竟是因为集聚区内产生了"拥挤"而引发市场自我调节,还是因为某种外部人为力量的干扰? 而在集聚水平下降的同时,也是在 2013 年这种地区间的不平衡开始加剧,这种时间上的"巧合"耐人寻味。是否存在某种力量阻碍了资源的有效流动,进而引发了生产性服务业集聚水平的下降?

林毅夫(2002)曾提出政府的战略以及行为是影响生产要素空间流动的重要力量,中国的产业空间分布除了受到自然禀赋和市场调节影响外,很大程度上还受到政策的影响(郑冠群等,2021)。经济增长目标作为地方对当年或一段时期内经济社会建设和发展的目标引领,其除了是辖区经济建设的目标外,更是上级政府考核地方官员政绩的关键指标(周黎安,2015),在中国政治集权与经济分权相互结合的治理模式下,各级地方政府具有追求经济增长以实现党和上级政府交代的任务和目标的强烈动机(周黎安,2007;Xu,2011),即"晋升锦标赛"模式。在该治理模式下,地方官员之间存在激烈的横向竞争,进而表现为各级、各地政府的增长目标并不是相互独立的,而是互动的,特别是当多个地区的地方政府处于同一个上级政府的领导之下时,这种空间相近或者发展水平相似的地区在增长目标上的互动表现得更为明显(刘勇等,2021)。当然,这种经济目标治理方式在一定程度上引领和推动了地方的经济社会发展(黄亮雄等,2021),在某种层面上可以部分解释中国经济的高速发展。但该制度在实施的过程中却导致了一系列扭曲性的后果,如某些区域为积极保护本地企业设置制度性壁垒阻碍要素或产品的自由流动,导致市场关联性弱、经济效率差的市场分割现象。地方政府通过分割市场这种占优策略来追求经济增长(陆铭和陈钊,2009),直接影响市场的资源配置效果(孔令池,2019)。有学者以关税等价的边界效应进行衡量,发现我国区域间的市场分割程度甚至高于欧盟成员国之间(Poncet,2003),而市场分割造成的效率损失占地方生产总值的20%左右(郑毓盛和李崇高,2003)。较强的国内市场分割会阻碍省际的贸易交流(李自若等,2022),不利于畅通"内循环"。当然,在经济发展水平较低的情况下确实需要充分发挥政府的调控作用,有时其甚至可以替代市场功能。这不仅仅是在我国,在西方发达国家的社会实践中,市场运行对经济资源的配置也并非畅通无阻(卢福财和王守坤,2021),当市场机制调节无效时,需要依靠政府发挥主导和引领作用,由此产生的一定强度以下的市场分割能够促进地区生产率的提升(邓慧慧和杨露鑫,2019)。但在经济高质量发展的背景下,过去的速度追赶型战略要让位于质量型和效益型赶超战略,那么政府继续沿用市场保护政策是否有助于资源的有效配置呢?

事实上,中国渐进式改革中通常以组合政策的形式对某一产业进行扶持,而政策试点这种独特的机制更是使得试点区域获得了充分的政策激励,不仅如此,产业政策发挥效果后会在全国范围内陆续推广,而各地方政府会因经济目标考核要求而加大政策扶持力度。如随着经济服务化持续推进,各地方政府竞相出台系列鼓励服务业发展和重点打造服务业集聚的产业税收优惠政策。但这种优惠政策可能在一定程度上与地方保护主义相伴而生,政府行政权力边界的划分在一定程度上分割了国内市场,资源和要素自由流动的边界导致经济运行具有"碎片化"倾向。不仅如此,中国经济转型中随着分权改革的推进和地区间竞争的白热化,一个最重要的特征是中央主导型产业政策的弱化和地方主导型产业政策的兴起,而地方主导型产业政策是选择性的产业政策,对于微观企业的干预更加广泛和直接,体现出很强的以政府选择替代市场机制和限制竞争的特征。"为增长而竞争"的激励机制、区域倾斜政策和不规范的优惠政策、财政分权体制下的地方互动策略、政府合作机制虚化等因素,是形成"行政区经济"现象的直接原因(刘志彪和孔令池,2021)。

近年来中央加强了对市场一体化进程的推进,如2018年11月,《中共中央 国务院关于建立更加有效的区域协调发展新机制的意见》明确提出:"坚决破除地区之间利益藩篱和政策壁垒,加快形成统筹有力、竞争有序、绿色协调、共享共赢的区域协调发展新机制,促进区域协调发展。"市场分割这种计划体制的遗留问题逐步缓解。但在实践中发现,市场分割问题尤其是要素市场的建设问题,迄今为止并没有得到根本解决。导致市场分割的因素主要包括自然因素和人为因素。自然因素如气候、地理地貌特征等,其主要构成了市场运行中的物流成本,尤其是运输成本;人为因素如行政权力和企业市场势力等垄断因素,构成了市场运行中的交易成本,主要由制度性"摩擦"引起。制度性"摩擦"因素可划分为纵向政府治理和横向政府治理两个方面。其中,纵向政府治理指在统一区域内按照行业、企业规模、所有制、地区等标准制定不同的管理政策,导致市场参与主体的政策不平等,由此造成市场的条块分割;横向政府治理则是按行政边界制定本地利益最大化的"逐底竞争"政策,限制要素和商品流动的政策等,由此造成市场的"块块"割据。另外还有市场结构方面的原因,如平台型企业行使垄断性市场势力,造成市场非一体化现象,等等(银温泉和才婉茹,2001;李善同等,2004;范子英和张军,2010;付强,2017;曹春方等,2017)。本章侧重考察由横向政府治理引起的市场分割问题。

横向政府治理导致区域间劳动力市场、中间投入或服务市场的一体化进程受阻,要素市场自由流动的受阻一定程度上阻碍了地区之间的服务贸易,进而削弱了生产性服务业异地集聚的意愿,这种具有地方保护主义倾向的政府干预行为导致生产性服务业和消费性服务业[①]难以在各地区形成集聚(孔令池等,2016)。不仅如此,市场分割以及资源和要素流动边界还会"固化"资本规模和产业集群,表现为部分行政区域内部形成一种"自增强机制"。[②] 具体来说,地方政府出于巩固地位及平衡区域差距的政策性目的,对资源分配进行控制,使得生产性服务业具有本地化服务倾向,宏观上表现为生产性服务业集聚的省内溢出效应。生产性服务业受到横向政府治理因素的影响难以为其他省份的制造业企业提供服务,弱化了区域间第二、三产业关联,削弱了本地区生产性服务业集聚所产生的辐射作用,同时也

---

① 纯粹的消费性服务业包含医疗健康服务、文化娱乐服务。

② 邓创,曹子雯.中国经济高质量发展水平的测度与区域异质性分析[J].西安交通大学学报(社会科学版),2022,42(2):31-39.

阻碍了邻近地区制造业生产效率的提升(陈国亮和陈建军,2012)。这种非市场力量的"干扰"导致产业集聚水平降低和行业专业化水平下降(白重恩等,2004;路江涌和陶志刚,2007),此外,地方政府不当跟风中央重点产业政策也会促发区域之间对资源的恶性竞争,进而导致区域分工不足和产业空间集聚水平的过早下降(吴意云和朱希伟,2015;杨继东和罗路宝,2018)。因此,横向政府治理阻碍经济高质量发展的逻辑为:地方政府的短视和不当干预—阻碍要素区域间流动—市场分割—阻碍生产性服务业集聚及纠偏效应的发挥—不利于经济高质量发展。

第四节 本 章 小 结

本章分析了生产性服务业集聚对经济高质量发展的作用机理。第一节分析生产性服务业集聚产生的规模经济效应,从微观动态的角度揭示企业家会向具有企业家比较优势禀赋的城市移动,且生产率越高的企业越具有转移意愿。接着分析了生产性服务业集聚对于不同产业主体的规模经济效应,生产性服务业具有循环累积的市场放大效应,其集聚能够带来企业和行业整体效率的提升;生产性服务业集聚使得制造业主体获得多样化、差别化、定制化的低成本产品和管理服务,提升制造业主体的竞争力;生产性服务业将离散化的农业主体需求聚合,并提供标准化、规模化农业生产外包服务,生产性服务业多样化集聚给予农业主体生产经营支持,促使其实现机械化和智能化生产。

第二节分析了生产性服务业集聚发挥的技术创新效应。首先通过数理模型说明了集聚区内的企业参与合作创新会获得更大的益处。生产性服务业集聚通过产业内人才流动提高显隐性知识的传播速度,能够降低单个企业的创新风险,表现为合作创新企业相较于非合作创新企业会获得更高的效益。生产性服务业专业化集聚形成了产业比较优势,多样化的协调创新形成了区域比较优势,两种优势合力推进了经济高质量发展。

第三节阐述了生产性服务业集聚的资源配置效应,其集聚能够实现资本、劳动力和土地的高效利用。与此同时,生产性服务业集聚并不能持续性地改善资源错配,会受到市场规模等因素的限制。此外,进一步从市场分割角度探寻资源错配的来源,认为可能存在地方政府的短视和不当干预—阻碍要素区域间流动—市场分割—阻碍生产性服务业集聚及纠偏效应的发挥—不利于经济高质量发展。

第四章 生产性服务业集聚与经济高质量发展的现状与问题

在第二章的研究假设中,通过逻辑演绎法分析认为生产性服务业集聚是经济高质量发展的重要驱动因素,因此需要对前文的分析进行验证,但在实证检验前需要了解我国生产性服务业集聚与经济高质量发展的现状以及存在的问题。生产性服务业的行业管制特征明显,其发展受到地方产业政策的影响,那么地方产业政策的制定情况和实施效果如何?是否存在堵点和难点?各区域经济高质量发展水平如何?发展过程中是否存在不平衡和不充分问题?生产性服务业集聚对经济高质量发展是否起到了支撑和带动作用?在回答这些问题之前,需要弄清现阶段我国生产性服务业集聚与经济高质量发展的概况。本章将对生产性服务业集聚和经济高质量发展的现状进行具体分析,并系统梳理生产性服务业集聚与经济高质量发展存在的问题。

第一节 中国生产性服务业集聚水平测度 及现状分析

一、中国生产性服务业集聚发展过程及国际比较

新中国成立之初,刚刚从战火中走出来的中国出于国防和军事考虑选择优先发展工业[1],在这一时期遵循"农轻重"[2]的发展顺序,没有提及服务业[3]。受经济发

---

[1] 中共中央文献研究室.建国以来毛泽东文稿(第三册)[C].北京:中央文献出版社,1988:534.

[2] 即农业、轻工业和重工业。

[3] 中国深受马克思相关理论的影响,在马克思的观点中服务不属于生产性劳动,服务业不是生产性部门。

展阶段和理论发展的限制,对无形服务业产品的认识严重不足,导致服务业的发展严重滞后于其他产业(郭熙保,2022)。改革开放后,服务业总体处于上升趋势,自20世纪90年代起,服务业得到"恢复性"发展,随着经济体制改革推进,大量市场主体涌入服务业,在这一过程中,作为服务业重要组成部分的生产性服务业则经历了从无到有、不断壮大的发展过程。大体上看,中国生产性服务业经历了三个阶段:1978—2000年的起步阶段,2000—2012年的初具规模阶段,以及2012年至今的加速发展阶段。

(一)生产性服务业集聚的发展过程

1.起步阶段(1978—2000年)

改革开放初期,我国经济发展面临重重障碍,为了突破经济发展的困局,中央以及部分地方政府,对经济管制开始有所放松,服务业得到了恢复性发展。再加之处于"边缘地带"的民营经济以及乡镇企业在沿海地区的发展,这些新的经济成分在发展过程中对生产性服务业产生了一定需求,这导致生产性服务业的市场空间得到拓展,物流、金融以及相关市场中介服务业等应运而生且不断壮大。

2.初具规模阶段(2000—2012年)

2000年后,随着经济体制改革大幕的拉开,国企改革与工业化进程为生产性服务业的发展奠定了基础。随着中国进入世界价值链分工体系,越来越多的制造业企业为增强自身的灵活性和提高运营效率开始剥离非核心业务,转而使用外部供给的相关专业性服务业。有的国有企业也开始成立服务业企业,用以处理自身以及其他企业的服务需求,如一些国有企业成立保险公司、咨询公司等,一些大型国有企业开始走集团化发展路线。在这个阶段,生产性服务业的市场需求增加、业态开始多元化。国家也在这期间发现了服务业的经济增长潜能,开始助推服务业发展,2007年和2012年的相关文件中均提到了生产性服务业发展,明确了生产性服务业的范畴和任务,要求推动特大城市形成以服务业为主的产业结构,为生产性服务业的发展提供了制度保障。

3.加速发展阶段(2012年至今)

2012年后,伴随着中国经济的快速发展和服务业对GDP贡献率的提高,生产性服务业呈现出加速发展势头。2014年出台《国务院关于加快发展生产性服务业促进产业结构调整升级的指导意见》(国发〔2014〕26号),这一文件作为生产性服务业发展的指导性文件,全方位战略性地确定了生产性服务业对于推动制造业发展和国民经济的重要作用。此后,中央和地方政府加大对生产性服务业发展的政策倾斜力度,在这一阶段出现了一批政府引导型的高新技术服务园区,为当地的制造业以及经济发展提供了智力和技术支持。

(二)生产性服务业集聚的国际比较

20世纪70年代,以美国为首的主要经济体呈现出以服务业为主导的发展趋势,在科技进步和经济全球化驱动下,服务贸易发展迅猛,服务业在产业中的地位更加突出,成为支撑经济发展的主要动能、价值创造的重要源泉以及国际竞争的主战场。

以人工智能、新技术为主的知识密集型服务业比重迅速提升,新一轮科技革命引发服务业创新升级;制造业跨国布局带动生产性服务业全球化发展。作为福特主义工业化的发源地,以及20世纪80年代以来知识经济的全球引擎,美国三次产业均表现出协同优化的高效率。美国产业结构与其他国家的最大不同之处在于,其服务业效率与潜力似乎太高了,服务业高端化及相应知识经济的发展,有力支撑起了工业发展,从而保证了美国制造业生产率的长期优势(高培勇等,2020)。

从图4-1可以看出,中国2003—2013年间服务业增加值占GDP比重明显低于世界主要发达国家,同属亚洲地区的韩国在2003年的服务业增加值占GDP比重接近60%,而日本为71.2%,2003年服务业增加值占GDP比重最高的国家是美国,达到77.4%。虽然近十年间中国服务业增加值占GDP比重呈升高趋势,但与发达国家历史上同等发展水平时期相比,中国服务业在宏观经济中的比重严重偏低,无论是就业占比还是附加值占比,都相差10个百分点以上(图4-1)。

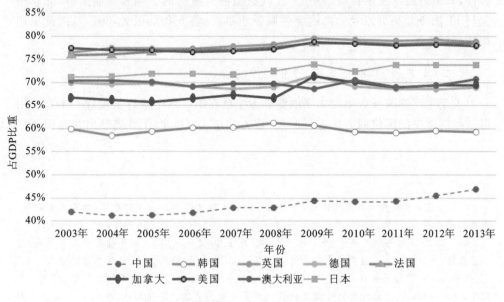

图 4-1　中国和世界主要发达国家服务业增加值占 GDP 比重

根据联合国贸易和发展会议（UNCTAD,2013）的统计，全球贸易成交量中，中间产品或服务大约占 60%。这些生产性服务在不同阶段被纳入最终消费品的生产过程；尽管服务业在国际收支净出口中仅占 20% 左右，但出口增加值中几乎有一半是由服务业贡献的，这是因为大部分出口产品的制造都需要生产性服务投入，制造业中生产性服务的价值增值部分已经超过 30%（朱廷珺和班元浩,2020）。全球 60% 以上的 FDI（Foreign Direct Investment,外商直接投资）都流向了服务业，而这其中又有 60% 以上的 FDI 流向了生产性服务业。中国生产性服务贸易出口总体呈现出上升趋势，截至 2018 年底，总出口额为 2392.7 亿美元，占当年服务贸易出口总额的 89.7%，且以中低技术复杂度产品服务的出口为主，高技术复杂度的金融服务和知识产权使用费出口占比不足 10%（张小溪,2021）。总体来说，我国的生产性服务业与世界发达国家存在一定差距。

二、生产性服务业集聚水平测度

（一）研究对象与数据来源

本章以全国 30 个省（区、市）所辖的 261 个地级及以上城市为研究对象[①]，选取研究时段为 2003—2018 年[②]，数据主要来源于《中国统计年鉴》《中国区域统计年鉴》《中国城市统计年鉴》《中国城市建设统计年鉴》、地方统计年鉴、EPS 数据库以及国家和地方的统计局网站。此外，因生产性服务业具有高资本、知识技术密集特性，其集聚通常发生在城市中心，比较典型的有纽约的金融服务业集群、北京中关村 IT 服务业集群以及上海的金融服务业集群（盛龙和陆根尧,2013），因此采用市辖区数据。

（二）生产性服务业集聚水平测度方法

关于生产性服务业集聚水平的测算方法已在第一章中进行了梳理。本章采用区域经济学中的区位商方法进行测度，该方法由 P. Haggett 首先提出并运用于区

---

① 不包含港澳台及西藏自治区，并剔除了在上述研究时段内设立的城市，如安徽巢湖市、山西吕梁市等，以及数据缺失严重的城市，如内蒙古鄂尔多斯市、宁夏固原市等。

② 以 2003 年为初始年份，是因为国家统计局在 2002 年对《国民经济行业分类与代码》进行了修订，在对原服务行业门类调整和修订的基础上，新增了"信息传输、计算机服务和软件业""住宿和餐饮业""租赁和商务服务业""水利、环境和公共设施管理业""教育""国际组织"等六个门类，选取 2003 年之后的数据可避免统计口径不一致的问题。不仅如此，在 2003 年前国家新设立和取消了一批地级市，进行了较大范围的行政区划调整。

位分析[①]。该方法通常采用一个地区特定部门的产值在地区工业总产值中占比与全国该部门产值在全国工业总产值中占比的比值（区位商）表示，有时也采用行业从业人数进行测算。若区位商大于1，则可以认为该产业是地区的专业化产业；区位商越大，专业化水平越高；若区位商小于或等于1，则认为该产业是自给性产业。

具体到实际测算，考虑数据可及性，现有文献通常采取两种方法进行测度：一种是采用从业人数测度（张浩然，2015；席强敏等，2015；韩峰和阳立高，2020），该种方法较多见于城市样本；另一种是采用生产性服务业各细分行业增加值测度（原毅军等，2018），该种方法较多见于省级样本或者生产性服务贸易的国际比较中。本章参考韩峰和阳立高（2020）的做法，使用生产性服务业从业人数进行测度，而与他们的做法仅在省域层面对生产性服务业集聚进行测度不同，考虑到生产性服务业大多表现为在城市的集聚，本章将研究尺度延伸至城市层面，按照城市经济学理论将生产性服务业集聚划分为专业化集聚和多样化集聚，以反映生产性服务业行业内和行业间的集聚水平。

生产性服务业专业化集聚水平（sa）的测算公式如下：

$$\mathrm{sa}_i = \frac{\overline{E_{i,s}}/E_i}{\overline{E_s}/E} \tag{4-1}$$

式（4-1）中，sa_i 代表城市 i 的生产性服务业专业化集聚水平；$\overline{E_{i,s}}$ 代表城市 i 的生产性服务业就业人数；E_i 代表城市 i 的总就业人数；$\overline{E_s}$ 代表全国生产性服务业总就业人数；E 代表全国总就业人数。

$$\mathrm{sa}_{i,s} = \frac{E_{i,s}/E_i}{E_s/E} \tag{4-2}$$

式（4-2）中，$\mathrm{sa}_{i,s}$ 代表城市 i 的生产性服务业细分行业 s 的专业化集聚水平；$E_{i,s}$ 代表城市 i 生产性服务业细分行业 s 的就业人数；E_s 代表生产性服务业细分行业 s 在全国层面的就业人数；E_i 和 E 与式（4-1）中所代表内容一致。

生产性服务业多样化集聚（da）采用改进的赫芬达尔-赫希曼指数（HHI）表示，具体公式如下：

$$\mathrm{da}_i = \frac{1}{\sum_s \dfrac{E_{i,s}}{E_i}\left\{\dfrac{1/\sum_{s'=1,s'\neq s}^n [E_{i,s'}/(E_i - E_{i,s})]^2}{1/\sum_{s'=1,s'\neq s}^n [E_{s'}/(E - E_s)]^2}\right\}} \tag{4-3}$$

式（4-3）中，da_i 表示城市 i 中生产性服务业多样化集聚水平，该指数越大，表示城市 i 的生产性服务业多样化集聚水平越高；$E_{i,s}$ 表示城市 i 中生产性服务业细分

①　CHORLEY R J, HAGGETT P. Trend-surface mapping in geographical research[J]. Transactions of the Institute of British Geographers, 1965(37):47-67.

行业 s 的就业人数;E_i 表示城市 i 的总就业人数;$E_{i,s}$ 表示城市 i 中除行业 s 外的某个生产性服务行业 s' 的就业人数;E_s 表示全国生产性服务业细分行业 s 的总就业人数;$E_{s'}$ 代表除行业 s 外的全国生产性服务行业 s' 的就业人数。

$$\mathrm{da}_{i,s} = \cfrac{1}{\cfrac{1/\sum_{s'=1,s'\neq s}^{n}\left[E_{i,s'}/(E_i - E_{i,s})\right]^2}{1/\sum_{s'=1,s'\neq s}^{n}\left[E_{s'}/(E - E_s)\right]^2}} \tag{4-4}$$

式(4-4)中,$\mathrm{da}_{i,s}$ 表示生产性服务业细分行业 s 面临的行业多样化水平;E_s 表示全国生产性服务行业 s 的就业人数;其余变量含义与式(4-3)一致。

该指数越大,说明多样化集聚水平越高;指数越小,说明多样化集聚水平越低。

(三)生产性服务业集聚测度结果

通过对 2003—2018 年中国 261 个地级及以上城市生产性服务业的专业化和多样化集聚水平测算发现:

从平均值来看,生产性服务业专业化集聚呈现出较为平稳的趋势,专业化集聚指数总体均值为 0.76,小于 1 说明专业化集聚度水平不高。生产性服务业多样化集聚指数总体均值为 5.06,从时间趋势上看,整体呈现出波浪式变化趋势,最高值为 2012 年的 5.76,且在 2013 年后多样化集聚水平有明显下降。如图 4-2 所示。

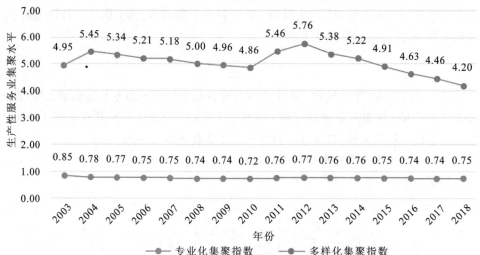

图 4-2 2003—2018 年生产性服务业专业化与多样化均值比较

利用 Pearson 相关系数测算得到专业化和多样化集聚的相关系数结果为 −0.4338,说明生产性服务业专业化集聚指数与多样化集聚指数之间呈现中等程度的负相关关系(图 4-3)。但这两个指标并未表现出相互排斥,也就是说生产性服务业多样化集聚水平较高的城市可能在某一个行业中具有较高的专业化集聚水平。如上海作为国际金融中心城市,其金融专业化程度较高,但由于其拥有良好的基础设施、投资环境,也具有较高的多样化集聚水平。

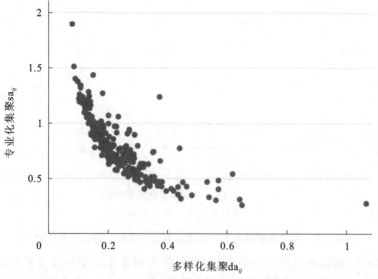

图 4-3　2018 年各城市专业化集聚—多样化集聚关系散点图

不同规模城市专业化集聚与多样化集聚存在明显异质性,按照 2018 年末城市人口规模,城市分为超大城市、特大城市、大城市、中等城市和小城市五类[①]。由于近年来人口流动性逐步加大,第七次人口普查数据显示流动人口几乎占到全国人口总数的 27%,而某些特大或超大城市的流动人口比例则更高。因此在对城市规模分类时忽略流动人口可能会造成偏误,与以往文献多使用"城区常住人口"进行分类不同,本章采用《中国城市建设统计年鉴》中的"城区人口"与"城区常住人口"之和作为城市规模的分类依据。从图 4-4 可以看出,根据不同规模城市生产性服务业集聚测度结果,在专业化集聚方面,超大城市的专业化集聚指数最高(1.15),其次为特大城市(0.90)和大城市(0.75),中等城市(0.73)和小城市(0.58)的专业化集聚水平较低;在多样化集聚方面,超大城市的多样化集聚指数最高(8.18),其次为特大城市(6.34),大城市(4.96)和中等城市(4.82)相差不大,小城市(3.56)多样化集聚指数最小。从测度结果来看,超大城市的生产性服务业专业化集聚水平和多样化集聚水平都明显高于其他城市,这符合城市发展规律。主要原因是超大城市的产业规模较大,产业链较为完备,具备发展生产性服务业的基础,此外,超大城市内部资本、技术、人才、信息等要素资源相对丰富,能够满足和实现生产性服务业的多样化发展。

①　根据 2014 年国务院发布的《国务院关于调整城市规模划分标准的通知》(国发〔2014〕51号)对城市规模进行划分。

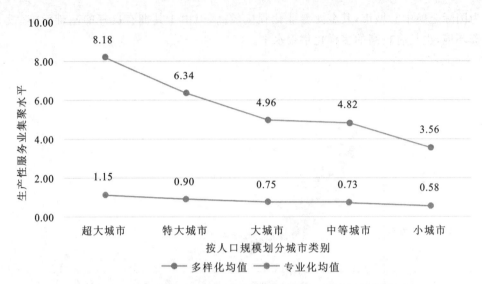

图 4-4　不同规模城市生产性服务业专业化和多样化集聚比较

参照宣烨和余泳泽(2017)的做法,按照知识和技术密集度将生产性服务业划分为高端生产性服务业和低端生产性服务业,其中高端生产性服务业包含"信息传输、软件和信息技术服务业""金融业""科学研究和技术服务业",低端生产性服务业包括"交通运输、仓储和邮政业"和"租赁和商务服务业"。从专业化集聚来看,我国高端生产性服务业专业化集聚水平要高于低端生产性服务业专业化集聚水平;从多样化集聚来看,我国低端生产性服务业多样化集聚水平要高于高端生产性服务业多样化集聚水平,呈现出"低端高集聚、高端低集聚"的非均衡集聚现象(图 4-5、图 4-6)。

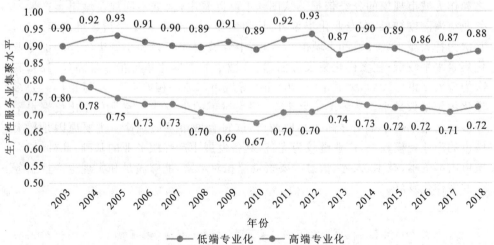

图 4-5　低端和高端生产性服务业专业化集聚比较

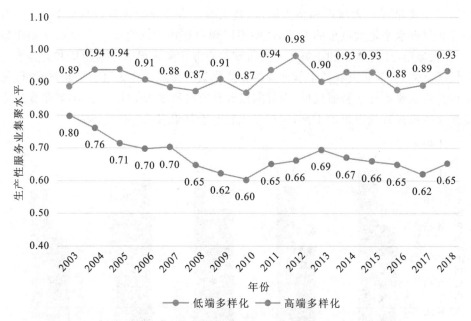

图 4-6 低端和高端生产性服务业多样化集聚比较

进一步从细分行业来看,各细分行业专业化集聚与多样化集聚呈现出较为明显的区别。交通运输、仓储和邮政业与生产流通联系紧密,在生产性服务业中有重要作用,该行业为生产性服务业中吸纳就业能力最强的行业。如图 4-7 所示,其在 2003—2018 年间专业化集聚指数均值为 0.83,高于整体生产性服务业集聚指数均值。该行业多样化集聚指数均值为 1.22。近年来伴随着人口流动性增强、电商产业发展和交通网络的建设,在大城市交通运输、仓储和邮政业的多样化集聚表现较为明显。租赁和商务服务业的专业化集聚指数均值为 0.68,是五个细分行业中最低的,说明租赁和商务服务业的专业化集聚水平低,各细分行业的纵深水平较低,主要缘于我国的咨询和调查服务、组织管理和综合服务管理能力不强。从多样化集聚水平方面看,租赁和商务服务业多样化集聚指数均值为 1.09,在五个细分行业中处于中等地位。信息传输、软件和信息技术服务业的专业化和多样化集聚水平相差不大,专业化集聚指数均值为 0.95,多样化集聚指数均值为 1.12,说明该行业专业化集聚和多样化集聚发展较为均衡。与其他行业相比,金融业的专业化与多样化集聚水平与其他行业一致性很低,表现出高专业化集聚、低多样化集聚的特征,体现出一定的独立性。这主要是因为金融行业管制较严且起步较晚,银行、证券和保险行业各行业内部的竞争较为激烈且倾向于在 CBD 集聚,因此体现为专业化集聚程度高。为了更加清楚地观测金融业专业化集聚和多样化集聚水平,按照城市规模对金融业的专业化集聚和多样化集聚进行比较(图 4-8),发现金融业多样化集聚主要是在超大城市和特大城市,超大城市多样化集聚指数均值为 2.30,其多样化集聚水平是大城市的 2 倍,说明不同规模城市之间金融业发展水平差距较大,在大城市、中等城市和小城市主要表现为专业化集聚模式。与租赁和商务服务业情况类似,科学研究和技术服务业的专业化集聚和多样化集聚水平相对较低,缘于该行业主要依托于科研院所、高等院校或具有科研能力的大型企业,其集聚更多受到这些机构行政力量的干预,而市场机制对于其集聚的作用并不大。

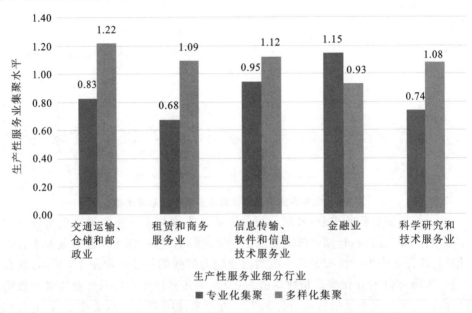

图 4-7 2003—2018 年生产性服务业各细分行业专业化和多样化集聚指数均值比较

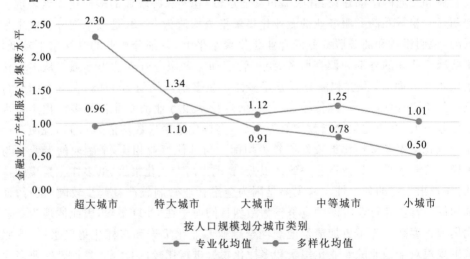

图 4-8 不同规模城市金融业专业化和多样化集聚水平比较

（四）生产性服务业专业化集聚和多样化集聚的空间演化

为了从时空上分析生产性服务业集聚的变化,按照等距离年份间隔方法选取2003年、2008年、2013年以及2018年四个时间截面,采用Arcgis10.2软件绘制城市生产性服务业专业化集聚和多样化集聚状态图,重点观察样本空间集聚的变化趋势。

2003—2013年间专业化集聚水平呈现从区域间均衡分布向少数高等级城市集聚的态势,存在显著的空间异质性和非均衡性。如在2003年长江流域沿线和部分沿海地区的专业化集聚指数大于1,到了2008年,连片高专业化集聚区范围逐步缩小,呈现出点状分布特点,主要集中在城市级别较高的大都市如北京、上海,以及省会城市如武汉、南昌、合肥、昆明等,其专业化集聚指数均大于1,说明以上地区的生产性服务业专业化集聚水平高于全国平均水平,可能的原因是在这一阶段中国借助对外开放的红利实现了经济快速增长,级别较高的城市在资源的分配上具有优先选择权,项目和投资的拉动产生对交通运输、商务服务等配套的生产性服务需求,进而使得生产性服务业在大都市和省会城市的集聚度更高。从2013年和2018年的空间分布上看,仍呈现出空间异质性特征,特别是2018年区域中心城市专业化集聚程度有所下降,而其周边的城市如黄冈、常德、绵阳、温州等城市呈现出较高的专业化集聚度,但在2013年和2018年间北方等地区城市包括呼和浩特、哈尔滨、沈阳,以及山西省域内的城市如忻州等地专业化集聚程度上升,这可能是因为在2016年以后我国将去产能作为结构性改革的重要目标,加之环境规制力度增强,制造业企业纷纷从城市中心向城郊或者二、三线城市迁移。东部地区与资源型城市的经济增长乏力导致其缺乏多样性的生产性服务业,造成了产业结构的单一化,进而表现为专业化集聚程度的升高。

将多样化集聚程度分为高（≥9）、中高（6~9）、中低（3~6）和低（<3）四个等级。生产性服务业多样化集聚水平并未稳步提高,而是呈现由逐步增强到回落的倒"U"形变化,且多样化集聚分布也呈现出了空间异质性与非均衡性的特点。2003—2013年,生产性服务业多样化集聚水平呈现出从零星分散状态向京津冀区域和长三角区域集聚的态势,表现为多样化集聚的区域集中趋势。2018年,生产性服务业多样化集聚水平骤然下降,呈现出稀疏分布的空间特征,高水平多样化集聚主要分布在东北地区,而内陆区域经济中心城市和主要港口城市处于中高或中低集聚水平。这可能与产业转移、产业结构高级化有关。一方面,生产性服务业的高技术和高附加值特征导致行业进入门槛较高,进而导致劳动力可能流向生活性服务业,从而阻碍了生产性服务业多样化集聚,特别是高端生产性服务业如金融业、科学研究和技术服务业等,随着消费升级产生对生活性服务业多样化的需求,

劳动力可能被吸引至工作模式更为自主和时间更为可控的消费性服务业中,有研究发现,2004—2015年消费性服务业的空间基尼系数高于生产性服务业。另一方面,伴随传统制造业产业区域"自东向西"转移,中西部城市的制造业行业体系发展日趋完善,与之配套的生产性服务业自然也向多样化集聚趋势推进。

三、生产性服务业集聚的现状分析

(一)生产性服务业在大都市呈圈层模式集聚

我国城市中的生产性服务业主要呈现出圈层分布特点,总体上向心集聚且在产业结构上呈现出螺旋式推进趋势,低端生产性服务业或"面对面"服务要求不高的如信息产业或科学研究业逐渐从中心城区向郊区蔓延,高端生产性服务业在区域中心竞争激烈且呈现出多点集聚。中心城区主要集聚的行业是金融服务业,作为生产性服务业的综合中心(核心区),金融服务业往往以其较高的服务价值在城市中占据核心地位。一些全国性金融中心城市的"马太效应"集聚催生了中央商务区(CBD)的形成。但与西方发达国家城市CBD基本上呈现单中心分布不同,出于优化城市空间结构目的,我国很多大城市在原有中心区以外布局新的中央商务区,形成双核心或多核心的城市空间集合模式。以北京CBD发展为例,除传统朝阳区CBD之外,西城区的金融街和海淀区的中关村西区也已逐步成为北京的次级CBD,呈现多中心格局。

中心城区外围的生产性服务业较中心城区相对偏弱,但是与中心城区联系较为紧密,其生产性服务业发展水平也较高(次核心区)。近郊区集中分布科技服务业、信息咨询服务业等行业,其发展水平低于次核心区。远郊区则是生产性服务业发展最薄弱的地区。不同类型的生产性服务业的空间分布存在异质性特点:早期的金融业主要集中于中心城区,但近年来具有向次中心与近郊区弥散的均衡发展趋势。信息传输、软件和信息技术服务业、科学研究和技术服务业在中心城区集聚较少,主要集中在高等院校和科研机构或者郊区的开发区和科技园区内,且近年来具有向郊区转移的趋势。交通运输、仓储和邮政业主要布局在中心城区外围区域,为城市的综合配送提供服务,但随着近年来电子商务的发展以及城市的不断向外扩展,为避免拥挤和流通不畅,交通运输、仓储和邮政业企业逐步向近郊区转移。从生产性服务业结构来看,除北京、上海、广州、深圳等大型城市或行政级别较高的副省级城市的高端生产性服务业占比较大外,其他城市多数表现为低端生产性服务业集聚。而低端生产性服务业具有知识或技术密集性较低等特征,其服务对象往往是本市及邻近城市的劳动密集型和资本密集型制造业,主要与交通运输、仓储和邮政业等生产性服务业互动较多(席强敏等,2015)。此外,随着金融业发展和信息通信技术的普及,金融网点的建设在中小城市虽稳步推进,但受到市场规模影响,其集聚态势并不明显。

(二)各细分行业发展不平衡,高端生产性服务业发展滞后

图 4-9 描述的是 2005—2018 年生产性服务业及各细分行业增加值占 GDP 比重,生产性服务业增加值占 GDP 比重从 2005 年的 14.62% 上升至 2018 年的 20.59%。交通运输、仓储和邮政业增加值占 GDP 比重逐步下降,从 2005 年的 5.89% 下降至 2018 年的 4.39%;信息传输、软件和信息技术服务业增加值占 GDP 比重呈现先下降后上升趋势,从 2005 年的 2.59% 上升至 2018 年的 3.13%,变化不大;金融业增加值占 GDP 比重增长最快,从 2005 年的 3.43% 到 2018 年的 7.68%,增长 1.24倍;租赁和商务服务业增加值占 GDP 比重稳步提升,从 2005 年的 1.58% 上升至2018 年的 3.21%;整体上看,科学研究和技术服务业增加值占 GDP 比重在各细分行业中最低,从 2005 年的 1.12% 上升到 2018 年的 2.19%。从这五类生产性服务业来看,虽然我国生产性服务业在过去十多年得到了一定程度的发展,但是其增加值占 GDP 比重仍较低,金融业增加值占 GDP 比重最高,这可能与近年来我国金融业迅速发展以及"房住不炒"之前房地产市场投资过热等有关。

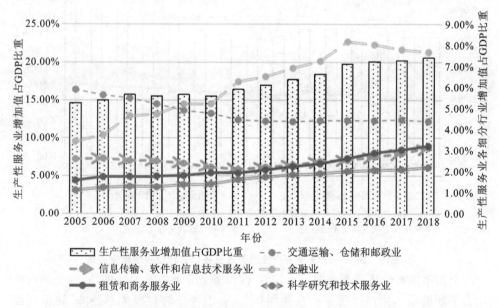

图 4-9 2005—2018 年生产性服务业及各细分行业增加值占 GDP 比重

2018 年全国开展第四次经济普查,数据显示中国服务业就业人员总计 3.59亿人,占总就业人数的 46.3%,服务业成为我国吸纳就业的主阵地。2005 年中国城镇非私营单位吸纳就业人数 11404 万人,生产性服务业吸纳就业人员占比

13.59%,2019年提升至18.6%,该行业吸纳就业的能力稳步提升。图4-10是生产性服务业及各细分行业吸纳就业占比的变化,除交通运输、仓储和邮政的吸纳就业能力在样本期内有所降低外,其余各行业均有不同程度的提升。其中交通运输、仓储和邮政业的就业吸纳能力从2005年的5.38%降至2019年的4.75%;信息传输、软件和信息技术服务业吸纳就业占比从1.14%上升至2.65%;金融业吸纳就业能力从3.15%提升至4.81%,但在2013年有小幅下降;科学研究和技术服务业吸纳就业能力波动不大,发展较为平稳,2005年该行业吸纳就业能力为2.00%,2019年为2.53%;租赁和商务服务业吸纳就业能力从2005年的1.92%上升至2019年的3.85%,且在2011年和2012年呈现小幅下降。从图4-10可以看出,金融业、租赁和商务服务业吸纳就业能力的发展趋势有一定的相似性,由于这2个行业受到宏观经济影响波动较大,因此两者出现了较为一致的变化趋势。总体上看,中国生产性服务业吸纳就业能力偏低,生产性服务业中吸纳就业能力较强的为交通运输、仓储和邮政业及金融业等,而科学研究和技术服务业及信息传输、软件和信息技术服务业吸纳就业能力较弱。

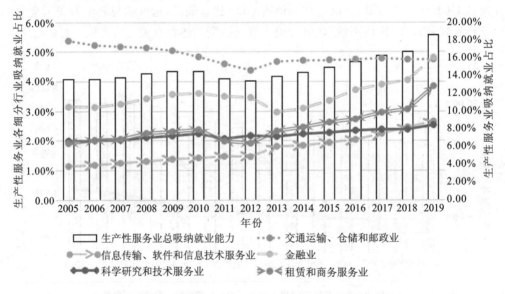

图4-10 2005—2019年生产性服务业及各细分行业吸纳就业占比

全国第四次经济普查数据显示,生产性服务业企业数量大幅提升,服务业内生动力不断增强[1],生产性服务业在我国从"工业型经济"向"服务型经济"转型过程

---

① 邢志宏.服务业在新时代改革开放中迈向高质量发展[EB/OL].(2020-02-19)[2020-02-19]. http://www.ahxx.gov.cn/public/59/147485551.html.

中得到了长足的发展。生产性服务业营业收入年均增长12.9%,增速明显高于其他服务业。从市场主体看,租赁和商务服务业的企业法人单位数在2018年达250.6万个,较2013年增长207.5%,2018年全国从事高技术服务业的企业法人、从业人员分别较2013年增长271.9%和77.8%,全年实现营业收入11.7万亿元,较2013年增长110.5%。本节根据《中国基本单位统计年鉴》对分行业、分地区的企业数量进行了统计,由于缺失2005年、2008年和2013年三年数据,因此从2006年起对生产性服务业各细分行业企业数量进行了比较(图4-11)。从生产性服务业企业数量变化看,2006—2017年间租赁和商务服务业的企业数量最多,在2017年已经达到2242096家,而金融业企业由于政府管制和行业门槛较高,企业数量较少,2017年企业数量为135068家。就企业数量增长率来看,增长最快的为交通运输、仓储和邮政业,2006—2017年企业数量由100614家增长至540994家,2017年较2006年增长了614.76%,交通运输、仓储和邮政业的增长对促进区域间经济往来和合作提供了重要保障。

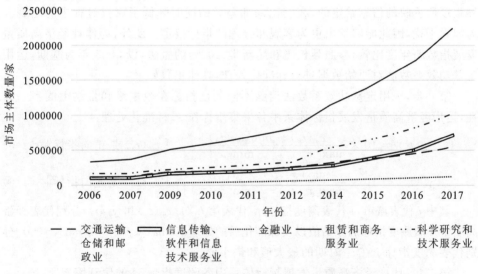

图4-11 生产性服务业各细分行业企业数量比较

第二节 经济高质量发展的测度及现状分析

现有文献多从马克思主义政治经济学的视角出发阐述经济高质量发展的理论内涵,却依赖西方经济学中分析经济增长数量或经济增长质量的理论工具来测度经济高质量发展水平,两者之间存在一定程度的不匹配(张涛,2020)。但要准确评价经济高质量发展并非易事,需要在全面准确和可实施之间进行权衡,本节根据前文构建的经济高质量发展评价指标体系进行测度。

一、经济高质量发展的测度方法

在经济高质量发展指数实证测度的方法上,现有研究普遍存在以下两个问题。一是指标权重的确定,现有研究多使用主观赋权法(师博和任保平,2018;李梦欣和任保平,2019;杨耀武和张平,2021)或客观赋权法中的主成分分析法(李子联和王爱民,2019)。但是,主观赋权法主要根据研究者对各指标重要程度的认识进行赋权,评价结果不够客观;主成分分析法虽然赋权较为客观,但被提取的主成分的现实含义往往比较模糊,难以准确界定,而且通常会存在负数权重的问题,造成权重意义难以解释等问题(胡永宏,2012)。二是原始数据标准化方法的确定,现有研究多使用极值处理法、功效系数法等线性变换无量纲方法,但一些研究在进行指标数据标准化时,忽略了时间趋势,导致计算的经济高质量发展指数无法实现跨年度比较。

本节采用熵权法进行测度,熵权法的指标权重值是基于各测度指标数据的变异程度所反映的信息给定的,在突出局部差异的同时降低了赋权过程中的主观人为因素干扰,因此能够给出更为客观和合理的指标权重。此外,为体现经济高质量发展指数跨年度比较,参照聂长飞和简新华(2020)的做法,以 2003 年为基期,运用定基功效系数法对原始数据进行标准化处理,具体步骤如下。

第一步,采用定基功效系数法消除不同测度指标在数量级和量纲上的不一致性,运用经济高质量发展指标体系中各采集指标作 x_{ij} 标准化处理:

$$y_{ij}(t_k) = 10 \times \frac{x_{ij}(t_k) - \min[x_j(t_1)]}{\max[x_j(t_1)] - \min[x_j(t_1)]} \quad [x_{ij}(t_k) \text{ 是正向指标}] \quad (4\text{-}5)$$

$$y_{ij}(t_k) = 10 \times \frac{\max[x_j(t_1)] - x_{ij}(t_k)}{\max[x_j(t_1)] - \min[x_j(t_1)]} \quad [x_{ij}(t_k) \text{ 是逆向指标}] \quad (4\text{-}6)$$

其中 i 代表城市,j 代表测度指标,t_k 代表第 k 期;$x_{ij}(t_k)$ 和 $y_{ij}(t_k)$ 分别代表经济高质量发展测度指标的原始值以及标准化后的处理值;$\max[x_j(t_1)]$ 与 $\min[x_j(t_1)]$ 分别代表测度指标 j 在 t_1 时期的最大值和最小值。

第二步,计算经济高质量发展指标体系中各测度指标 y_{ij} 的信息熵 E_j:

$$E_j = \frac{1}{\ln n} \sum_{i=1}^{n} Y_{ij} \ln Y_{ij} \quad (4\text{-}7)$$

其中,定义特征权重 $Y_{ij} = \dfrac{y_{ij}}{\sum\limits_{i=1}^{n} y_{ij}}$。

第三步,计算各指标 Y_{ij} 的权重 W_j:

$$W_j = \frac{1 - E_j}{\sum\limits_{j=1}^{m} (1 - E_j)} \quad (4\text{-}8)$$

其中,$1-E_j$代表信息效用值,信息效用值越大,表明指标越重要,对评价的重要性就越大。

第四步,计算城市i经济高质量发展综合指数P:

$$P = \sum (r_{ij})_{n \times m} = (W_j \times y_{ij})_{n \times m} \qquad (4\text{-}9)$$

本章采用2003—2018年市辖区数据,由于西藏自治区数据缺失,因此删除了西藏自治区,数据主要来自历年《中国城市统计年鉴》《中国城市建设统计年鉴》以及各地市统计局网站,少数缺失指标采用插值法和平滑法进行补充,且对某些少量年份的异常值进行了差值调整。

二、经济高质量发展的测度结果

(一)总体层面

如前所述,采用熵权法测度经济高质量发展水平,将各基础指标和各维度的权重系数列于表 4-1。各维度权重为经济增长质量(0.2900)、产业结构比例(0.3257)、节能减排效果(0.1142)以及民生福祉提升(0.2701),其中产业结构比例对于经济高质量发展的作用最大。从基础指标来看,指标权重最大的是产业结构合理化(0.1312),指标权重最小的是全要素生产率(0.0009)。

表 4-1 经济高质量发展评价体系指标权重

方面指标	分项指标	基础指标	指标权重
经济增长质量	经济成果与效率	人均地区生产总值	0.0699
		劳动生产率	0.0553
		资本生产率	0.0366
		土地生产率	0.0412
		全要素生产率	0.0009
	经济稳定性	经济增长波动	0.0721
		失业率	0.0140
产业结构比例	产业结构	产业结构高级化	0.0094
		产业结构合理化	0.1312
	产业协调	一产劳动生产率	0.0385
		二产劳动生产率	0.0598
		三产劳动生产率	0.0868
节能减排效果	能源消耗	单位GDP能源消耗	0.0131
		单位GDP电力消耗	0.0155
	环境污染	单位工业产值污水排放量	0.0354
		单位工业产值废气排放量	0.0502

续表

方面指标	分项指标	基础指标	指标权重
民生福祉提升	基础设施建设	人均拥有公共图书馆藏量	0.0915
		人均道路铺装面积	0.0112
		人均互联网宽带接入端口数	0.0502
	教育医疗条件	医疗卫生机构床位数	0.0356
		教育支出占财政支出比例	0.0758
	人居环境状况	绿地覆盖率	0.0018
		生活垃圾无害化处理率	0.0040

维度	维度权重
经济增长质量	0.2900
节能减排效果	0.1142
产业结构比例	0.3257
民生福祉提升	0.2701

资料来源:根据 STATA 测算并整理。

表 4-2 汇总了经济高质量发展指数和四个分维度指数的测度结果,从分维度结果来看,2003—2018 年,各维度均稳步提升,从均值看,产业结构比例(1.4438)最大,其次为节能减排效果(1.0692),经济增长质量(0.7781)和民生福祉提升(0.2211)的结果相对较小。为了更加直观地体现经济高质量发展指数变化情况,绘制图 4-12,可以看出 2003—2018 年经济高质量发展指数呈现逐步上升态势,从2003 年的 3.05 提升至 2018 年的 3.49,年均增幅 7.15%。

表 4-2　　**2003—2018 年经济高质量发展指数及各维度指数测度结果**

年份	经济高质量发展指数	经济增长质量	产业结构比例	节能减排效果	民生福祉提升
2003	3.0512	0.6501	1.3392	0.9888	0.0731
2004	3.0833	0.6542	1.3416	1.0093	0.0782
2005	3.1047	0.6623	1.3442	1.0158	0.0824
2006	3.1382	0.6674	1.3483	1.0353	0.0872
2007	3.1761	0.6759	1.3529	1.0529	0.0943
2008	3.2111	0.6831	1.3579	1.0704	0.0996
2009	3.2286	0.6922	1.3514	1.0785	0.1064
2010	3.2692	0.7037	1.3610	1.0879	0.1165
2011	3.2983	0.7144	1.3711	1.0884	0.1243

年份	经济高质量发展指数	经济增长质量	产业结构比例	节能减排效果	民生福祉提升
2012	3.3292	0.7248	1.3724	1.0954	0.1365
2013	3.3592	0.7379	1.3807	1.0992	0.1414
2014	3.3785	0.7448	1.3881	1.0969	0.1487
2015	3.4089	0.7532	1.3986	1.0988	0.1584
2016	3.4475	0.7646	1.4088	1.1064	0.1677
2017	3.4743	0.7719	1.4197	1.1079	0.1747
2018	3.4924	0.7774	1.4221	1.1068	0.1861
均值	3.2782	0.7111	1.3724	1.0712	0.1235

资料来源:根据 STATA 测算并整理。

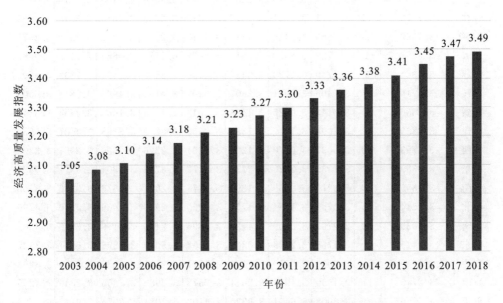

图 4-12 2003—2018 年经济高质量发展指数

(二)区域层面

为了更进一步分析各区域间经济高质量发展水平,列出表 4-3。从区域来看,前五位分别为上海(6.3882)、北京(5.8730)、天津(4.6463)、重庆(4.5750)和江苏(3.4884),前四位为直辖市;最低的五位为宁夏(3.0526)、山西(3.1004)、甘肃(3.1177)、青海(3.1449)和贵州(3.1459)。通过图 4-13 可以更为直观地观测到各省(区、市)之间经济高质量发展水平的分布情况。分区域来看,2003—2018 年间东部地区的经济高质量发展水平最高,而中部地区和西部地区的高质量发展水平相差不大。图 4-14 展示了东、中、西部区域的经济高质量发展水平对比,东部区域的经济高质量发展水平最高,其次为中部,西部最低,2010 年以后,中部和西部的差距不断拉大,整体上看,东部区域的整体水平要高于中部和西部,且差距有逐步加大的趋势。

表 4-3　　　　30 个省(区、市)2003—2018 年经济高质量发展水平均值

省(区、市)	经济高质量发展水平均值	排序	2003 年	2006 年	2008 年	2010 年	2012 年	2014 年	2016 年	2018 年
北京	5.8730	2	4.2974	4.7904	5.2079	5.7058	6.2645	6.7434	7.1486	7.7398
天津	4.6463	3	3.5795	3.8570	4.1566	4.4882	4.9497	5.2695	5.7169	5.6205
河北	3.2586	12	3.0674	3.1254	3.2083	3.2732	3.2863	3.3441	3.3885	3.4441
山西	3.1004	29	2.8407	2.9714	3.0882	3.1368	3.1664	3.1813	3.2392	3.2525
内蒙古	3.2278	15	3.0013	3.1029	3.1729	3.2382	3.3034	3.3372	3.3846	3.3607
辽宁	3.2537	14	3.0456	3.1579	3.2389	3.3049	3.3596	3.3169	3.3210	3.3477
吉林	3.1976	19	3.0271	3.0601	3.1617	3.2215	3.2608	3.2815	3.3348	3.3091
黑龙江	3.1562	23	2.9869	3.0486	3.1312	3.1913	3.2331	3.2206	3.2372	3.2571
上海	6.3882	1	4.8727	5.3675	5.8015	6.6067	6.6573	7.0662	7.6102	8.0682
江苏	3.4884	5	3.1740	3.2720	3.3437	3.4296	3.5576	3.6436	3.7832	3.8298
浙江	3.3716	7	3.1409	3.1911	3.2607	3.3407	3.4194	3.4995	3.5848	3.6509
安徽	3.1536	24	3.0143	3.0825	3.1436	3.1013	3.1715	3.1663	3.2754	3.3346
福建	3.2833	9	3.1094	3.1319	3.1883	3.2753	3.3271	3.3768	3.4531	3.5234
江西	3.1793	22	3.0037	3.0770	3.1225	3.1891	3.2226	3.2599	3.2951	3.3325
山东	3.3389	8	3.1330	3.2225	3.2731	3.3177	3.3752	3.4304	3.4911	3.5523
河南	3.1855	20	3.0270	3.0799	3.1292	3.1478	3.2095	3.2576	3.3216	3.3760
湖北	3.2544	13	3.0791	3.1064	3.1775	3.2220	3.2958	3.3666	3.4259	3.4739
湖南	3.2039	18	2.9757	3.0609	3.1429	3.1696	3.2490	3.3170	3.3900	3.4308
广东	3.4476	6	3.1768	3.2729	3.3364	3.4153	3.5040	3.5896	3.6671	3.7425
广西	3.1819	21	2.9000	3.0510	3.1154	3.1791	3.2509	3.2975	3.3431	3.3993
海南	3.2740	11	3.1559	3.1984	3.2044	3.2578	3.2980	3.3355	3.3846	3.4255
重庆	4.5750	4	3.3008	3.6451	3.9220	4.4102	4.7084	5.2076	5.9412	6.0798
四川	3.1462	25	2.9430	3.0440	3.1180	3.1679	3.1534	3.2212	3.2896	3.2926
贵州	3.1459	26	2.9118	3.0290	3.0945	3.1289	3.1832	3.2773	3.2910	3.3366
云南	3.2194	16	3.0367	3.1222	3.1611	3.2137	3.2558	3.2922	3.3516	3.3997
陕西	3.2182	17	3.0226	3.0906	3.1591	3.2229	3.2583	3.3062	3.3567	3.4164
甘肃	3.1177	28	2.9329	3.0764	3.1182	3.1501	3.1669	3.1240	3.1580	3.2098
青海	3.1449	27	2.9151	2.9766	3.0234	3.1693	3.2329	3.2640	3.3455	3.3515
宁夏	3.0526	30	2.7428	2.9504	3.0387	3.0541	3.1178	3.1767	3.1955	3.0818
新疆	3.2795	10	3.0731	3.1518	3.2226	3.2578	3.3272	3.3726	3.4188	3.4920

资料来源:根据 STATA 测算并整理。

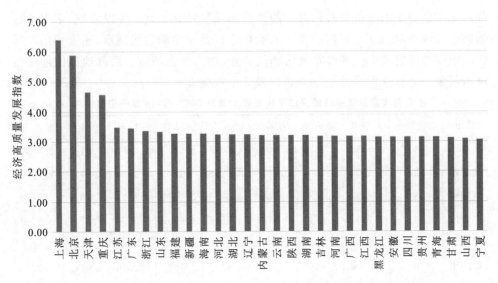

图 4-13 2003—2018 年 30 个省(区、市)经济高质量发展水平均值

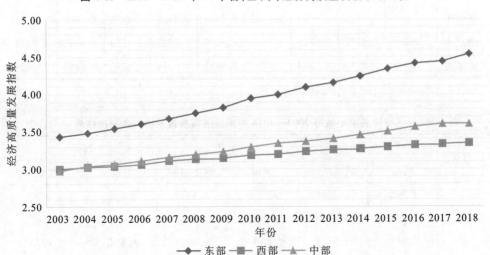

图 4-14 2003—2018 年东、中、西部经济高质量发展水平比较

(三)城市层面

本节梳理了经济高质量发展指数排名前十的城市,详见表 4-4、表 4-5,从结果来看,主要为直辖市以及省会城市。其中排名第一的为上海(6.3882),第二至十位依次为北京(5.8730)、深圳(4.9752)、广州(4.7865)、天津(4.6463)、重庆(4.1237)、武汉(4.1159)、杭州(3.8922)、南京(3.8771)和成都(3.8734)。为了直观地展示在城市层面不同区域间各城市的高质量发展水平,本节梳理了东、中、西

部地区排名前十的城市及其相对应的经济高质量发展指数。可以发现,东部地区的前十位城市包括3个直辖市、4个省会城市以及1个副省级城市,还有佛山和苏州。中部地区的前十位城市除大庆和包头外,均为省会城市。西部地区的前十位城市包含1个直辖市、7个省会城市以及2个地级市。

表 4-4 经济高质量发展指数测度结果排名前十城市 2003—2018 年间测度结果

城市	均值排名	2003 年	2006 年	2008 年	2010 年	2012 年	2014 年	2016 年	2018 年
上海市	1	4.8727	5.3675	5.8015	6.6067	6.6573	7.0662	7.6102	8.0682
北京市	2	4.2974	4.7904	5.2079	5.7058	6.2645	6.7434	7.1486	7.7398
深圳市	3	3.6713	4.1485	4.3668	4.6874	5.1671	5.6173	6.1021	6.8110
广州市	4	3.7451	4.0715	4.2791	4.5594	4.9605	5.3670	5.7145	6.1309
天津市	5	3.5795	3.8570	4.1566	4.4882	4.9497	5.2695	5.7169	5.6205
重庆市	6	3.3008	3.6451	3.9220	4.4102	4.7084	5.2076	5.9412	6.0798
武汉市	7	3.4756	3.5383	3.7369	3.9414	4.2818	4.5389	4.7254	5.2078
杭州市	8	3.3921	3.6074	3.7835	3.9744	4.2469	4.4859	4.7629	5.1275
南京市	9	3.4372	3.6119	3.7671	3.9377	4.2277	4.4176	4.8667	4.9419
成都市	10	3.3348	3.5373	3.7511	3.9685	4.2114	4.4585	4.8303	5.1929

资料来源:根据 STATA 测算并整理。

表 4-5 各区域排名前十城市 2003—2018 年间经济高质量发展指数测度结果

排名	东部		中部		西部	
	城市	测度结果	城市	测度结果	城市	测度结果
1	上海市	6.3882	武汉市	4.1372	重庆市	4.5750
2	北京市	5.8730	长沙市	3.7832	成都市	4.1065
3	深圳市	4.9752	哈尔滨市	3.7214	西安市	3.7579
4	广州市	4.7865	郑州市	3.6979	昆明市	3.4985
5	天津市	4.6463	合肥市	3.6309	乌鲁木齐市	3.3558
6	杭州市	4.1237	长春市	3.6292	兰州市	3.3424
7	南京市	4.1159	南昌市	3.5098	贵阳市	3.3422
8	佛山市	3.8922	太原市	3.4518	咸阳市	3.2375
9	沈阳市	3.8771	大庆市	3.4228	宝鸡市	3.2362
10	苏州市	3.8734	包头市	3.3903	银川市	3.2240

资料来源:根据 STATA 测算并整理。

三、经济高质量发展的现状分析

（一）经济高质量发展水平变化趋势

为考察中国经济高质量发展水平的变化趋势，根据总体的经济高质量发展测度结果，绘制 2003—2018 年中国经济高质量发展分维度测度结果的变化趋势图，如图 4-15 所示。

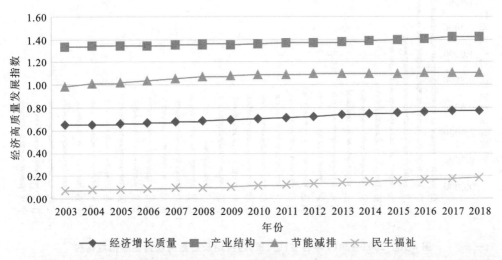

图 4-15　2003—2018 年经济高质量发展各维度变化趋势比较

从分维度指标测度结果看，产业结构高质量发展指数对经济高质量发展的贡献最大，从 2003 年的 1.3392 提升至 2018 年的 1.4221，但增长速度最低，为6.64%，是所有维度中增长速度最低的，说明我国产业结构调整缓慢。与之相比，虽然民生福祉高质量发展指数在所有维度中最低，但它的增长最快，从 2003 年的0.0731 上升至 2018 年的 0.1861，年均增幅为 15.91%，是平均增速的 2.22 倍，说明测度期内我国民生福祉水平得到有效提升，基础设施、教育医疗和人居环境方面得到了有效改善。经济增长质量指数在这一阶段年均增幅超过均值，为 7.47%。节能减排高质量发展指数从 2003 年的 0.9888 上升至 2018 年的 1.1068，从图 4-15中可以看出，2003—2010 年该曲线上升较快，但此后该曲线变得较为平缓，这可能与技术相关，企业在产能和能耗控制上进行权衡，节能减排达到了一个平台期。

（二）经济高质量发展水平的区域差异

为了直观反映出不同区域间经济高质量发展指数的差异，本节整理了 2003—2018 年 30 个省（区、市）分维度的高质量发展指数。

第一，经济增长质量的区域横向比较。根据上文的测度结果，将 2003—2018 年各省（区、市）的经济增长质量维度高质量发展指数按照排名绘制成图 4-16。排名前五位的省（区、市）为上海（1.5326）、北京（1.4711）、天津（1.1488）、重庆（1.1255）和江苏（0.7876），排名后五位的省（区、市）为吉林（0.6719）、山西（0.6717）、黑龙江（0.6574）、甘肃（0.6509）和宁夏（0.6454）。

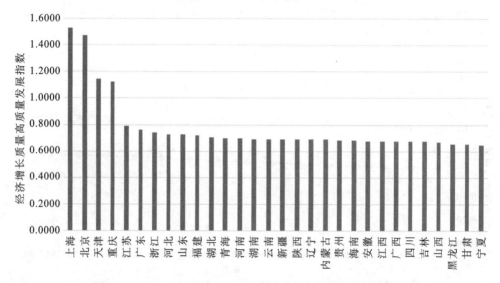

图 4-16　2003—2018 年各省（区、市）经济增长质量高质量发展指数比较

第二，产业结构维度的区域横向比较。根据上文的测度结果，将 2003—2018 年各省（区、市）的产业结构维度高质量发展指数按照排名绘制成图 4-17。产业结构高质量发展排名前五位的省（区、市）依次为上海（2.1750）、北京（2.0323）、重庆（1.8493）、天津（1.8359）和江苏（1.4366），排名后五位的省（区、市）依次是甘肃（1.3383）、宁夏（1.3346）、河南（1.3317）、四川（1.3168）和安徽（1.3075）。

第三，节能减排维度的区域横向比较。根据上文的测度结果，将 2003—2018 年各省（区、市）的节能减排维度高质量发展指数按照排名绘制成图 4-18。节能减排高质量发展排名前五位的省（区、市）依次是北京（1.1311）、上海（1.1202）、天津（1.1192）、海南（1.1160）和广东（1.1061），排名后五位的省（区、市）依次是甘肃（1.0424）、贵州（1.0330）、山西（1.0029）、青海（0.9843）和宁夏（0.9819），各省（区、市）指数较为接近。

第四，民生福祉维度的区域横向比较。根据上文的测度结果，将 2003—2018 年各省（区、市）的民生福祉维度高质量发展指数按照排名绘制成图 4-19。排名前五位的省（区、市）分别是上海（1.5604）、北京（1.2386）、天津（0.5424）、重庆（0.5196）和江苏（0.1621），排名后五位的省（区、市）是四川（0.0890）、江西

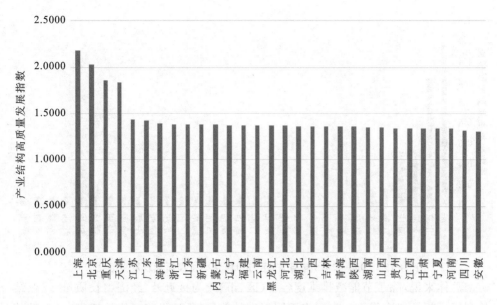

图 4-17 2003—2018 年各省(区、市)产业结构高质量发展指数比较

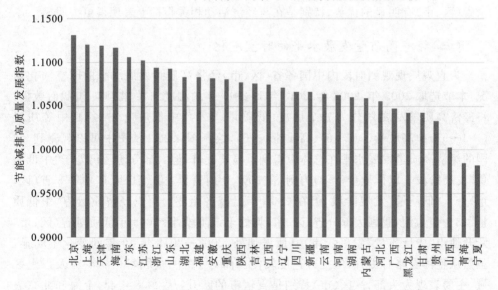

图 4-18 2003—2018 年各省(区、市)节能减排高质量发展指数比较

(0.0871)、安徽(0.0864)、甘肃(0.0861)和山西(0.0820)。民生福祉高质量发展指数的区域差异最为明显,处于第一、二位的上海(1.5604)、北京(1.2386)比处于第三位的天津(0.5424)高出 1~2 倍,处于第三、四位的天津(0.5424)、重庆(0.5196)也比第五位高出 2 倍多,显现出俱乐部特点,第五位至第三十位差距较小,说明我国民生福祉高质量发展水平区域差异性明显。

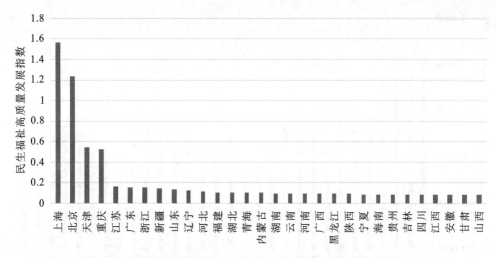

图 4-19　2003—2018 年各省（区、市）民生福祉高质量发展指数比较

总体来说，除了节能减排维度各省（区、市）较为接近外，经济增长质量、产业结构和民生福祉三个维度均表现出不同程度的差异，且处于前四位的省（区、市）较其余省（区、市）有明显的优势，特别是在与经济活动相关指标上表现得更为明显。

（三）经济高质量发展水平的时空演化

为直观展现观测时段内中国各省（区、市）经济高质量发展水平的时空演化情况，本节选取 2003 年、2008 年、2013 年和 2018 年的测度结果，得到四组截面数据，将经济高质量发展划分为五个层次：低质量（＜3）、中低质量（3～4）、中等质量（＞4～5）、中高质量（＞5～6）、高质量（＞6），绘制图 4-20。从图中可以观测到，我国的经济高质量发展水平在总体上得到了显著提升，但大部分地区仍处于"中低质量"发展阶段。以低质量（＜3）为例，在 2003 年时有黑龙江、江西、广西等 8 省（区、市）处于"低质量"发展阶段，但在 2008 年已减少至零。再以经济质量为"中低质量"（3～4）为例，我国大部分省（区、市）均处于该阶段，除 2003 年低质量省（区、市）跃升使得"中低质量"省（区、市）有所增加外，2008—2018 年 10 年间变化不明显，虽然从整体看略有提升，但提升速度较慢。而对于"中等质量"（＞4～5）及以上区域，主要表现为头部省（区、市）特别是直辖市的跃升，从 2008 年起，上海和北京表现出明显的优势且提升速度较为明显，值得注意的是，2018 年"中等质量"省（区、市）空缺，这在一定程度上反映出我国区域发展不平衡现象在加剧。

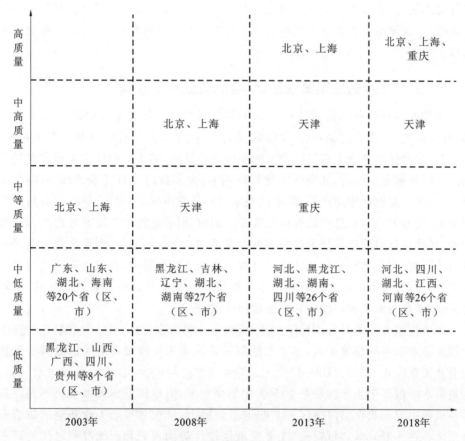

图 4-20 中国经济高质量发展水平时空演化趋势

第三节 生产性服务业集聚与经济高质量发展面临的问题

改革开放以来,中国经济高速增长与生产性服务业低集聚度、生产性服务业发展滞后并存(宣烨和余泳泽,2020)。生产性服务业发展滞后已困扰中国产业结构升级多年,影响制造业高端化进程,产业链和价值链附加值降低,制造业国际竞争力减弱,进而导致经济增长动力不足,形成了"制造业低端化→生产服务业低端化"循环累积的怪圈。这与发达国家和新兴市场国家的发展历程不同,也有悖于经典发展理论。从生产性服务业结构上看,存在专业化集聚水平较低以及"低端高、高端低"的多样化集聚现象。从生产性服务业集聚的空间分布上看,整体上呈现出非均衡状态,且近年来集聚程度有所下降,特别是多样化集聚表现得更为明显。其集聚优势不明显,也未充分表现出对经济的集约化、高效化、绿色化增长的促进作用。具体来说,我国生产性服务业集聚对经济高质量发展虽然具有正向影响,但仍呈现出以下问题。

一、生产性服务业集聚程度低,与制造业发生分离

服务业与制造业的行业特性决定了其产品特征。制造业提供的是标准化产品,其集聚更多出于运输成本考虑选择与上下游市场邻近的区域(陈强远等,2021)。生产性服务业大多具有产出的非标准化特征,对于生产性服务业尤其是高端的生产性服务业而言,其资本深化特征明显,大多数以人力资本、知识资本为主要投入,生产知识密集型产品,集聚的根本目标从获得成本节约等静态收益转向知识溢出、技术创新与信息传播等动态收益。同时,服务业的生产需要客户的参与和沟通,尽管信息时代通信技术的发展在一定程度上减弱了生产性服务业对空间和时间的限制,但是知识和信息的溢出具有一定的空间局限性,面对面沟通仍显得非常必要。在大城市的集聚更有利于生产性服务业企业和其他企业之间快速、高效地交流,获取技术和知识的创新的集聚经济优势。

生产性服务业的发展依托于制造业,服务于制造业,为了理解当前制造业与生产性服务业的空间集聚关系,本节根据制造业从业人员数据采用区位商方法测算制造业集聚度,2003—2018 年的全国制造业集聚度均值为 0.904。总体来看,制造业集聚水平虽高于生产性服务业专业化集聚水平,但整体上集聚水平仍不高。我国制造业主要集聚在沿海地区和某些老工业城市,且东北等老工业基地的制造业集聚优势在不断减弱,"重物流"工业发展区位优势的丧失和产能过剩时代的到来使得该区域缺乏经济增长动力,制造业集聚中心向广东等沿海地区移动。从其分布形态上看,制造业与生产性服务业空间集聚存在一定程度的差异,生产性服务业早期在大城市形成了集聚,特别是东部地区,从而在空间上对制造业形成挤出效应,一些地区逐步出现了生产中心和服务中心分离的现象,表明生产性服务业具有"自我循环"的发展倾向。由于集聚的正外部性随空间距离的扩大而衰减,生产性服务业与制造业的分离会弱化其规模效应和技术创新效应。不仅如此,受到资源环境和市场容量等因素限制,区域内部不一定能承载两大产业的双重集聚,进而表现为挤出效应占据主导地位,这种企业生产率水平差异导致的"正常"分离在一定程度上符合"中心—外围"结构。但不得不注意到的是源自政府"非正常"的政策干预,如地方政府出于政绩和税收的考虑对集聚区的追逐导致地方集聚区的重复建设、服务业同质化和城市产业结构空心化,进一步加剧这种分离,这并不利于制造业升级和经济高质量发展。

此外,从制造业分类来说,理论上生产性服务业的集聚能够促进高技术的集聚

与发展(王志强等,2017),高质量发展一般伴随着经济结构的优化和升级,但事实情况并非总是如此。中国产业结构升级缓慢,一方面缘于高速增长时期的遗留问题,钢铁、煤化工、多晶硅、水泥等重化工行业的旺盛需求导致大量资本涌入,然而2008年次贷危机以来,美国经济的衰退引发了全球范围内经济发展步伐放缓,国内国际市场需求下降,企业销路不畅,产能过剩问题凸显。而重化工行业固定投资较高,导致其退出成本也相应较高,进而导致一批"僵尸企业"滞留市场,占用大量生产要素且运行效率极低,造成制造业增速放缓、增长动力不足。另一方面,服务业整体相对低端化且效率不高,现代服务业发展不足、集聚度不高,且近年来存在生产性服务业集聚与制造业集聚相分离的趋势,制造业相比生产性服务业,受劳动力成本、交通条件、资源禀赋影响较大,具有区域锁定功能,导致这种偏离在短时间内无法改变,生产性服务业对制造业的转型升级支撑不够。比如在2004—2014年,虽然经济增速明显加快且服务业占GDP比重迅速增加,但生产性服务业增加值比重在这一期间仅从35%上升至37.1%(夏杰长,2019),服务业增长主要是因为房地产和金融业的爆发式扩张,生产性服务业对制造业支撑不足,致使制造业缺乏增长动力,导致中国产业结构升级缓慢。

二、附加值率较低,创新带动作用不明显

按照产业发展阶段划分,我国工业已经跨越了资本密集型重工业阶段,进入技术密集型零部件组装主导阶段,并将继续向知识、信息密集型产业主导阶段迈进(孙学工和郭春丽等,2020),但逆全球化思潮叠加新冠疫情使得各主要经济体更加"内视化",中国面临西方发达国家"再工业化"产业链回缩和新兴经济体低成本竞争的双重挑战。虽然近些年来,我国生产性服务业的后向参与程度在日渐提高,但前向参与程度依然较低,价值链中的获利能力亦较低(黄蕙萍等,2020)。价值链上掌握核心技术的大型跨国公司利用"横向压榨"和"低端锁定"等手段使得中国本土企业与国外企业在产品生产和供给层面上形成了不易逾越的技术鸿沟,进而造成了国内有效需求与产业转型升级的长期分离,使得中国制造业难以从边缘低附加值地带进入核心的高附加值地带。为了压制中国产业的崛起,跨国公司还通过控制制造业产品的研发、设计等生产性服务活动以及整个产业价值链的生产性服务活动,把中国全面压制在加工、组装等报酬递减的低附加值环节。跨国公司不仅将知识密集型活动以及高研发投入环节留在了发达国家,而且掌握着包含原料采购、物流运输、金融保险和终端零售等"微笑曲线"两端的行业,只将加工、组装等低附加值的中间环节转移到中国,使得中国长期处于价值链低端。此外,技术壁垒、制度因素致使发展中国家越来越难以进入全球价值链高端,即便能够融入全球价值链分工体系,发达国家也会对发展中国家"百般阻挠"并将其锁定于中低端。例如

中国在加入WTO之后,虽然大量承接国际制造业外包服务,但诸如信息传输、计算机服务和软件业等生产性服务业则受到发达国家的排挤,并没有像制造业一样融入全球价值链分工体系,只能为本土企业服务(张国建等,2021),致使生产性服务业难以获得有利于其成长的良好外部环境。

虽然近几年来我国生产性服务业发展较快,但是创新能力仍不强。中国作为"全产业链"国家,以拥有220种工业品生产排名世界第一,是名副其实的"世界工厂"(张为付,2020)。但中国并非"强产业链"国家,主要体现为技术可控性方面短板突出。具体而言,众多企业核心技术"空化"问题严重,长期以来基础研究不强和依赖技术模仿的做法导致研发设计服务业的创新能力不足。虽然中国的专利数量自20世纪80年代中期以来一直呈几何级数增加,并于2011年超过美国和日本,成为世界第一大专利申请国(WIPO,2012),但在专利数量激增的背后,专利的总体创新含量并未得到与之相称的提高,核心技术和部件对外依赖度高,某些关键核心技术仍然处于"卡脖子"阶段,一些具有国际竞争力的产业仍处于产业链不完整状态,存在短板和风险(王一鸣,2020),如芯片产业,其核心的光刻机的生产仍然被美国、荷兰等国家垄断,一旦断供或者遭遇技术封锁,产量就会大幅下降。不仅如此,在知识产权保护力度不大的制度环境下,生产性服务业的创新者难以获得可预期的经济收益,在此情况下,生产性服务业企业在创新投入中的激励不足。

三、现有的产业发展模式制约了生产性服务业发展

现有的产业发展模式的某些弊端是导致生产性服务业发展不足的主要原因。生产性服务业与其他产业联动不够。制造业企业的发展需要依赖交通运输、仓储物流、金融等生产性服务业的支持,生产性服务活动存在于整个制造环节过程中——上游、中游和下游,这种不断增加的需求是驱动生产性服务业价值链形成的重要力量。从整体上看,我国制造业的国内价值链整体虽呈完善趋势,但具有偏向加工制造、排斥服务投入的特点(袁凯华等,2021)。技术外溢更多发生在工作岗位相似度较高的产业间,具有相似知识需求的产业为获取共享知识而倾向于共聚(Gabe and Abel,2013)。

生产性服务业发展受产品市场范围的影响,当最终制成品的市场辐射能力更强时,在生产环节上其分工程度会进一步向纵深发展,其结果表现为生产链的延长,因此需要更多的各类中间产品和服务投入。中国现有的产业模式存在生产性服务业不够壮大以及产业间的联系不够紧密等问题,生产性服务业中并没有更多的设计企业完全切入生产的各个环节之中。例如,我国现有的研发服务与产业联系的紧密性不够。科技成果转化中存在堵点和难点,很多研发机构都是从科学原理出发进行研发,而不是从企业所面临的技术问题出发。此外,设计企业往往从自

身的美学观点出发设计产品,而不是立足于企业的需求。能够真正切入企业供应链并提供无缝服务的第三方物流服务企业还不够多。在信息技术方面,能够为企业量身打造工业互联网以及大数据体系的生产性服务业企业还不够多,现有的生产性服务业企业系统并没有把企业的潜力完全挖掘出来,有的产业发展模式也不利于这种整合。由于技术水平和管理理念具有异质性,外商投资的加工贸易出口企业与外资服务供应商之间形成了一个符合彼此标准的封闭供需循环圈,这使得我国的生产性服务业企业难以进入国际市场。

四、未因地制宜制定适于生产性服务业发展的产业政策

目前我国生产性服务业在整个服务业中的占比和发达国家相比,还有 10 个百分点的差距。生产性服务业发展滞后与客观的经济发展阶段和生产发展水平有关,但产业政策是否合理、是否充分为生产性服务业发展提供了沃土,从地方产业政策中能窥探一二。各地区五年规划均有关于产业政策重点方向的描述,地方政府在生产性服务业发展政策的制定中并未考虑生产性服务业集聚的城市基础,特别是区域空间范围内周边城市的生产性服务业发展状况。在生产性服务业发展速度和比重"攀比"的背景下,随之而来的是行业、业态及模式的"模仿",经济发达的东部沿海地区是这样,发展水平相对落后的中西部地区也是如此,"业态追新"和"模式跟风"是生产性服务业发展的主基调。在自身创新能力不足的情况下,行业、业态及模式的区域间"模仿"成为不同城市生产性服务业发展的"理性选择",一旦某个新业态、新模式在某个城市出现,其他城市就随之跟进,对区域间生产性服务业结构层级和行业、业态差异性认识不足,缺乏对资源禀赋、产业基础、城市能级等层面的综合考虑、科学谋划。如"十三五"期间,全国 263 个地级市及 15 个副省级城市中,有超过 80% 的城市将研发设计、融资租赁、信息技术服务、服务外包等列为重点发展的服务业行业,且有超过 90% 的省会城市将提高服务业占比作为当地五年规划的约束性指标(宣烨和余泳泽,2020)。地方主导型产业政策往往更多追求局部的短期利益,是中国"行政区经济"产生的主要因素。一些投资收益大、建设周期短、资金回收快的项目成为"香饽饽",为争夺相对稀缺的市场和资源而盲目布局和投资,以致重复建设、重复引进的现象相当普遍,未能充分利用自身的比较优势,地区间产业结构趋同化的现象非常突出。在"十四五"规划中,这种现象仍没有得到有效缓解,从服务业方面看,几乎每个省(区、市)都提出要优先发展或者大力发展"现代服务业"。其中,物流业、新一代信息技术产业、金融业、商务服务业等,被写进了全国 20 个以上省(区、市)的"十四五"规划中(刘志彪和孔令池,2021)。这种规划的设定在一定程度上是造成地区间重复建设的重要原因,进而引致了生产性服务业行业雷同、业态重构、层级重叠、模式相同,区域间同质化明显,特色不

足等问题。各省(区、市)"十四五"规划中的生产性服务业产业政策梳理如表 4-6 所示。

表 4-6 　　　各省(区、市)"十四五"规划中的生产性服务业产业政策梳理

行业	省(区、市)数	行业	省(区、市)数
物流业	28	信息技术	20
现代商贸	13	金融业	25
软件和服务外包	8	商务服务业	28
互联网和相关服务	18	电子商务	6
电子信息产业	15		

资料来源:刘志彪,孔令池.从分割走向整合:推进国内统一大市场建设的阻力与对策[J].中国工业经济,2021(8):20-36.

五、生产性服务业对绿色生产方式作用不明显

生产性服务业与制造业相比更具有环境友好性,但这种环境友好性只有通过好的政策和激励加以引导才能充分发挥出来。具体来说,交通运输服务业存在集聚发展带来的污染排放量大的问题,目前交通运输服务业更强调效率,在提倡快速、安全的同时对于绿色环保的要求关注较少。事实上,仓储、运输、包装、配送物流供应链均能有效嵌入环保技术,做到交通运输服务业的绿色低碳发展,但这对行业标准、从业人员素质、环节管理等方面提出了更高的要求,现实的情况是交通运输服务业的发展虽关注了环保需求,但在其嵌入方式和运行保障方面与绿色交通目标仍有较大差距。金融投资决策中真正将环境保护因素纳入考虑的还较少,事实上,环境影响的潜在风险、成本以及回报都应该纳入决策中,但现有关于绿色金融的法律法规还在探索和初步实施阶段,如 2021 年 11 月,浙江省湖州市人大常委会正式发布《湖州市绿色金融促进条例》,这是我国第一部地市级绿色金融地方性法规。① 此外,在科学研究和技术服务领域,其环保技术的转化并非企业或科研机构能够完全独立实施的,通常更加需要政府支持和市场接纳。但当前阶段,我国生产性服务业发展与西方发达国家存在差距,集聚水平不高,其发展的主要目的在于追求产值和效率,生产性服务业对绿色生产方式的作用并不明显。

---

① 光明网.国内首部地市级绿色金融促进条例发布[EB/OL].(2021-11-19)[2022-03-09]. https://m.gmw.cn/baijia/2021-11/19/1302685769.html.

第四节　本章小结

本章围绕生产性服务业集聚与经济高质量发展现状及存在的问题进行分析。

第一节首先回顾我国生产性服务业发展的历史进程,采用区位商和改良的赫芬达尔-赫希曼指数测度 2003—2018 年间中国 261 个城市的生产性服务业集聚水平。从总体上看,我国生产性服务业专业化和多样化集聚水平较低。从变化趋势来看,专业化集聚和多样化集聚水平在 2012 年后双双下滑,且多样化集聚水平下降幅度更大。从城市规模和行业异质性上看,大型城市的多样化集聚水平优势明显,生产性服务业专业化和多样化集聚水平按照城市规模大小依次降低,生产性服务业各细分行业的集聚水平存在差异,其中金融行业专业化集聚水平高于多样化集聚水平,说明我国金融业各细分行业纵向分化明显,大型城市专业化集聚水平尤其高,符合其高级别城市集聚的特征。从高低端生产性服务业分类上看,多样化集聚存在"低端高、高端低"的非均衡现象,我国高端生产性服务业发展相对滞后。

第二节对全国的经济高质量发展水平进行测度。从全国层面看,经济高质量发展水平在样本期间内稳步提高;从区域层面看,经济水平高的地区的经济高质量发展水平优势明显,从 2008 年起,上海和北京表现出明显的优势且提升速度较快,2013 年后"中等质量"区域"断档",反映我国区域发展不平衡现象在加剧;从市级层面看,东、中、西部经济高质量发展排名靠前的主要为省会城市或沿海港口城市。对经济高质量发展各分维度进行比较发现,除了节能减排维度各省(区、市)较为接近外,经济增长质量、产业结构和民生福祉三个维度均表现出不同程度的差异。

第三节主要论述生产性服务业集聚与经济高质量发展面临的问题,主要包括:生产性服务业集聚程度低,与制造业发生分离,弱化了产业关联,导致产业结构升级缓慢;生产性服务业附加值率较低,创新激励不足,导致其缺乏创新动力;现有的产业发展模式制约了生产性服务业发展,供给与需求不匹配;地方"顶层设计"未因地制宜考虑当地的资源禀赋,引致了生产性服务业行业雷同、业态重构、层级重叠、模式相同,区域间同质化明显,特色不足等问题;生产性服务业未充分发挥其环境友好性特点,对于绿色生产方式的支持还处于探索和起步阶段。

第五章 生产性服务业集聚对经济高质量发展的影响及分维度分析

生产性服务业集聚对经济高质量发展具有怎样的影响是本章探讨和深入分析的核心内容。专业化集聚和多样化集聚对于经济高质量发展是否具有空间效应、不同行业的生产性服务业集聚对经济高质量发展的影响呈现出怎样的特点、不同区域间是否存在差异是本章研究的具体内容。本章采用空间杜宾模型(Spatial Durbin Model,SDM)检验生产性服务业集聚对经济高质量发展的影响。与以往研究未充分考虑内生性问题不同,本章在分解传统的空间杜宾模型后,采用空间二阶段最小二乘法(GS2SLS),使用地理特征工具变量进行估计,分析生产性服务业集聚所产生的"时空惯性"影响。此外,由于经济高质量发展是一个涵盖多方面的经济评价指标,本章在第二至五节进一步分析生产性服务业集聚对经济高质量发展各分维度的影响,对第一章的理论假设进行验证。

第一节 生产性服务业集聚对经济高质量发展的影响——基于 SDM 模型分析

一、空间相关性分析

(一)空间权重矩阵的选取

生产性服务业的增长及集聚已成为近年来发生在不同空间尺度,尤其是城市内部最为重要的现象之一。要度量其空间相依性需要明确空间观测单元相对位置关系,因此空间权重矩阵成为描述空间观测单元相对位置关系和度量空间相依性的重要工具。空间相依性不仅受到地理空间邻近单元的影响,还受到地理空间单元不相邻但文化背景相似或社会经济发展水平相近的地理空间单元的影响(李新忠和汪同三,2015),不同的空间权重计算方法会产生不同的空间自相关值和统计显著性的检验结果。常用的空间权重矩阵一般可分为三种:一是基于地理空间邻近特征构造的地理空间邻近权重矩阵;二是基于地理空间距离构造的空间距离权重矩阵;三是基于社会经济发展水平邻近特征的社会经济距离空间权重矩阵。近年来,随着空间权重计量方法的不断成熟,有些学者将方言、社会网络或者是否属于同一个城市群等作为空间权重矩阵进行计算,也有将空间距离和经济发展指标相互结合的嵌套矩阵等,但这些都是由最基本的三种空间权重矩阵演化而来的。

对于空间权重矩阵,将来自 n 个区域的空间数据记为 $\{x_i\}_{i=1}^{n}$,下标 i 表示区域 i。区域 i 与区域 j 的距离为 w_{ij},则定义空间权重矩阵为:

$$W = \begin{bmatrix} w_{11} & \cdots & w_{1n} \\ \vdots & & \vdots \\ w_{n1} & \cdots & w_{nn} \end{bmatrix} \qquad (5\text{-}1)$$

其中主对角线上的元素 $w_{11} = \cdots = w_{nn} = 0$,式(5-1)为对称矩阵。空间权重矩阵包含以下几种。

1.地理空间邻近权重矩阵

空间观测单位的区位邻近,主要是指数据观测点所在空间单位与其他空间单位在地理上相邻或者接壤(肖光恩等,2018)。它通过对空间观测单位间的"相邻性"进行数学化描述,根据空间观测单元 i 与 j 之间是否具有邻近特征而赋权 0 或 1。本节根据观测的 261 个城市对应的经纬度生成了地理空间邻近权重矩阵,所选取的经纬度为各城市市政府的位置。

2.空间距离权重矩阵

距离对空间相关的影响是巨大的。尽管设置空间距离权重矩阵有多种方法,但设置空间距离权重矩阵的基本思想是相似的,即把空间相关的影响限定在一定的距离带宽(如"2 小时"经济圈,即 160km)之内,假设在这个距离带宽之内存在很强的空间相关影响,超过这个距离带宽,空间相关影响就会消失或者忽略不计。因此,构建空间距离权重矩阵的关键就是确定合适的距离带宽。一种构建空间距离权重矩阵的方法就是取距离带宽的倒数,具体来说,记区域 i 与区域 j 的距离为 d_{ij},则定义空间权重如下:

$$w_{ij} = \begin{cases} 1 & d_{ij} < d \\ 0 & d_{ij} \geqslant d \end{cases} \qquad (5\text{-}2)$$

其中,d 为事先给定的距离临界值,也有的直接以距离的倒数为空间权重:

$$w_{ij} = \frac{1}{d_{ij}} \qquad (5\text{-}3)$$

本节根据 261 个城市经纬度数据按照欧氏距离法则生成空间反距离权重矩阵。

3.社会经济距离空间权重矩阵

根据空间观测单元 i 和 j 的社会经济特征和空间距离,构造社会经济距离空间权重矩阵。通常以地区生产总值衡量各地区经济发展水平,假设空间观测单元 i 和 j 的地区生产总值分别为 Y_i 和 Y_j,社会经济距离空间权重为:

$$w_{ij} = \frac{1}{e_{ij}} = \frac{1}{|Y_i - Y_j|} \tag{5-4}$$

式中,e_{ij} 是指空间观测单元 i 与 j 之间的地区生产总值差距。e_{ij} 越小,说明两者之间的经济发展水平越相似,经济距离越近,两者间的空间权重矩阵系数就越大;反之则说明其经济差距越大,两者之间的空间权重矩阵系数就越小。本节根据各城市 2003—2018 年的地区生产总值均值生成了经济距离空间权重矩阵。此外,为了后文的稳健性检验还生成了经济地理嵌套矩阵。

(二)空间自相关的检验

空间自相关的检验分为全局检验和局部检验两种。全局检验用于整个地理区域并居于相同模式或者空间过程的度量值,是整个区域的空间自相关的平均值。最常用的是莫兰指数(Moran's I),具体公式为:

$$I = \frac{\sum\limits_{i=1}^{n}\sum\limits_{j=1}^{n} w_{ij}(x_i - \overline{x})(x_j - \overline{x})}{S^2 \sum\limits_{i=1}^{n}\sum\limits_{j=1}^{n} w_{ij}} \tag{5-5}$$

其中,$S^2 = \dfrac{\sum\limits_{i=1}^{n}(x_i - \overline{x})^2}{n}$。

为检验全局空间自相关中特定区域的集聚程度、局部集聚或局部不稳定性,需要进行局部空间自相关检验。与全局空间自相关不同的是,局部空间自相关反映的是特定位置变量值的高低,而非变量的均值或期望值。有时全局空间自相关不显著并不代表局部空间相关性不显著。通常局部空间自相关检验采用局部莫兰指数(local Moran's I),具体公式为:

$$I_i = \frac{(x_i - \overline{x})}{S^2} \sum\limits_{j=1}^{n} w_{ij}(x_i - \overline{x}) \tag{5-6}$$

因篇幅限制,本节仅汇总在地理距离矩阵情况下的 Moran's I 值,见表 5-1。

表 5-1　　　　　生产性服务业专业化集聚(sa)、多样化集聚(da)
和经济高质量发展指数(quality)

年份	2003	2004	2005	2006	2007	2008	2009	2010
quality	0.053***	0.049***	0.043***	0.040***	0.035***	0.030***	0.029***	0.027***
sa	0.018***	0.007***	0.002*	0.000	0.003*	0.003*	0.001*	0.001*
da	0.010***	0.004	0.001*	0.000	0.008***	0.009***	0.013***	0.010***
年份	2011	2012	2013	2014	2015	2016	2017	2018
quality	0.027***	0.026***	0.026***	0.025***	0.026***	0.025***	0.026***	0.025***
sa	0.002***	0.004***	0.013***	0.013***	0.019***	0.014***	0.014***	0.009***
da	0.012***	0.005***	0.014***	0.010***	0.016***	0.014***	0.010***	0.021***

注:根据 STATA 测算结果整理,*、***分别表示 10%、1%的水平上显著。

为直观地展示经济高质量发展的局部空间集聚情况,绘制了 2018 年局部莫兰
指数散点图(图 5-1)。从图中可以看出,在"高-高"集聚(第一象限)和"低-低"集聚
(第三象限)的城市更多。此外,在"高-高"集聚区域,主要分布的是北京、上海、广
州、深圳、天津和一些沿海城市以及长三角地区城市,而中部地区的省会城市如合
肥、郑州、武汉则表现出"高-低"集聚的特征,这也与中部地区一些城市表现出的
"一城独大"的现象较为符合。从整体来看,我国大多数城市在"低-低"集聚区域,
说明我国大多数城市的经济高质量发展水平不高,也没有产生正的空间效应。

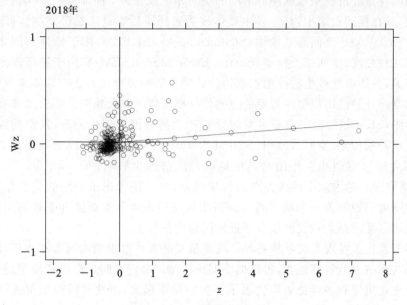

图 5-1　2018 年经济高质量发展局部莫兰指数散点图(Moran's I=0.025)

二、研究方法与模型构建

(一)研究方法

根据前文的检验结果发现经济高质量发展与生产性服务业集聚均具有空间相关性,但统计显著性并不代表经济显著性,因此有必要进一步对两者之间的关系进行实证检验。本节研究对象为 261 个地级及以上城市的生产性服务业集聚和经济高质量发展的关联性,由于各地区之间不独立,无法割裂分析。首先,随着商品贸易的发展和各地区间交通通达性提高,经济活动的日益多元化,各地区间经济的发展并不是孤立的,生产性服务业集聚不仅对本地区的经济发展有影响,也可能影响相邻地区的经济发展水平。其次,生产性服务业与制造业之间的产业前后向关联所引发的区域要素流动,成为生产性服务业集聚产生空间溢出的有效途径。最后,在提倡经济高质量发展的政治环境下,地方政府间的策略性互动可使相邻地区呈现"你追我赶"的发展态势,从而产生空间上的依赖或者交互效应。在前文中已经通过空间相关性检验发现经济高质量发展具有显著的空间相关性,说明某一地区的经济高质量发展对相邻地区或者是经济联系密切的区域有影响,因此本节采用空间计量经济模型进行实证检验。

(二)模型构建

空间计量经济模型根据经济活动的空间相依性分为空间滞后和空间误差两种基本类型,在模型设定中,其差异主要体现为选择滞后变量还是误差结构(李新忠和汪同三,2015)。空间滞后模型(Spatial Lag Model,SLM)用于解释空间相互作用的存在和强度;空间误差模型(Spatial Error Model,SEM)则用于解释误差项的空间相关,关注由此产生的模型参数估计的偏差影响和修正方法。具体来说,不同类型的空间计量经济模型所假定的空间传导机制以及其反映的经济含义亦有所不同。其中,SEM 模型假定自变量空间影响产生的原因是随机冲击,其空间效应主要通过误差项传导;空间自回归(Spatial Autoregression,SAR)模型则假设被解释变量均会通过空间相互作用对其他地区的经济产生影响(Anselin 等,2008),而SDM 模型同时考虑到上述两类空间传导机制,此外还考虑了空间的交互作用,放在本章则可以理解为一个城市的经济高质量发展来源于本地区自变量的作用,与其邻近地区经济高质量发展以及邻近地区自变量有关。

本节首先参考现有文献将对经济高质量发展有重要影响的因素和生产性服务业集聚共同纳入该核算框架,再根据模型检验结果确定空间计量经济模型的形式。由于专业化集聚和多样化集聚代表了不同的集聚模式,因此对两种集聚进行分别建模:

$$\text{quality}_{it} = \alpha_1 \text{sa}_{it} + \alpha_2 \text{lab}_{it} + \alpha_3 \text{salary}_{it} + \alpha_4 \text{gov}_{it} + \alpha_5 \text{fdi}_{it} + \varepsilon_{it} \qquad (5\text{-}7)$$

$$\text{quality}_{it} = \beta_1 \text{da}_{it} + \beta_2 \text{lab}_{it} + \beta_3 \text{salary}_{it} + \beta_4 \text{gov}_{it} + \beta_5 \text{fdi}_{it} + \varepsilon_{it} \qquad (5\text{-}8)$$

式(5-7)和式(5-8)中，quality_{it}代表城市i在第t年的经济高质量发展指数；sa_{it}和da_{it}分别代表城市i在第t年的生产性服务业集聚专业化指数和多样化指数；lab_{it}、salary_{it}、gov_{it}、fdi_{it}为一组与经济高质量发展有关的控制变量；ε_{it}代表不可观测的误差项。根据前文的检验发现，经济高质量发展与生产性服务业集聚均具有空间相关性，对空间计量经济模型的选择过程如下：

由于事前并不清楚空间作用的互动关系，需要采用模型适配性检验进行模型选择。具体步骤为：首先，使用 LM 检验（Least Squares Mean Square Test，最小二乘均方检验）分别对前文介绍的四种矩阵进行检验，诊断是否存在空间效应。检验结果显示 LM-error 检验、R-LM-error 检验、LM-lag 检验以及 R-LM-lag 检验结果在 1% 显著水平下拒绝原假设，说明既存在空间误差效应，又存在空间滞后效应，因篇幅限制，表 5-2 仅汇总地理距离矩阵情况下的检验结果。其次，根据 Hausman 检验确定选择固定效应模型，并使用 LR（Likelihood Ratio，似然化）检验进一步检验个体固定效应、时间固定效应及个体时间双固定效应，检验结果表明，需选择个体时间双固定效应。最后，由于 LM 检验结果提示同时存在空间误差效应和空间滞后效应，应该选择 SDM 模型。因此，使用 LR 检验检验 SDM 是否会退化为 SEM、SAR 模型。使用 Wald 检验来检验模型的适配性，最终确定使用 SDM 模型进行估计。

表 5-2　　　　　　　　　　　　　　模型选择检验

相关检验	sa		da	
从具体到一般	LM 检验	P 值	LM 检验	P 值
LM-error	6.279	0.008	3.496	0.001
R-LM-error	13.778	0.0060	9.201	0.002
LM-lag	11.765	0.0001	9.715	0.002
R-LM-lag	24.263	0.0000	18.419	0.000
从一般到具体		P 值		P 值
LR test for SAR	74.22	0.0000	68.02	0.0000
Wald test for SAR	73.46	0.0000	67.38	0.0000
LR test for SEM	84.48	0.0000	77.47	0.0000
Wald test for SEM	83.68	0.0000	76.78	0.0000
LR test both ind	25.19	0.0000	61.82	0.0000
LR test both time	3890.65	0.0000	5318.04	0.0000

注：使用 STATA 软件整理。

综上,本节采用个体时间双固定效应的空间杜宾模型进行建模,具体如下:

$$Y_{it} = \lambda W_{ij} Y_{it} + \beta X_{it} + \theta \sum_{j=1}^{n} W_{ij} X_{jt} + \alpha_i + \varphi_t + \varepsilon_{it} \qquad (5\text{-}9)$$

式(5-9)中,W_{ij}代表空间权重矩阵;Y_{it}代表城市 i 在第 t 年的经济高质量发展水平;X_{it}代表解释变量;α_i代表个体固定效应;φ_t代表时间固定效应;ε_{it}代表误差项。

将解释变量和控制变量放入模型中后,具体变换为:

$$\begin{aligned} \text{quality}_{it} = {} & \alpha_1 \text{sa}_{it} + \alpha_2 \text{lab}_{it} + \alpha_3 \text{salary}_{it} + \alpha_4 \text{gov}_{it} + \alpha_5 \text{fdi}_{it} + \theta_1 W\text{sa}_{it} + \theta_2 W\text{lab}_{it} + \\ & \theta_3 W\text{salary}_{it} + \theta_4 W\text{gov}_{it} + \theta_5 W\text{fdi}_{it} + \theta_6 W\text{quality}_{it} + \alpha_i + \varphi_t + \varepsilon_{it} \end{aligned}$$

$$(5\text{-}10)$$

$$\begin{aligned} \text{quality}_{it} = {} & \beta_1 \text{da}_{it} + \beta_2 \text{lab}_{it} + \beta_3 \text{salary}_{it} + \beta_4 \text{gov}_{it} + \beta_5 \text{fdi}_{it} + \gamma_1 W\text{da}_{it} + \gamma_2 W\text{lab}_{it} + \\ & \gamma_3 W\text{salary}_{it} + \gamma_4 W\text{gov}_{it} + \gamma_5 W\text{fdi}_{it} + \gamma_6 W\text{quality}_{it} + \alpha_i + \varphi_t + \varepsilon_{it} \end{aligned}$$

$$(5\text{-}11)$$

三、数据来源、变量选择与描述性统计

本节选取 2003—2018 年 261 个地级及以上城市为研究样本,研究样本的选取依据在第四章中已有说明,此处不再赘述。其中经济高质量发展指数和生产性服务业集聚等数据来源于《中国城市统计年鉴》《中国统计年鉴》,以及各省市统计局网站,其中少量缺失数据采用插值法和平滑法进行补充。

被解释变量为城市经济高质量发展指数(quality),具体包括经济增长质量、产业结构、节能减排和民生福祉。核心解释变量为生产性服务业专业化集聚指数(sa)和生产性服务业多样化集聚指数(da)。除了生产性服务业集聚之外,其他影响经济高质量发展的因素还有很多,无法穷尽。基于数据的可得性和完善性原则,参考已有研究成果进行客观筛选,确定以下控制变量:

就业规模(lab):为与前文经济高质量发展指标以及生产性服务业集聚指标进行区别以缓解内生性问题,本节使用"城镇单位就业人员"与"私营和个体就业人员"之和作为人力资本的代理变量,并对其取对数。

平均职工工资(salary):使用当地职工平均工资表示,并对其取对数。

政府干预(gov):政府的制度安排会显著影响产业结构优化进程,本节采用人均公共预算支出作为政府干预的代理变量并取对数。

外商直接投资(fdi):使用外商直接投资数表示,以当年汇率进行换算后进行对数处理,为剔除价格变动因素,所有数据均以 2003 年为基期进行平减。

基准回归的变量描述性统计见表 5-3。

表5-3　　　　　　　　　　　基准回归的变量描述性统计

变量	样本数	均值	方差	标准差	最大值	最小值
quality	4176	3.278	0.189	0.435	8.068	1.858
sa	4176	0.758	0.080	0.283	2.118	0.080
da	4176	5.060	4.610	2.147	16.317	0.580
lab	4176	3.479	1.022	1.011	7.455	0.932
salary	4176	10.411	0.349	0.591	13.265	7.586
gov	4176	10.914	4.258	2.063	16.833	2.583
fdi	4176	8.554	0.902	0.950	14.159	4.756

注:使用STATA软件整理。

四、实证结果分析

(一)基准回归结果

根据上文的检验步骤和结果,本节采用个体时间双固定效应的SDM模型进行实证检验,并使用极大似然法进行估计。为比较各参数系数的稳定性,基准回归结果中还汇总了SAR、SEM模型的估计结果,如表5-4所示。

表5-4　　　　生产性服务业集聚对经济高质量发展影响的基准回归结果

	SDM		SAR		SEM	
	(1)	(2)	(3)	(4)	(5)	(6)
sa	0.0749***		0.0853***		0.0818***	
	[4.0382]		[4.6685]		[4.4226]	
da		0.00915***		0.00904***		0.00867***
		[4.0091]		[3.9672]		[3.7820]
lab	0.0829***	0.0826***	0.103***	0.102***	0.100***	0.0997***
	[7.1218]	[7.0609]	[9.2576]	[9.1499]	[8.7585]	[8.6673]
salary	0.105***	0.102***	0.112***	0.107***	0.113***	0.108***
	[4.9870]	[4.8569]	[5.4936]	[5.2566]	[5.4499]	[5.2395]
fdi	0.00599*	0.00570*	0.00587*	0.00587*	0.00558*	0.00552
	[2.0601]	[1.9606]	[2.1099]	[2.1086]	[1.9677]	[1.9427]

续表

	SDM		SAR		SEM	
	(1)	(2)	(3)	(4)	(5)	(6)
gov	−0.0335 ***	−0.0325 ***	−0.0316 ***	−0.0306 ***	−0.0324 ***	−0.0315 ***
	[−4.3082]	[−4.1740]	[−4.0830]	[−3.9580]	[−4.1516]	[−4.0442]
$W \times$ sa	0.296 ***					
	[6.1696]					
$W \times$ da		0.156 ***				
		[5.7204]				
$W \times$ lab	0.652 ***	0.658 ***				
	[7.3033]	[7.1507]				
$W \times$ salary	−0.0534 **	−0.0399 *				
	[−2.7495]	[−2.0770]				
$W \times$ fdi	0.0252	0.0468				
	[1.0134]	[1.8990]				
$W \times$ gov	0.0703	0.111				
	[0.9247]	[1.4388]				
rho	0.295 **	0.315 **	0.545 ***	0.548 ***	0.497 ***	0.506 ***
	[2.8437]	[3.0688]	[6.7970]	[6.8679]	[5.6732]	[5.8507]
时间固定	YES	YES	YES	YES	YES	YES
个体固定	YES	YES	YES	YES	YES	YES
N	4176	4176	4176	4176	4176	4176
R^2	0.0019	0.1225	0.0176	0.0201	0.1078	0.1113
Log-lik	1895.1903	1889.0750	1858.0786	1855.0627	1852.9524	1850.3387

注:根据 STATA 测算结果整理,*、**、***分别表示 10%、5%、1%的水平上显著。

表 5-4 中各变量的回归系数和显著性均未出现较大差异,说明结果是稳健的。从回归结果能得到以下结论:第一,SDM 模型的空间自回归系数 rho 显著为正,说明该模型不仅存在解释变量的外生空间相关性,还存在被解释变量的内生影响。生产性服务业专业化和多样化集聚显著促进经济高质量发展,其弹性系数分别为 0.0749 和 0.00915,说明本地区生产性服务业专业化集聚对经济高质量发展的作用更大。这主要是因为我国大部分地区仍处于专业化集聚发展阶段,多样化集聚

对经济高质量发展的促进作用更依赖于经济发展水平、市场规模、产业结构等因素。当适宜生产性服务业多样化集聚发展的"土壤"不够肥沃时，其无法形成有效集聚，更无法对经济高质量发展起到推动作用。从中国当前的发展现状来说，高级别城市更具备多样化集聚的条件，但高级别城市数量较少，其多样化集聚对经济高质量发展的正向促进作用被更多中小城市非促进或不明显的促进作用稀释。第二，根据生产性服务业专业化集聚的空间滞后项（$W\times sa$）和多样化集聚的空间滞后项（$W\times da$）来看，生产性服务业专业化和多样化集聚具有正的空间溢出效应，表现为邻近地区生产性服务业集聚对本地区经济高质量发展的正向空间溢出。第三，控制变量的回归结果表明，就业规模（lab）促进经济高质量发展，且其空间滞后项（$W\times lab$）具有显著的正向作用；职工平均工资（salary）对本地的经济高质量发展具有正向的促进作用，但其空间滞后项（$W\times salary$）显著为负，可能的原因是邻近地区的高工资产生的虹吸效应能够吸引周边地区的劳动力，进而对本地区劳动力就业市场产生了冲击，影响了本地区的就业水平和劳动生产率；外商直接投资（fdi）对于本地经济高质量发展具有显著的正向促进作用，可能的原因是外商投资为本地区经济生产提供了资金支持和就业岗位，外商直接投资能拉动本土产业的需求，但其空间滞后项对于被解释变量没有显著影响；政府干预（gov）对本地经济高质量发展具有显著的负向影响，说明政府干预不利于当地经济高质量发展，但其空间滞后项对于被解释变量没有显著影响。

（二）空间效应分解

之所以借助空间计量的实证分析方法，是因为城市生产性服务业集聚与经济高质量发展间有较强的空间依赖性。也就是说，一个城市的生产性服务业集聚的变化不仅会影响这个城市经济高质量发展，还会影响周围其他城市经济高质量发展，并通过城市间的相互作用的反馈效应传导到该城市自身。因此，基于上文的研究结论，有必要对反馈效应进行剔除。本节依据 Le Sage 和 Pace(2009)的方法，进一步分解了在地理距离矩阵下的 SDM 模型的直接效应和间接效应，表 5-5 中整理了估计结果。

表 5-5　　**生产性服务业集聚对经济高质量发展影响的空间效应分解**

	直接效应		间接效应		总效应	
	(1)	(2)	(3)	(4)	(5)	(6)
sa	0.0803 ***		0.0903 ***		0.0983 ***	

续表

	直接效应		间接效应		总效应	
	(1)	(2)	(3)	(4)	(5)	(6)
	[4.2157]		[4.9386]		[5.1414]	
da		0.00984 ***		0.0237 ***		0.0247 ***
		[4.1870]		[4.6745]		[4.8465]
lab	0.0849 ***	0.0848 ***	0.0973 ***	0.013 ***	0.058 ***	0.097 ***
	[7.6329]	[7.5904]	[5.8601]	[5.7308]	[6.4053]	[6.2373]
salary	0.0104 ***	0.0101 ***	−0.0827 **	−0.0652 *	−0.0932 **	−0.0753 *
	[5.2529]	[5.0986]	[−2.6756]	[−2.1283]	[−3.0324]	[−2.4738]
fdi	0.00606 *	0.00587 *	0.0415	0.0748 *	0.0475	0.0807 *
	[2.1611]	[2.0899]	[1.1673]	[2.0086]	[1.3485]	[2.1834]
gov	−0.0333 ***	−0.0322 ***	0.0875	0.15	0.0542	0.118
	[−4.4879]	[−4.3155]	[0.7744]	[1.2645]	[0.4787]	[0.9915]

注：根据 STATA 测算结果整理，*、**、***分别表示 10%、5%、1%的水平上显著。

从回归结果看出，生产性服务业专业化集聚（sa）对本地和邻地的经济高质量发展具有显著的促进作用，其直接效应和间接效应弹性系数分别为 0.0803 和 0.0903，也就是说本地的生产性服务业专业化集聚每增加 1 个单位，其经济高质量发展将增加 0.0803，而邻近地区的专业化集聚通过空间溢出效应会对本地经济高质量发展产生 0.0903 的正向促进作用，说明生产性服务业专业化集聚具有正向的辐射作用。生产性服务业多样化集聚（da）的直接效应和间接效应的弹性系数分别为 0.00984 和 0.0237，与专业化集聚回归系数比较，多样化集聚的促进作用较小，说明生产性服务业专业化集聚对经济高质量发展的影响更加明显，现阶段中国大多数城市仍应依靠专业化集聚推进经济高质量发展，且邻近区域的生产性服务业集聚作用效果更大。

从控制变量的效应分解来看，就业规模（lab）对本地区和邻近地区的经济高质量发展具有显著的正向影响，由直接效应的弹性系数看出，就业规模每增加 1 个单位，本地区的经济高质量发展会提升 0.0849 和 0.0848，而邻近地区的劳动力规模增加也通过空间溢出效应促进本地区经济高质量发展提升 0.0973 和 0.013，且在 1%的水平下显著，说明就业规模不仅对于当地的经济高质量发展产生正向的促进作用，而且具有正向的空间溢出效应。可能的原因是一个地方的劳动力是生产活动的重要投入要素，就业规模的增加不仅对当地经营生产、消费需求有影响，且对邻近地区具有辐射和带动作用。职工平均工资(salary)每增加 1 个单位,在不同集聚水平下对本地的经济高质量发展提高 0.0104 和 0.0101,但邻近地区职工平均工资提升对本地区经济高质量发展具有显著负向影响。外商直接投资(fdi)和政府干预(gov)表现为只对本地的经济高质量发展有显著影响。

(三)内生性讨论

由于空间联立方程存在"联立内生性"和"空间相关性",会影响估计结果的一致性,为了缓解内生性问题,使用空间二阶段最小二乘法(GS2SLS)对模型进行估计。具体步骤为:第一步,考虑"联立内生性"和"空间内生性",采用 Hausman 检验判断是否具有内生性问题以及实施固定效应和随机效应模型诊断;第二步,将所有解释变量及其空间滞后项作为工具变量进行 2SLS 估计,根据检验结果采用解释变量的空间滞后一期作为工具变量(IV);第三步,采用 Sargan 和 Basmann 检验是否存在过度识别问题。同时,本节进一步采用地理距离矩阵、经济距离矩阵和经济地理嵌套矩阵验证结果是否具有稳健性,得出的具体结果见表5-6。从回归结果可以看到,被解释变量滞后一期对经济高质量发展具有显著的正向作用,说明经济高质量发展具有显著的时间惯性,替换不同矩阵后,虽然回归系数变小,但方向和显著性水平没有发生变化。具体来说,当仅使用地理距离矩阵时,经济高质量发展水平滞后一期对当期的作用最大;当使用经济距离矩阵和经济地理嵌套矩阵时,其系数随之缩小,但总体来看仍具有显著的正向影响。此外,本节的主要解释变量生产性服务业专业化和多样化集聚显著促进经济高质量发展,其中专业化集聚的影响要大于多样化集聚,与前文回归结果一致,进一步验证了结果的稳健性,与其他控制变量的回归结果也基本保持一致。

表 5-6 　　　　　　　　　　　　　　**GS2SLS 回归结果**

	地理距离矩阵		经济距离矩阵		经济地理嵌套矩阵	
	(1)	(2)	(3)	(4)	(5)	(6)
$w1y_q$	1.258***	1.276***	0.555***	0.498***	0.00181***	0.00190***
	[15.6370]	[15.9096]	[5.4533]	[5.0061]	[13.2656]	[13.5866]
sa	0.0681***		0.0489*		0.0714***	
	[3.6863]		[2.3473]		[3.7867]	
da		0.00885***		0.00578*		0.00586*
		[3.9457]		[2.3740]		[2.5598]
lab	0.0832***	0.0842***	0.0968***	0.104***	0.137***	0.134***

续表

	地理距离矩阵		经济地理矩阵		经济地理嵌套矩阵	
	(1)	(2)	(3)	(4)	(5)	(6)
	[7.0990]	[7.1842]	[5.8942]	[6.5027]	[12.3863]	[12.0544]
salary	0.0855***	0.0868***	0.0791***	0.0892***	0.147***	0.149***
	[4.4410]	[4.5204]	[4.0993]	[4.7000]	[12.9359]	[13.0827]
fdi	0.00711*	0.00685*	0.00212*	0.00191*	0.00425*	0.00415*
	[2.4804]	[2.3907]	[1.6754]	[1.6171]	[1.4580]	[1.4228]
gov	−0.0233**	−0.0250**	−0.0178*	−0.0170*	−0.0012	−0.0022
	[−3.0663]	[−3.2891]	[−2.0286]	[−1.9736]	[−0.1575]	[−0.2883]
rho	1.2580***	1.2764***	0.5554***	0.4979***	0.0018***	0.0019***
	[7.0990]	[7.1842]	[5.8942]	[6.5027]	[12.3863]	[12.0544]
N	4176	4176	4176	4176	4176	4176
R-sq	0.9883	0.9883	0.9870	0.9878	0.9872	0.9866
Hausman	0.0000	0.0000	0.0000	0.0000	0.0000	0.0000
Sargan LM	257.47949	366.3631	440.8252	407.4663	1228.0878	1293.6863
Basmann LM	274.16075	401.2656	492.4622	451.1600	1739.0776	1873.7515
Anderson-Rubin LR	102.8455	120.0999	97.5958	102.7163	105.0038	99.2026

注:根据 STATA 测算结果整理,*、**、***分别表示 10%、5%、1%的水平上显著;$w1y_q$ 为一阶滞后项。

虽然 GS2SLS 方法在一定程度上控制了内生性问题,但由于本节的工具变量并非专门针对生产性服务业集聚与经济高质量发展之间双向因果关系产生的内生性而选取的,因此有必要寻找更为可靠的工具变量来增强结果可信度。本节选取地理坡度数据作为 IV(表 5-7),通常企业在选址时会选择地势较为平坦的区域,当某地区地理坡度水平较高时,企业可能出于交通或建设成本考虑放弃该地区,进而选择交通更为便利的平原地区,因此地理坡度能够影响生产性服务业集聚水平,但地理坡度是自然形成的,是理想的外生变量,该变量既满足相关性,又满足外生性原则。使用地理坡度作为工具变量得到的回归结果与基准回归保持一致,说明估计结果具有可信度。

表 5-7 　　　　　　　　　　　　　　　**IV 估计结果**

	(1)	(2)
$w1y_q$	1.258 ***	1.276 ***
	[15.6370]	[15.9096]
sa	0.0681 ***	
	[3.6863]	
da		0.00885 ***
		[3.9457]
rho	1.2580 ***	1.2764 ***
	[244.517]	[253.116]
控制变量	YES	YES
时间效应	YES	YES
个体效应	YES	YES
N	4176	4176
R-sq	0.9883	0.9883
Hausman	0.0000	0.0000
Sargan LM	257.41775	366.27524
Basmann LM	274.02913	401.07297
Anderson-Rubin LR	122.83958	142.88958

注：根据 STATA 测算结果整理，***表示 1% 的水平上显著。

（四）稳健性检验

为了验证结论是否具有稳健性，采用替换空间权重矩阵和剔除部分样本两种方法进行稳健性检验（表 5-8）。第一，替换空间权重矩阵。采用邻近空间矩阵、经济距离矩阵和经济地理嵌套矩阵对模型进行估计，从稳健性检验结果看，核心解释变量的回归系数与基准回归结果保持一致，控制变量的系数与基准回归结果在系数符号和显著性水平上基本保持一致，说明结论是可靠的。第二，剔除部分样本。根据第四章的现状分析发现生产性服务业通常在大城市集聚程度更高，因此本节剔除各行业工作人数总和小于 10 万的城市进行稳健性检验，共保留 144 个地级及以上城市。从回归结果可以看出，核心解释变量的系数符号和显著性与前文结果保持一致，专业化和多样化集聚显著促进本地经济高质量发展，生产性服务业集聚对于邻近地区的经济高质量发展在 10% 的水平下显著为正，说明生产性服务业集聚具有空间溢出效应。另外，专业化集聚系数有所提高，这是因为行业工作人数总和小于 10 万的城市基本为规模中等及以下城市，保留的样本城市规模更大，多样化和专业化集聚水平相对更高,生产性服务业集聚在规模更大的城市中对经济高质量发展的促进作用表现得更为明显。

表 5-8   生产性服务业集聚对经济高质量发展影响的空间稳健性检验

		邻近空间矩阵		经济距离矩阵		经济地理嵌套矩阵		剔除部分样本	
		(1)	(2)	(3)	(4)	(5)	(6)	(7)	(8)
直接效应	sa	0.0917***		0.0801***		0.0786***		0.149***	
		[4.8851]		[4.2110]		[4.1326]		[4.8198]	
	da		0.00981***		0.00918***		0.00895***		0.00828*
			[4.2236]		[3.8986]		[3.8236]		[2.1607]
	lab	0.0938***	0.0922***	0.106***	0.105***	0.0910***	0.0916***	0.221***	0.215***
		[8.4933]	[8.3542]	[9.8180]	[9.6849]	[8.2740]	[8.2957]	[11.8501]	[11.3860]
	salary	0.126***	0.117***	0.113***	0.107***	0.112***	0.108***	0.105**	0.0995**
		[6.3824]	[5.9728]	[5.7210]	[5.4222]	[5.6106]	[5.4163]	[3.1431]	[2.9606]
	fdi	0.00708*	0.00711**	0.0053	0.00538	0.00625*	0.00596*	0.0163*	0.0151**
		[2.5744]	[2.5942]	[1.9199]	[1.9444]	[2.2180]	[2.1116]	[3.3036]	[3.0339]
	gov	−0.0351***	−0.0329***	−0.0317***	−0.0307***	−0.0326***	−0.0319***	−0.0380**	−0.0380*
		[−4.7453]	[−4.4464]	[−4.2763]	[−4.1277]	[−4.4068]	[−4.3055]	[−3.1066]	[−3.0927]
间接效应	sa	0.189*		0.0639***		0.239***		0.0597*	
		[2.0185]		[3.4641]		[4.5472]		[1.9502]	
	da		0.0823***		0.00389*		0.0311***		0.00155*
			[5.4092]		[1.6752]		[4.8215]		[1.3798]
	lab	0.200***	−0.0138	0.0309**	0.0274*	0.192***	0.194***	0.0284	0.0281
		[4.5903]	[−0.2881]	[2.6340]	[2.3174]	[6.0932]	[6.1341]	[1.3369]	[1.3111]
	salary	−0.179	−0.274**	−0.0153	−0.00954	−0.0772	−0.0321	0.0618	0.0692
		[−1.9326]	[−2.8006]	[−0.6932]	[−0.4304]	[−1.2048]	[−0.5012]	[1.5339]	[1.7013]
	fdi	−0.0231*	−0.0149	−0.000337	−0.000571	0.0031	0.00534	0.00202	0.00172
		[−2.4007]	[−1.4510]	[−0.1128]	[−0.1906]	[0.3226]	[0.5547]	[0.3808]	[0.3219]
	gov	0.0974*	0.0487	0.00366	0.00389	0.0343*	0.0374*	0.00964	0.00712
		[2.4505]	[1.1150]	[0.4318]	[0.4578]	[1.9754]	[2.1481]	[0.6934]	[0.5064]
N		4176	4176	4176	4176	4176	4176	2304	2304
R-sq		0.339	0.1367	0.1694	0.2426	0.1577	0.2162	0.4773	0.4749

注:根据 STATA 测算结果整理,*、**、***分别表示 10%、5%、1%的水平上显著。

五、异质性分析

(一)高、低端及各细分行业生产性服务业集聚对经济高质量发展影响的异质性分析

为了弄清高、低端和各细分行业生产性服务业集聚对经济高质量发展水平的不同影响,本节将进行异质性分析。首先,根据生产性服务业的技术密集度将生产性服务业划分为高端生产性服务业和低端生产性服务业;其次,区分各细分行业的专业化集聚水平和多样化集聚水平;最后汇总数据。表 5-9 汇总了高端、低端和各细分行业生产性服务业的专业化、多样化集聚指数的描述性统计结果,包括高端生产性服务业专业化集聚(hsa)、高端生产性服务业多样化集聚(hda)、低端生产性服务业专业化集聚(lsa)以及低端生产性服务业多样化集聚(lda)。使用 tran、serv、ict、fina 以及 scir 分别代表"交通运输、仓储和邮政业""租赁和商务服务业""信息传输、软件和信息技术服务业""金融业""科学研究和技术服务业",对应的 sa 和 da 分别代表各行业的专业化和多样化集聚指数,控制变量与前文一致。

表 5-9 高、低端和各细分行业生产性服务业专业化、多样化集聚指数描述性统计

变量	样本数	均值	方差	标准差	最大值	最小值
quality	4176	3.278	0.189	0.435	8.068	1.858
lsa	4176	0.724	0.149	0.386	3.009	0.062
hsa	4176	0.898	0.136	0.369	2.929	0.112
lda	4176	0.912	0.667	0.816	8.094	0.011
hda	4176	0.675	0.677	0.823	8.294	0.003
transa	4176	0.827	0.248	0.498	4.398	0.061
tranda	4176	1.220	1.279	1.131	12.679	0.012
servsa	4176	0.676	0.377	0.614	8.553	0.005
servda	4176	1.092	0.902	0.950	9.942	0.011
ictsa	4176	0.946	0.382	0.618	8.294	0.026
ictda	4176	1.123	1.056	1.027	11.233	0.009
finasa	4176	1.148	0.353	0.594	5.755	0.060
finada	4176	0.931	1.040	1.020	13.604	0.007
scirsa	4176	0.736	0.301	0.549	4.488	0.021
scirda	4176	1.080	0.867	0.931	9.275	0.011

注:使用 STATA 软件整理。

将生产性服务业集聚按照技术密集度分类后纳入模型,表 5-10 方程(1)的回

归结果显示,低端生产性服务业专业化集聚(lsa)对本地的经济高质量发展无显著影响,但对邻近地区具有显著促进作用,间接效应系数为0.544。高端生产性服务业专业化集聚(hsa)仅表现为对本地区有促进作用。方程(2)回归结果说明低端多样化集聚(lda)仅对本地具有显著的促进作用,而高端多样化集聚(hda)对本地和邻地均具有促进作用且对邻近地区的促进作用更强。因此,对于本地的经济高质量发展而言,应该加快本地的高端生产性服务业专业化建设;在有良好多样化集聚基础的区域,鼓励发展多样化集聚,进而形成对本地经济高质量发展的带动作用。

方程(3)和方程(4)汇总了具体细分行业的回归结果,交通运输、仓储和邮政业的专业化集聚对本地区经济高质量发展无显著促进作用,这与梁红艳(2015)的结论一致。但邻近区域交通运输、仓储和邮政业的专业化集聚对本地具有正向的空间溢出效果,多样化集聚对本地和邻地均产生了正向的促进作用。这主要缘于交通运输业多样化集聚使得不同运输行业和企业在某一区域内集中,能够为有货物运输需求的企业提供多种运输方式的组合服务,并给予更优惠的价格,从而有利于降低企业生产成本。不仅如此,多样化的集聚能够促进当地交通基础设施网络建设,为区域间的合作提供便利。租赁和商务服务业集聚对本地经济高质量发展并无显著影响,这可能与我国的租赁和商务服务业中的商务服务发展起步较晚有关。信息传输、软件和信息技术服务业集聚对本地经济高质量发展具有显著促进作用,主要是因为信息传输、软件和信息技术服务业能够突破资源配置的地域隔阂和刚性约束,使得企业间空间的距离被大大缩短,增强知识和技术溢出效应,其空间溢出的正向效应仅发生在多样化集聚中。金融业多样化集聚能够有效促进本地和邻近地区的经济高质量发展,但专业化集聚的影响不具有显著性。可能的原因为金融多样化集聚通过金融产品组合提高资金的流动性和使用效率,邻近地区和市场可以享受到更优质的金融产品和金融服务,降低交易成本,提高投融资效率。同时,金融业集聚区内丰富的创新资源也有利于带动邻近区域产业链的分工转换和产业转型升级,实现经济高质量发展。科学研究和技术服务业专业化集聚则具有显著的本地和邻地的正向促进效应。科学研究和技术服务业作为专业性强、进入壁垒高的行业,其专业化集聚能够促进同专业领域人员之间知识的快速交流,加快知识的生产和创新速度,为经济的高质量发展注入能量。

表5-10 高、低端和各细分行业生产性服务业对经济高质量发展影响回归结果

	变量	(1)	(2)	(3)sa	(4)da
直接效应	lsa	0.0207			
		[1.6032]			
	hsa	0.0757***			
		[5.9896]			

续表

	变量	（1）	（2）	（3）sa	（4）da
直接效应	lda		0.0339***		
			[5.6340]		
	hda		0.0196***		
			[3.3805]		
	tran			−0.0238	0.0462***
				[−1.3477]	[7.3661]
	serv			−0.00426	0.0147
				[−0.7272]	[1.6521]
	ict			0.0690***	0.0972***
				[12.2498]	[8.4445]
	fina			−0.0117	0.0862***
				[−1.7514]	[13.0630]
	scir			0.0839***	−0.0107
				[7.6291]	[−0.8958]
间接效应	lsa	0.544***			
		[5.7933]			
	hsa	0.18			
		[0.9822]			
	lda		0.0247		
			[0.2557]		
	hda		0.577***		
			[4.9453]		
	tran			0.387**	0.233*
				[3.0651]	[2.2636]
	serv			0.390***	0.162
				[4.6327]	[1.0814]
	ict			−0.0275	0.915***
				[−0.4189]	[4.2334]
	fina			−0.0427	0.786***
				[−0.6148]	[5.6556]
	scir			1.108***	0.277
				[6.3674]	[1.4892]

续表

变量	(1)	(2)	(3)sa	(4)da
N	4176	4176	4176	4176
R-sq	0.0006	0.0049	0.325	0.0163

注:根据 STATA 测算结果整理,*、**、***分别表示 10%、5%、1%的水平上显著。

(二)分区域生产性服务业集聚对经济高质量发展影响的异质性分析

除了按照不同行业进行生产性服务业集聚对经济高质量发展影响异质性讨论外,本节还从不同区域进行分析,将全国分为东、中、西部区域,使用 SDM 模型进行估计,结果汇总于表 5-11。其中,专业化集聚仅对中部地区具有显著促进作用,并表现为空间的正向溢出效应,但对东部和西部地区均没有显著影响。可能的原因是在东部地区生产性服务业集聚水平高,区域内部已经形成了较为完善的服务体系。但受到市场容量限制,生产性服务业集聚也造成企业间对资源的争夺,可能单纯的企业数量和规模的集已难以促进当地经济高质量发展,而需要依靠生产性服务业产业关联、技术创新等驱动。与东部地区相反,西部地区的产业发展水平和经济基础较为薄弱,生产性服务业的有效需求在该地区并不明显。

对于多样化集聚而言,东部和中部地区表现为对本地和邻近区域的显著促进作用,对西部地区的影响不明显。从回归系数来看,多样化集聚对于东部地区的作用更大,因此我国应该在东部地区鼓励已经具有较高生产性服务业发展水平的地区进行产业间的融合发展,不仅依赖于单纯的自然地理集聚,更要依靠产业间的互动关联以共同驱动经济效率提升和产业结构优化。对于中部地区已经具有生产性服务业专业化和多样化集聚基础的城市,可给予适当的政策倾斜巩固其成果。对于西部地区则不应引导生产性服务业在当地集聚。

表 5-11　　生产性服务业集聚对经济高质量发展影响的分区域回归结果

		Panel A:东部		Panel B:中部		Panel C:西部	
		(1)	(2)	(3)	(4)	(5)	(6)
直接效应	sa	0.569		0.721***		−0.145	
		[1.6110]		[5.1718]		[−1.0743]	
	da		0.0934*		0.0373*		0.0314
			[2.4631]		[2.2035]		[1.5179]
	lab	0.321**	0.365**	0.309***	0.202*	0.124	0.191
		[2.6090]	[2.9489]	[4.0043]	[2.4554]	[1.0474]	[1.7005]

续表

		Panel A:东部		Panel B:中部		Panel C:西部	
		(1)	(2)	(3)	(4)	(5)	(6)
直接效应	salary	−0.174	0.0105	0.106	0.152	−0.0131	−0.0601
		[−0.5383]	[0.0348]	[0.6965]	[0.9229]	[−0.0840]	[−0.3956]
	fdi	0.128**	0.135***	−0.0117	0.00537	0.00319	−0.000235
		[3.2251]	[3.4196]	[−0.6316]	[0.2719]	[0.1386]	[−0.0107]
	gov	0.0918	0.0781	0.00511	−0.00896	0.0455	0.0246
		[0.6633]	[0.5703]	[0.0945]	[−0.1516]	[0.5312]	[0.2935]
间接效应	sa	0.814*		0.680***		−0.011	
		[2.3000]		[4.8360]		[−0.0884]	
	da		0.119**		0.0335*		0.0429
			[3.0687]		[1.9713]		[1.1052]
	lab	0.423***	0.462***	0.354***	0.241**	0.221	0.287*
		[3.4971]	[3.7920]	[4.5744]	[2.9245]	[1.8279]	[2.5105]
	salary	−0.495	−0.293	0.0542	0.0939	−0.0382	−0.0828
		[−1.5592]	[−0.9941]	[0.3582]	[0.5716]	[−0.2497]	[−0.5545]
	fdi	0.154***	0.159***	−0.0138	0.00357	0.00831	0.00404
		[3.9875]	[4.1480]	[−0.7441]	[0.1811]	[0.3689]	[0.1893]
	gov	0.0455	0.0356	0.00108	−0.0136	−0.0127	−0.0318
		[0.3263]	[0.2585]	[0.0197]	[−0.2260]	[−0.1474]	[−0.3782]
N		1616	1616	1664	1664	896	896
R-sq		0.1932	0.3291	0.2501	0.2723	0.0667	0.0151

注:根据 STATA 测算结果整理,*、**、***分别表示 10%、5%、1%的水平上显著。

第二节　生产性服务业集聚对经济增长质量影响的实证分析

上文从空间角度检验了生产性服务业集聚对经济高质量发展的空间溢出效应,但生产性服务业集聚对经济高质量发展不同维度的影响差异究竟如何？本节将针对生产性服务业集聚对经济增长质量的影响进行具体分析,探讨生产性服务业集聚究竟是通过促进经济效率还是通过形成产业关联而成为经济增长的稳定器。

一、数据来源和变量选择

选取 2003—2018 年 261 个地级及以上城市的面板数据为研究样本,其中经济增长质量发展指数和生产性服务业集聚等数据源自《中国统计年鉴》《中国城市统计年鉴》,以及各地区统计局网站,少量缺失数据采用插值法和平滑法进行补充。

被解释变量为经济增长质量(jjzz)、经济成果与效率(cgxl)和经济稳定性(jjwd),根据分维度测度结果获得,具体测度步骤在第四章有详细说明,此处不再赘述。解释变量为生产性服务业专业化集聚(sa)和多样化集聚(da),数据源于第四章的测度结果。

控制变量包括:

就业规模(lab):使用"城镇单位就业人员"与"私营和个体就业人员"之和取对数作为人力资本的代理变量;

平均职工工资(salary):使用当地职工平均工资表示,并作对数处理;

政府干预(gov):采用人均公共预算支出作为政府干预的代理变量,并取对数;

外商直接投资(fdi):使用外商直接投资数表示,以当年汇率进行换算,作对数处理,为剔除价格变动因素以 2003 年为基期进行平减。

表 5-12 为各变量的描述性统计。

表 5-12　　　　　　　　经济增长质量分维度描述性统计

变量	样本数	均值	方差	标准差	最大值	最小值
jjzz	4176	0.711	0.019	0.139	2.096	0.169
cgxl	4176	0.088	0.018	0.135	1.461	0.003
jjwd	4176	0.623	0.000	0.021	0.851	0.131
sa	4176	0.758	0.080	0.283	2.118	0.080
da	4176	5.060	4.610	2.147	16.317	0.580
lab	4176	3.479	1.022	1.011	7.455	0.932
salary	4176	10.411	0.349	0.591	13.265	7.586
fdi	4176	10.914	4.258	2.063	16.833	2.583
gov	4176	8.554	0.902	0.950	14.159	4.756

注:根据 STATA 测算结果整理。

二、实证分析

回归结果汇总于表 5-13,可以看出生产性服务业专业化和多样化集聚对本地和邻近地区经济增长质量产生正向促进作用,专业化集聚的作用效果更为明显。具体来说,本地的专业化集聚水平提高 1 个单位,会使本地经济增长质量提高 0.0205,而邻近地区的经济增长质量提高 0.657;多样化集聚每提高 1 个单位,本地的经济增长质量提高 0.00196,而对邻近地区的促进作用为 0.0785,说明生产性服务业集聚对当地和邻近地区的经济增长质量具有显著的促进作用。从分项指标看,生产性服务业集聚对经济成果与效率具有显著促进作用,且表现为正向的空间溢出效应,而对经济稳定性并没有显著影响。生产性服务业集聚能够有效提高资源要素的利用率,使得劳动力、资本等要素得到更高效利用,促进生产效率提升,进而实现整体效率水平的增进。其他控制变量与上一节的结果基本一致,在此不再赘述。

表 5-13 生产性服务业集聚对经济增长质量空间回归结果

		jjzz		cgxl		jjwd	
		(1)	(2)	(3)	(4)	(5)	(6)
直接效应	sa	0.0205**		0.0222***		−0.00117	
		[3.0934]		[3.5310]		[−0.5146]	
	da		0.00196*		0.00211**		−0.0000955
			[2.3876]		[2.7116]		[−0.3432]
	lab	0.0495***	0.0490***	0.0388***	0.0382***	0.0110***	0.0110***
		[12.7983]	[12.6114]	[10.5907]	[10.3946]	[8.2021]	[8.1969]
	salary	0.0382***	0.0373***	0.0407***	0.0397***	0.00262	0.00257
		[5.5072]	[5.3795]	[6.2052]	[6.0488]	[1.0977]	[1.0756]
	fdi	0.00141	0.00139	0.00191*	0.00189*	−0.000494	−0.000489
		[1.4430]	[1.4200]	[2.0727]	[2.0502]	[−1.4707]	[−1.4533]
	gov	−0.00532*	−0.00501	−0.00680**	−0.00645**	0.0014	0.00137
		[−2.0525]	[−1.9253]	[−2.7699]	[−2.6179]	[1.5735]	[1.5433]

续表

		jjzz		cgxl		jjwd	
		(1)	(2)	(3)	(4)	(5)	(6)
间接效应	sa	0.657***		0.758***		−0.00498	
		[4.0654]		[4.0013]		[−0.2539]	
	da		0.0785***		0.0923***		−0.00178
			[3.7148]		[3.7600]		[−0.6960]
	lab	0.499***	0.513***	0.574***	0.590***	−0.00643	−0.00827
		[5.8293]	[5.6269]	[5.4663]	[5.3305]	[−0.7819]	[−0.9751]
	salary	−0.261*	−0.201	−0.252	−0.181	−0.0195	−0.0194
		[−2.0129]	[−1.5431]	[−1.7885]	[−1.2928]	[−1.0263]	[−1.0350]
	fdi	0.0417**	0.0544**	0.0398*	0.0536**	0.00343	0.00334
		[2.5884]	[3.1061]	[2.2747]	[2.8341]	[1.4552]	[1.4338]
	gov	−0.0356	−0.0192	−0.0737	−0.0542	0.0167*	0.0160*
		[−0.7381]	[−0.3800]	[−1.3716]	[−0.9797]	[2.2065]	[2.0980]
N		4176	4176	4176	4176	4176	4176
R-sq		0.1908	0.3661	0.1005	0.2919	0.0280	0.0274

注:根据 STATA 测算结果整理, *、**、***分别表示10%、5%、1%的水平上显著。

三、稳健性分析

为验证结果是否具有稳健性,采用邻近空间矩阵、经济距离矩阵和经济地理嵌套矩阵进行检验,由于篇幅限制,本节仅报告经济地理嵌套矩阵的回归结果并将其汇总于表5-14。由表5-14可知,专业化和多样化集聚的回归系数和显著性均无明显变化,说明结论具有可信度。

表5-14　　　生产性服务业集聚对经济增长质量影响的稳健性检验

		jjzz		cgxl		jjwd	
		(1)	(2)	(3)	(4)	(5)	(6)
直接效应	sa	0.0157*		0.0172**		−0.00141	
		[2.3386]		[2.6984]		[−0.6228]	

		jjzz		cgxl		jjwd	
		(1)	(2)	(3)	(4)	(5)	(6)
直接效应	da		0.0013*		0.00144*		−0.000144
			[1.5673]		[1.8472]		[−0.5199]
	lab	0.0541***	0.0539***	0.0426***	0.0424***	0.0115***	0.0115***
		[13.9103]	[13.7756]	[11.5228]	[11.4963]	[8.7919]	[8.7696]
	salary	0.0411***	0.0400***	0.0434***	0.0422***	0.00248	0.00242
		[−5.7885]	[−5.6385]	[−6.4391]	[−6.2979]	[1.0409]	[1.0171]
	fdi	0.00158	0.00149	0.00209*	0.00199*	−0.000508	−0.000505
		[1.5884]	[1.4941]	[2.2132]	[2.1058]	[−1.5143]	[−1.5045]
	gov	−0.0047	−0.00458	−0.00632*	−0.00616*	0.00163	0.00161
		[−1.7976]	[−1.7458]	[−2.5454]	[−2.4893]	[1.8496]	[1.8275]
间接效应	sa	0.109***		0.109***		−0.0000973	
		[5.8844]		[6.1468]		[−0.0163]	
	da		0.0146***		0.0148***		−0.000119
			[6.3615]		[6.9058]		[−0.1635]
	lab	0.0782***	0.0785***	0.0823***	0.0840***	−0.00433	−0.00446
		[6.9777]	[6.9232]	[7.6907]	[7.9429]	[−1.2210]	[−1.2541]
	salary	−0.0123	0.00567	−0.0116	0.00519	−0.000085	−0.00039
		[−0.5428]	[0.2476]	[−0.5334]	[0.2424]	[−0.0117]	[−0.0532]
	fdi	0.00179	0.00263	0.00018	0.00144	0.00157	0.00157
		[0.5194]	[0.7568]	[0.0548]	[0.4427]	[1.4292]	[1.4304]
	gov	0.00471	0.0056	0.00297	0.00422	0.00157	0.00155
		[0.7630]	[0.8971]	[0.5034]	[0.7240]	[0.7940]	[0.7873]
N		4176	4176	4176	4176	4176	4176
R-sq		0.3989	0.4052	0.3088	0.3130	0.0283	0.0280

注:根据 STATA 测算结果整理,*、**、***分别表示 10%、5%、1%的水平上显著。

第三节　生产性服务业集聚对产业结构升级影响的实证分析

中国经济正在从工业化中后期向后工业化阶段全面过渡,中国产业"进口引致型出口"模式导致我国制造业长期局限于以国际代工为主的低端制造,这种依靠人力成本优势的发展模式不可持续。高附加值环节被发达国家的国际买家控制,使得我国产业发展受限,产业链升级困难重重。作为制造业的重要支撑,生产性服务业能否促进制造业产业结构升级,对于我国产业结构能否从劳动密集型为主向技术密集型为主转变起到至关重要的作用。因此,本节对生产性服务业集聚对经济高质量发展的产业结构升级的影响进行讨论,以验证前文的研究假设。为与前文的研究假设相对应,本节从产业结构升级的两层含义分别进行检验,包括生产性服务业集聚对整体产业结构升级的作用以及对制造业产业结构升级的影响。

一、生产性服务业集聚对产业结构升级的空间效应分析

(一)数据来源和变量选择

选取 2003—2018 年 261 个地级及以上城市的面板数据为研究样本,被解释变量为产业结构高质量发展指数(jgyh)以及其分项指标产业结构(cyjg)和产业协调(cyxt)。核心解释变量包含生产性服务业专业化集聚(sa)和多样化集聚(da),变量的测算步骤参见第四章。

控制变量包含:

经济发展水平(pgdp):地区产业结构会随着经济发展水平提升而呈现由低级向高级的转变,采用人均 GDP 取对数反映经济发展水平;

就业规模(lab):使用"城镇单位就业人员"与"私营和个体就业人员"之和取对数作为人力资本的代理变量;

投资规模(inv):扩大投资规模和优化投资结构能够促进产业结构调整升级,本文采用全社会固定资产投资来表示;

政府干预(gov):政府的政策制度安排会对产业结构优化升级进程产生影响,使用人均公共预算支出作为政府干预的代理变量,作对数处理。

表 5-15 为各变量的描述性统计。

表 5-15　　　　　　　　　　　　产业结构升级各变量的描述性统计

变量	观测值	均值	方差	标准差	最大值	最小值
jgyh	4176	0.310	0.018	0.134	1.022	−3.381
cyjg	4176	0.267	0.016	0.126	0.339	−4.349
cyxt	4176	−3.585	1.358	1.165	0.359	−7.629
sa	4176	0.758	0.080	0.283	2.118	0.080
da	4176	5.060	4.610	2.147	16.317	0.580
pgdp	4176	10.533	0.580	0.762	15.675	7.841
lab	4176	3.479	1.022	1.011	7.455	0.932
inv	4176	15.353	1.349	1.161	18.641	11.776
gov	4176	8.554	0.902	0.950	14.159	4.756

注：根据 STATA 软件整理。

（二）实证检验

表 5-16 汇总了生产性服务业集聚对产业结构高质量发展指数（jgyh）以及其分项指标产业结构（cyjg）和产业协调（cyxt）的影响。总体而言，生产性服务业集聚并未对本地产业结构高质量发展起到显著的促进作用。从分项指标的回归结果看，表现为生产性服务业专业化集聚有利于本地的产业结构高级化与合理化，但多样化集聚对其影响并不显著。生产性服务业专业化和多样化集聚对本地的产业协调产生了显著的抑制作用，即生产性服务业集聚会加剧不同产业生产率差异，主要原因可能是我国生产性服务业的主要服务对象仍为制造业，虽然农业和服务业主体有生产性服务外包的需求，如农业规模化生产所引致的对金融、保险或销售服务的需求等，但由于服务可及性较差及生产性服务产品提供者出于"趋利性"，更倾向于将服务提供给回报率更高的工业部门，不同产业间生产率差异加剧，进而不利于产业协同发展。从空间角度分析，邻近地区的生产性服务业专业化集聚有利于产业结构高质量发展，说明邻近地区的生产性服务业集聚具有正向的溢出效应。

表 5-16　　　　　生产性服务业集聚对产业结构高质量发展指数的
直接和间接效应分解

		jgyh		cyjg		cyxt	
		(1)	(2)	(3)	(4)	(5)	(6)
直接效应	sa	−0.0207		0.0262*		−0.195***	
		[−1.8901]		[2.1808]		[−8.6435]	
	da		0.000564		0.000657		−0.0199***
			[0.4178]		[0.4454]		[−7.1037]
	pgdp	0.00195	0.00138	0.00546	0.00507	0.196***	0.191***
		[0.2873]	[0.2029]	[0.7314]	[0.6784]	[13.9351]	[13.5534]
	lab	0.0122	0.0139*	−0.00549	−0.0031	0.219***	0.220***
		[1.9016]	[2.1567]	[−0.7818]	[−0.4406]	[16.5540]	[16.5281]
	inv	−0.0181***	−0.0187***	−0.00143	−0.00175	0.0962***	0.0967***
		[−3.3517]	[−3.4656]	[−0.2414]	[−0.2954]	[8.6798]	[8.6925]
	gov	−0.00858*	−0.00866*	−0.00436	−0.0047	−0.0587***	−0.0602***
		[−1.9782]	[−1.9914]	[−0.9152]	[−0.9849]	[−6.5537]	[−6.6868]
间接效应	sa	0.437***		0.258*		1.091**	
		[3.6740]		[2.3579]		[2.8481]	
	da		0.0264		0.00151		0.0865
			[1.7054]		[0.1032]		[1.7479]
	pgdp	−0.0501	−0.046	−0.0744	−0.0735	0.381	0.405
		[−0.6931]	[−0.6304]	[−1.0737]	[−1.0638]	[1.6125]	[1.7395]
	lab	0.221***	0.176***	0.0471	0.00155	0.859***	0.792***
		[4.4626]	[3.6106]	[1.0490]	[0.0342]	[4.8173]	[4.6322]
	inv	0.0429	0.0471	0.0239	0.0248	0.540***	0.535***
		[1.2983]	[1.4075]	[0.7537]	[0.7815]	[4.1378]	[4.1703]
	gov	−0.0674	−0.0504	−0.0372	−0.0287	−0.262	−0.249
		[−1.3373]	[−1.0001]	[−0.7713]	[−0.5989]	[−1.5341]	[−1.4870]
N		4176	4176	4176	4176	4176	4176
R-sq		0.0006	0.0071	0.0005	0.0006	0.59	0.5948

注:根据 STATA 测算结果整理,*、**、***分别表示 10%、5%、1% 的水平上显著。

二、生产性服务业集聚对制造业产业结构升级的影响

根据第二章的理论分析,产业结构优化还包含了制造业产业结构升级,事实上制造业产业结构升级是一个动态过程。因此,与以往研究多关注结果不同,本节尝试从动态的角度探讨生产性服务业集聚对高、中端制造业的不同影响。

(一)数据来源与变量选取

数据主要源于《中国统计年鉴》《中国工业经济统计年鉴》《中国城市统计年鉴》,以及各地区统计局网站,由于《中国工业经济统计年鉴》仅统计各省份分行业数据,因此本节对省域层面数据进行分析。由于《中国工业经济统计年鉴》未公布2004年、2017年和2018年的数据,为保持数据的连贯性,本节选择的研究时段为2006—2016年的11年。专业化和多样化集聚指数是将城市层面各行业就业人口在省域层面加总后测算得到的,控制变量指标数据源自《中国教育统计年鉴》《中国科技统计年鉴》,其中少量缺失数据采用插值法和平滑法进行补充。

参考傅元海(2014)的做法对高端制造业行业和中端制造业行业进行分类,其中高端制造业行业包括"通用设备制造业""交通运输制造业""专用设备制造业""电气机械及器材制造业""通信电子制造业""仪器仪表及文化办公机械制造业";中端制造业行业包含"石油加工、炼焦及核燃料加工制造业""黑色金属冶炼制造业""有色金属冶炼及压延制造业""金属制品制造业""非金属矿物制造业"。

某一地区制造业产业结构升级水平较高,代表该地区制造业结构中拥有较高技术创新能力的行业与其他行业相比具有更强的生命力和发展速度,因而该地区制造业在高技术行业带动下具有较强的产业结构升级能力。本节从这一动态角度分析制造业产业结构升级,因此被解释变量为高中端制造业行业工业增加值差异(ygap),为验证结果是否具有稳健性,选取了高中端制造业行业主营业务收入差异(incgap)以及高中端制造业行业全年平均从业人数差异(labgap)作为被解释变量,主要计算方法见表5-17。

表 5-17　　　　　制造业产业结构升级代理变量计算方法

解释变量	计算方法
ygap	高端制造业工业增加值/中端制造业工业增加值
incgap	高端制造业主营业务收入/中端制造业主营业务收入
labgap	高端制造业全年平均从业人数/中端制造业全年平均从业人数

核心解释变量包含生产性服务业专业化集聚(sa)和生产性服务业多样化集聚(da),集聚水平的测算采用区位商方法,以生产性服务业就业人数在省级层面加总。

控制变量包含:

技术创新(tr):采用当年的专利授权数取对数表示,数据来源于《中国科技统计年鉴》;

人力资本(edu):采用当年人均受教育年限取对数表示,具体公式为人均受教育年限=(当年大专及以上文化程度人数×16+当年高中文化程度人数×12+当年初中文化程度人数×9+当年小学文化程度人数×6)/当年劳动力总人数,数据来源于历年《中国教育统计年鉴》;

外商直接投资(fdi):实际利用外商直接投资额取对数表示,数据来自《中国统计年鉴》;

城镇化率(urb):采用各省份历年的城镇化率表述,数据来源于《中国统计年鉴》。

表 5-18 为制造业产业结构升级各变量描述性统计。

表 5-18 　　　　　　　　制造业产业结构升级各变量描述性统计

变量	观测值	均值	方差	标准差	最大值	最小值
ygap	330	−0.299	1.339	1.157	2.045	−3.104
incgap	330	−0.445	1.277	1.130	1.856	−3.645
labgap	330	−0.013	0.956	0.978	1.630	−3.153
sa	330	−0.047	0.058	0.241	0.808	−0.441
da	330	1.665	0.064	0.253	2.597	1.270
tr	330	9.217	2.481	1.575	12.506	4.575
fdi	330	12.562	2.554	1.598	15.090	7.310
edu	330	2.163	0.012	0.108	2.510	1.886
urb	330	0.529	0.019	0.138	0.896	0.275

注:根据 STATA 测算结果整理。

(二)实证分析

生产性服务业集聚对制造业产业结构升级影响的回归结果汇总于表 5-19。主要解释变量的回归结果显示,生产性服务业专业化和多样化集聚能显著增加本地高中端制造业行业的工业增加值差异,即相较于中端制造业行业而言,生产性服务业集聚对高端制造业行业工业增加值的促进作用更为明显,说明生产性服务业集聚能够通过其高技术和高附加值促进高端制造业发展而实现制造业内部的产业升级。具体来说,当专业化集聚增加1个单位时,高端制造业行业相较于中端制造业行业工业增加值水平增加0.234;当多样化集聚增加1个单位时,高端制造业行业相较于中端制造业行业工业增加值水平将增加0.227。当被解释变量替换为高中端制造业行业主营业务收入差异和高中端制造业行业全年平均从业人数差异时,结果仍然稳健,说明结果具有可信度。

控制变量的回归结果显示,外商直接投资增加高中端制造业的行业间差异,这有可能是因为外商直接投资通常瞄准获利能力较强和创新性较强的高端制造业行业,而中端制造业行业的技术创新能力有限,导致了不同行业间差异的进一步增大。人力资本和城镇化率虽然为负,但并不显著,这可能与样本范围有关。从制造业产业结构升级角度分析,生产性服务业专业化和多样化集聚均显著促进制造业中拥有较高技术创新能力的行业增长,与中端制造业行业相比,其具有更强的生命力和更快的发展速度,从而验证了前文的理论分析。从空间角度看,生产性服务业集聚对工业增加值和主营收入的影响均未通过10%的显著性,说明生产性服务业集聚尽管在一定程度上推进本地区制造业产业结构升级,却未对邻近地区产生明显的空间外溢效应。这也在一定程度上说明我国的生产性服务业在空间上并未形成较强的产业关联,生产性服务业集聚对制造业产业结构升级的影响作用有限,未能形成区域辐射能力。

表5-19　　　生产性服务业集聚对制造业产业结构升级的空间效应分解

		ygap		incgap		labgap	
		(1)	(2)	(3)	(4)	(5)	(6)
直接效应	sa	0.234*		0.155*		0.237*	
		[1.9887]		[1.4053]		[2.1992]	
	da		0.227*		0.203*		0.300**
			[2.0024]		[1.9051]		[3.0024]
	tr	0.0525	0.051	0.0344	0.0273	0.181***	0.166***
		[0.9835]	[0.9547]	[0.6702]	[0.5304]	[3.9962]	[3.6681]
	fdi	0.0765**	0.0699*	0.105***	0.0948***	0.166***	0.145***
		[2.8542]	[2.5750]	[4.0840]	[3.6677]	[6.8983]	[5.9853]
	edu	−0.554	−0.522	−0.885	−0.898	−1.597**	−1.486**
		[−0.9396]	[−0.8922]	[−1.5859]	[−1.6230]	[−3.0244]	[−2.8642]
	urb	−0.109	−0.0875	−0.447	−0.403	−0.925**	−0.852**
		[−0.2945]	[−0.2390]	[−1.2600]	[−1.1398]	[−3.1560]	[−2.9142]

续表

		ygap		incgap		labgap	
		(1)	(2)	(3)	(4)	(5)	(6)
间接效应	sa	0.283		0.0118		−2.453**	
		[0.6404]		[0.0313]		[−2.8630]	
	da		0.543		−0.103		−2.095**
			[1.3470]		[−0.3086]		[−2.9187]
	tr	0.534**	0.558**	0.679***	0.659***	1.368***	1.208***
		[2.8957]	[2.9596]	[4.2982]	[4.1823]	[3.9687]	[3.7382]
	fdi	0.177	0.199	0.319***	0.289**	0.608**	0.435*
		[1.7091]	[1.8079]	[3.3957]	[3.0293]	[2.9598]	[2.2860]
	edu	−2.862	−2.42	−1.403	−1.364	−3.977	−3.686
		[−1.3111]	[−1.1087]	[−0.7628]	[−0.7558]	[−1.0652]	[−1.0425]
	urb	1.843	1.784	0.43	0.353	−1.052	−0.654
		[1.6170]	[1.5668]	[0.4443]	[0.3725]	[−0.6363]	[−0.4156]
N		330	330	330	330	330	330
R-sq		0.2706	0.2546	0.233	0.2143	0.1398	0.1089

注:根据 STATA 测算结果整理,*、**、***分别表示 10%、5%、1%的水平上显著。

第四节　生产性服务业集聚对节能减排影响的实证分析

　　我国在早期工业化阶段,过度依赖非清洁能源和单向的废旧物资处理模式,粗放式发展的重化工业严重损害了自然环境。基于第二章的理论分析,生产性服务业集聚主要通过技术、规模效应促进了城市节能减排,但由于我国专业化和多样化集聚程度较低,生产性服务业集聚能否真正有效发挥其技术和规模效应从而促进城市的节能减排需要验证。此外,生产性服务业集聚与制造业集聚呈现出分离态势,生产性服务业集聚能否通过技术嵌入和空间溢出促进制造业企业的高效能源利用和清洁生产值得探究。本节将对生产性服务业集聚对节能减排的影响进行实证检验,以验证生产性服务业集聚与节能减排这两大"主旋律"能否实现相向而行、相得益彰的经济政策效果。

一、模型构建

根据第二章的研究假设和本章第一节的基准模型,参考郭然和原毅军(2019)验证生产性服务业集聚对节能减排影响的模型构建如下:

$$\text{jnjp}_{it} = \alpha_1 \text{sa}_{it} + \alpha_2 \text{control}_{it} + \varepsilon_{it} \tag{5-12}$$

$$\text{jnjp}_{it} = \beta_1 \text{da}_{it} + \beta_2 \text{control}_{it} + \varepsilon_{it} \tag{5-13}$$

事实上,相较于现代服务业,传统制造业具有资源消耗较多和污染物排放量较大的特征,在研究生产性服务业集聚的节能减排效果时必须考虑其对制造业的节能减排影响以及生产性服务业集聚是否对制造业的污染物排放具有调节作用,因此构建了模型(5-14)和模型(5-15),引入了生产性服务业集聚与制造业集聚的交互项($\text{indagg}_{it} \times \text{sa}_{it} / \text{da}_{it}$):

$$\text{jnjp}_{it} = \gamma_1 \text{indagg}_{it} + \gamma_2 \text{control}_{it} + \varepsilon_{it} \tag{5-14}$$

$$\text{jnjp}_{it} = \delta_1 \text{indagg}_{it} \times \text{sa}_{it} / \text{da}_{it} + \delta_2 \text{control}_{it} + \varepsilon_{it} \tag{5-15}$$

本节选取个体时间双固定的空间杜宾模型,模型选择过程与第一节一致,在此不再赘述,具体模型如下:

$$Y_{it} = \lambda W_{ij} Y_{it} + \beta X_{it} + \theta \sum_{j=1}^{n} W_{ij} X_{jt} + \alpha_i + \varphi_t + \varepsilon_{it} \tag{5-16}$$

式(5-16)中,W_{ij} 代表空间权重矩阵;Y_{it} 代表城市 i 在第 t 年的经济高质量发展水平;X_{it} 代表解释变量;α_i 代表个体固定效应;φ_t 代表时间固定效应;ε_{it} 代表误差项。

二、数据来源与变量选取

选取 2003—2018 年 261 个地级及以上城市的面板数据为研究样本,被解释变量为节能减排高质量发展指数(jnjp),此外,还包括节能减排维度中的两个分项指标能源消耗(nyxh)和环境污染(hjwr)。由于在第四章测算经济高质量发展指数时已对逆向指标进行了归一化处理,此处的被解释变量具有正向的意思。若核心解释变量的符号为正,则说明集聚对节能减排具有正向的作用;反之,起到负向作用。核心解释变量包含生产性服务业专业化集聚(sa)和生产性服务业多样化集聚(da),变量的测算步骤详见第四章。

为分析生产性服务业集聚是否能有效促进制造业进行节能减排,本节引入制造业集聚水平(indagg),采用区位商方法进行测算:

$$\text{indagg}_{is} = \frac{x_{is} / \sum_i x_{is}}{\sum_s x_{is} / \sum_i \sum_s x_{is}} \tag{5-17}$$

其中,indagg_{is} 为城市 i 制造业区位熵;x_{is} 为 i 城市的制造业产业增加值;$\sum_i x_{is}$

为城市 i 地区生产总值；$\sum_s x_{is}$ 为全国制造业增加值；$\sum_i \sum_s x_{is}$ 为国内生产总值。

控制变量包括：

就业规模(lab)：使用"城镇单位就业人员"与"私营和个体就业人员"之和取对数作为人力资本的代理变量；

平均职工工资(salary)：使用当地职工平均工资作代表并取对数；

政府干预(gov)：采用人均公共预算支出作为政府干预的代理变量并取对数；

投资规模(inv)：扩大投资规模和优化投资结构能够高效促进产业结构调整升级,本节采用全社会固定资产投资来表示；

外商直接投资(fdi)：使用外商直接投资数表示,以当年汇率进行换算并取对数,为剔除价格变动因素影响以 2003 年为基期进行平减。

表 5-20 为各变量的描述性统计。

表 5-20　　　　　　　　节能减排高质量发展变量描述性统计

变量	观测值	均值	方差	标准差	最大值	最小值
jnjp	4176	1.071	0.004	0.062	1.140	0.368
nyxh	4176	0.255	0.000	0.020	0.286	0.099
hjwr	4176	0.816	0.003	0.051	0.855	0.128
sa	4176	0.758	0.080	0.283	2.118	0.080
da	4176	5.060	4.610	2.147	16.317	0.580
indagg	4176	0.904	0.224	0.473	2.813	0.016
lab	4176	3.479	1.022	1.011	7.455	0.932
salary	4176	10.411	0.349	0.591	13.265	7.586
inv	4176	15.353	1.349	1.161	18.641	11.776
fdi	4176	10.914	4.258	2.063	16.833	2.583
gov	4176	8.554	0.902	0.950	14.159	4.756

注：根据 STATA 测算结果整理。

三、实证分析

表 5-21 汇总了生产性服务业集聚对节能减排影响的回归结果。"(1)"和"(2)"的回归系数显示,生产性服务业专业化和多样化集聚均能显著促进本地区的节能减排,系数分别为 0.00958 和 0.00138,说明生产性服务业在城市集聚有助于能源利用效率的提升,降低环境污染,印证了本节的理论假设。由回归结果"(3)"可知,制造业集聚对地区的节能减排起到负向作用,即地区制造业企业的集聚使得

污染物排放量增加。"(4)"和"(5)"引入交叉项后,专业化和多样化集聚对于制造业的节能减排效果并没有体现,说明生产性服务业集聚确实具有低能耗和低资源依赖特点,但其并未有效发挥对制造业节能减排的作用。可能的原因是专业化集聚程度较高的行业如金融业和信息传输业,它们虽然属于高端生产性服务业,但对制造业特别是高耗能、高污染的制造业支持较弱。且制造业企业对于高端生产性服务的需求更多是为了提高生产效率,获得更大的市场和更多的利润,而对于绿色生产方式的改造、绿色技术的应用则相对较少。不仅如此,技术创新能力较强的科学研究,其专业化集聚程度较低,且现阶段技术创新或新专利的科技成果转化率较低,加之一些高耗能、高污染的行业通常是资本密集型企业,企业退出成本或技术更新代价较高,这在一定程度上使得节能减排目标在这些企业中难以实现。而多样化集聚呈现的"高端低集聚、低端高集聚"使得高端知识和技术的中间投入供给有限,国际代工模式和服务业 FDI 加剧了我国高端制造业"低端锁定",从而难以发挥产业结构升级的减排效应。此外,生产性服务业与制造业的地理分离增加了制造业运用环保技术和第三方服务的成本,使得生产性服务业集聚对于制造业节能减排难以发挥效应。

从空间上看,仅有生产性服务业多样化集聚对邻近地区节能减排起到了促进作用,专业化集聚的空间溢出效应并不显著。可能的原因是多样化集聚水平较高的区域通常具有良好的经济发展基础,环境规制力度较大,各地方政府的"逐底竞争"使得地区之间形成了"示范—模仿"效应,生产性服务业多产业共聚显著抑制周边地区的污染物排放,能够有效发挥生产性服务业低污染、低能耗的产业优势。总体来说,生产性服务业集聚对节能减排高质量发展的作用相对较弱,主要原因是:一方面,生产性服务业集聚对制造业的支撑力度不足,高端生产性服务业发展滞后,未能实现其技术与制造业生产的有效衔接;另一方面,在一些大城市,生产性服务业与制造业之间存在一定的竞争关系,使得制造业没有动力考虑节能减排,反而扩大生产规模以抢占资源,从而不利于资源的集约有效利用。

表5-21　　　　　　　　生产性服务业集聚对节能减排的空间效应分解

		jnjp				
		(1)	(2)	(3)	(4)	(5)
直接效应	sa	0.00958*				
		[2.3901]				
	da		0.00138**			
			[2.6928]			
	indagg			−0.0108***	−0.0111**	−0.0134***
				[−3.5509]	[−3.0585]	[−3.7655]

续表

		jnjp				
		(1)	(2)	(3)	(4)	(5)
直接效应	sa×indagg				−0.000203	
					[−0.0454]	
	da×indagg					0.000767
						[1.4352]
	lab	−0.00816***	−0.00755***	−0.00715**	−0.00679**	−0.00623**
		[−3.5641]	[−3.3043]	[−3.2060]	[−3.0113]	[−2.7554]
	salary	0.0186***	0.0188***	0.0165***	0.0159***	0.0159***
		[4.5107]	[4.5633]	[3.9560]	[3.8383]	[3.8271]
	inv	0.0195***	0.0195***	0.0195***	0.0194***	0.0197***
		[10.4570]	[10.5066]	[10.4878]	[10.3485]	[10.5356]
	fdi	0.00104	0.000997	0.00112	0.00118*	0.00113
		[1.8071]	[1.7357]	[1.9594]	[1.9705]	[1.8840]
	gov	0.0015	0.00176	0.00157	0.00147	0.0014
		[0.8854]	[1.0364]	[0.9371]	[0.8484]	[0.8093]
间接效应	sa	0.237				
		[0.9149]				
	da		0.101*			
			[2.5383]			
	indagg			−0.904***	−0.829**	−1.026***
				[−3.4650]	[−3.1509]	[−3.4011]
	sa×indagg				−0.263	
					[−0.9204]	
	da×indagg					0.0366
						[1.1087]
	lab	−0.523***	−0.400**	−0.346**	−0.364**	−0.299**
		[−3.3518]	[−2.9778]	[−3.1424]	[−3.0519]	[−2.6592]

续表

		jnjp				
		(1)	(2)	(3)	(4)	(5)
间接效应	salary	0.418	0.363	−0.037	−0.0378	−0.0707
		[1.7515]	[1.6233]	[−0.1693]	[−0.1795]	[−0.3369]
	inv	0.0956	0.114	0.1	0.0978	0.11
		[1.5953]	[1.9098]	[1.8282]	[1.6472]	[1.8319]
	fdi	−0.042	−0.0415	−0.0385	−0.0332	−0.0402
		[−1.3981]	[−1.4560]	[−1.4707]	[−1.2205]	[−1.4804]
	gov	0.231*	0.251*	0.225*	0.224*	0.224*
		[2.0313]	[2.2218]	[2.1933]	[2.1530]	[2.1704]
N		4176	4176	4176	4176	4176
R-sq		0.3649	0.3662	0.3219	0.321	0.3261

注:根据 STATA 测算结果整理,*、**、***分别表示 10%、5%、1%的水平上显著。

为进一步探究生产性服务业集聚对节能减排的影响,对能源消耗分项和环境污染分项进行了检验(表 5-22),发现生产性服务业专业化和多样化集聚虽然对节能减排的作用并不明显,但促进了能源利用效率的提高。主要的原因可能是污染物排放仍以工业制造业企业特别是资本和劳动力密集度高的企业为主,而生产性服务业中的环保企业和第三方污染治理企业相对较少,由于早期的污染治理难度大、投入高,社会资本往往因为门槛较高和投资回报周期长而不愿进入,相关企业多由政府牵头或国企控股,企业数量有限,吸纳技术人才能力不佳,进而导致技术创新更加困难,阻碍规模效应的发挥,未能起到节能减排效果。

表 5-22　　生产性服务业集聚对节能减排分项指标的空间效应分解

		nyxh		hjwr	
		(1)	(2)	(3)	(4)
直接效应	sa	0.00341**		0.00711	
		[2.9094]		[1.8900]	
	da		0.000766***		0.000704
			[5.0382]		[1.4758]
	lab	−0.000405	−0.000075	−0.00761***	−0.00737***
		[−0.7174]	[−0.1319]	[−3.5167]	[−3.4058]

		nyxh		hjwr	
		(1)	(2)	(3)	(4)
直接效应	salary	0.00349**	0.00368**	0.0163***	0.0165***
		[2.9371]	[3.0553]	[4.1714]	[4.2082]
	inv	0.00412***	0.00403***	0.0157***	0.0158***
		[8.6437]	[8.5076]	[8.8362]	[8.9269]
	fdi	−0.000134	−0.000112	0.00121*	0.00116*
		[−0.9131]	[−0.7649]	[2.2175]	[2.1273]
	gov	−0.00200***	−0.00189***	0.00297	0.00316*
		[−4.3749]	[−4.2064]	[1.8504]	[1.9650]
间接效应	sa	0.468**		0.0064	
		[2.6408]		[0.0317]	
	da		0.0615**		0.0614*
			[2.6509]		[2.1000]
	lab	−0.0576	−0.0403	−0.420***	−0.327**
		[−1.1147]	[−0.7753]	[−3.4572]	[−3.0627]
	salary	0.617**	0.657**	0.088	0.0322
		[3.1261]	[3.2078]	[0.4969]	[0.1898]
	inv	0.149**	0.150**	0.0178	0.0355
		[3.1181]	[3.1288]	[0.3962]	[0.8012]
	fdi	0.00336	0.0101	−0.0385	−0.0411
		[0.2282]	[0.6941]	[−1.5986]	[−1.7658]
	gov	−0.191**	−0.170**	0.280**	0.288**
		[−2.8621]	[−2.7117]	[2.7367]	[2.8386]
N		4176	4176	4176	4176
R-sq		0.2114	0.2176	0.3207	0.3126

注:根据STATA测算结果整理,*、**、***分别表示10%、5%、1%的水平上显著。

第五节　生产性服务业集聚对民生福祉影响的实证分析

现有文献对于生产性服务业集聚对民生福祉影响研究较少,仅有少量文献对生产性服务业集聚对缩小工资收入差距影响进行了分析。本节在第二章的理论分析基础上,验证生产性服务业集聚对民生福祉的影响,从而丰富相关研究。

一、数据来源和变量选取

选取 2003—2018 年 261 个地级及以上城市的面板数据为研究样本,被解释变量为民生福祉高质量发展指数(msfz),此外,还包括民生福祉维度中的三个分项指标基础设施(jcss)、教育医疗(jyyl)和人居环境(rjhj)。核心解释变量有生产性服务业专业化集聚(sa)和生产性服务业多样化集聚(da),测算步骤参见第四章。

控制变量包括:

就业规模(lab):使用"城镇单位就业人员"与"私营和个体就业人员"之和取对数作为人力资本的代理变量;

平均职工工资(salary):使用当地职工平均工资作代表并取对数;

政府干预(gov):采用人均公共预算支出作为政府干预的代理变量并取对数;

外商直接投资(fdi):使用外商直接投资数表示,以当年汇率进行换算并取对数。

表 5-23 为各变量的描述性统计。

表 5-23　　民生福祉高质量发展各变量描述性统计

变量	观测值	均值	方差	标准差	最大值	最小值
msfz	4176	0.123	0.023	0.153	2.059	0.010
jcss	4176	0.045	0.006	0.079	1.296	0.002
jyyl	4176	0.039	0.006	0.076	1.048	0.001
rjhj	4176	0.040	0.000	0.011	0.058	0.002
sa	4176	0.758	0.080	0.283	2.118	0.080
da	4176	5.060	4.610	2.147	16.317	0.580
lab	4176	3.479	1.022	1.011	7.455	0.932
salary	4176	10.411	0.349	0.591	13.265	7.586
fdi	4176	10.914	4.258	2.063	16.833	2.583
gov	4176	8.554	0.902	0.950	14.159	4.756

注:根据 STATA 测算结果整理。

二、实证分析

表5-24汇总了生产性服务业集聚对民生福祉的空间效应分解结果。从生产性服务业集聚对民生福祉高质量发展的回归系数和显著性来看,生产性服务业集聚对民生福祉具有正向促进作用。具体而言,表5-24中"(1)"和"(2)"分别表示生产性服务业专业化和多样化集聚对民生福祉高质量发展的影响,本地专业化和多样化集聚每提高1个单位,其民生福祉高质量发展水平则分别提高0.0232和0.00221,专业化集聚对本地区的民生福祉水平影响更大。

从分项指标看,生产性服务业集聚对基础设施和教育医疗水平作用显著,但专业化集聚对人居环境影响显著为负。具体而言,生产性服务业集聚对基础设施建设在1‰的显著水平下具有促进作用,且专业化集聚的作用更加明显。主要是因为生产性服务业集聚需要相对完善的基础设施,交通运输、仓储和邮政业,租赁和商务服务业等传统行业对基础道路、交通的依赖性较强,而其行业的集聚也会进一步促进当地基础设施的建设;金融业,信息传输、软件和信息技术服务业,科学研究和技术服务业这类知识密集型行业对于网络通信、文献资源等需求较强,其集聚会诱使高技术人才在当地集中,从而进一步激发对城市基础设施的需求。当然,这些高端人才的汇聚也引致了当地对于医疗、教育、住宅和环境的高质量需求,进而引发了新的更广泛的配套设施建设。但从回归结果上看,生产性服务业专业化集聚对人居环境具有负向影响,可能是因为生产性服务业通常集聚于城市中心,城市中心土地用于商业经营时为地方政府创造的收益更大,因而其更倾向于将土地分配给生产性服务业企业使用,而不是居民住宅或者城市公共环境项目。此外,城市的民生福祉高质量发展水平具有建设周期长和见效缓慢的特性,特别是教育医疗和人居环境,相较于基础设施建设,这两个分项维度短期内很难得到迅速提升,需要长期的规划和建设,因此地方政府在规划时应该注重产业政策设置的连贯性,以及对民生福祉这类涉及经济高质量发展最终落脚点的顶层设计和长期规划。

从空间维度上看,邻近区域的生产性服务业集聚对民生福祉提升具有正向溢出作用。因为当邻近地区的生产性服务业发展较为迅速,产业规模较大时,其不仅需要本地基础设施的支撑,还需要较好的配套设施,特别是交通运输、仓储和邮政业,金融业和信息传输、软件和信息服务业这类对通达性要求较高的行业。生产性服务业集聚对教育医疗的需求也呈现出空间溢出的特征,但集聚对人居环境则无显著的空间溢出效应。

表5-24　　　　　生产性服务业集聚对民生福祉的空间效应分解

		msfz		jcss		jyyl		rjhj	
		(1)	(2)	(3)	(4)	(5)	(6)	(7)	(8)
直接效应	sa	0.0232*** [4.1262]		0.0147*** [6.0325]		0.0101** [2.6633]		-0.00180* [-2.0987]	
	da		0.00221** [3.1908]		0.00137*** [4.5265]		0.000782 [1.6736]		0.0000492 [0.4652]
	lab	0.0197*** [5.9913]	0.0192*** [5.8102]	0.00790*** [5.5394]	0.00759*** [5.2912]	0.0140*** [6.2680]	0.0136*** [6.0681]	-0.00230*** [-4.5439]	-0.00210*** [-4.1466]
	salary	-0.0268*** [-4.5595]	-0.0258*** [-4.3884]	-0.0111 [-4.3457]	-0.0104 [-4.0836]	-0.0176* [-4.4160]	-0.0172* [-4.3114]	0.00200* [2.1956]	0.00188* [2.0679]
	fdi	0.00196* [2.3701]	0.00191* [2.2998]	0.000172 [0.4767]	0.000142 [0.3935]	0.00146* [2.6013]	0.00143 [2.5393]	0.000330** [2.5958]	0.000334** [2.6172]
	gov	-0.00391 [-1.7845]	-0.00357 [-1.6217]	-0.00209* [-2.1864]	-0.00189* [-1.9756]	-0.00322* [-2.1681]	-0.00304* [-2.0470]	0.00139*** [4.1395]	0.00137*** [4.0515]

续表

		msfz		jcss		jyyl		rjhj	
		(1)	(2)	(3)	(4)	(5)	(6)	(7)	(8)
间接效应	sa	0.466***		0.225***		0.208***		0.00906	
		[4.4466]		[4.1771]		[4.1722]		[0.9390]	
	da		0.0593***		0.0278***		0.0276***		0.000573
			[4.3017]		[3.9575]		[4.1689]		[0.4562]
	lab	0.290***	0.300***	0.138***	0.142***	0.146***	0.152***	−0.00978*	−0.00990*
		[5.8887]	[5.7956]	[5.5278]	[5.3825]	[6.2332]	[6.1807]	[−2.3148]	[−2.2756]
	salary	−0.178*	−0.133	−0.180***	−0.160***	−0.0381	−0.0183	0.0234*	0.0242*
		[−2.0416]	[−1.5401]	[−3.6924]	[−3.3099]	[−0.8644]	[−0.4165]	[2.4461]	[2.5609]
	fdi	−0.00261	0.00544	−0.003	0.00113	0.0018	0.0533	−0.00178	−0.00173
		[−0.2535]	[0.5192]	[−0.5863]	[0.2163]	[0.3311]	[0.9702]	[−1.5219]	[−1.4994]
	gov	−0.0455	−0.0315	−0.0191	−0.0126	−0.0368*	−0.0304	0.0141***	0.0143***
		[−1.3477]	[−0.9109]	[−1.1427]	[−0.7295]	[−2.0590]	[−1.6714]	[3.6759]	[3.7072]
N		4176	4176	4176	4176	4176	4176	4176	4176
R-sq		0.0005	0.0358	0.0075	0.0053	0.0669	0.1767	0.2165	0.2191

注：根据 STATA 测算结果整理。*、**、***分别表示10%、5%、1%的水平上显著。

第六节　本章小结

本章主要验证了生产性服务业集聚对经济高质量发展的空间溢出影响,并依据前文的研究假设对经济高质量发展的各分维度进行了实证分析。

第一节首先进行生产性服务业集聚与经济高质量发展水平的空间相关性检验,发现两者具有显著的空间相关性,通过模型适配性检验确定采用 SDM 模型,检验发现生产性服务业专业化集聚和多样化集聚能显著提升本地和邻近地区经济高质量发展水平,说明集聚产生了正向的空间溢出。其次,为缓解内生性,使用 GS2SLS 模型并进一步采用地理工具变量验证了结论的稳健性。最后,采用异质性分析发现专业化集聚对中部地区的促进作用最为明显,且表现为空间的正向溢出效应,但对东部和西部地区均没有显著影响。在东部和中部地区,多样化集聚对本地和周边区域具有显著的促进作用,但西部地区不显著。从技术密集度划分来看,高端生产性服务业集聚可以促进本地和邻近地区的经济高质量发展,而低端生产性服务业的促进作用有限,主要通过低端多样化集聚促进经济高质量发展。

第二至五节分别从生产性服务业集聚对经济高质量发展的各分维度影响进行讨论。第二节发现生产性服务业集聚有助于经济增长质量提升,而这种促进作用仅表现在对经济成果与效率的正向作用,即生产性服务业集聚能够有效提高本地和邻近地区的生产效率,但对于经济稳定性并不产生显著的影响。第三节从生产性服务业集聚对整体产业结构优化和制造业产业结构升级两个层次进行检验,实证结果表明生产性服务业集聚对于整体产业结构升级并没有表现出显著的促进作用。从制造业产业结构升级角度分析发现,相较于中端制造业,生产性服务业专业化和多样化集聚更能促进高端制造业发展。第四、五节主要验证了生产性服务业集聚对节能减排和民生福祉高质量发展的影响,结果发现生产性服务业集聚能够促进本地的节能减排,且具有正向的空间溢出效应。专业化和多样化集聚对于制造业的节能减排效果并没有体现。生产性服务业集聚确实具有低能耗和低资源依赖特点,但其并未有效发挥对制造业节能减排的效果,制造业企业对于高端生产性服务的需求更多是为了提高生产效率、获得更大的市场和更多的利润,而对于绿色生产方式的改造、绿色技术的应用则相对较少。生产性服务业集聚能够显著促进民生福祉高质量发展,且主要通过提高基础设施和教育医疗水平两方面促进经济高质量发展,对人居环境作用并不明显。城市的民生福祉高质量发展水平具有建设周期长和见效缓慢的特性,特别是教育医疗和人居环境,相较于基础设施建设这两个分项维度短期内很难得到迅速提升,需要长期的规划和建设。

第六章　生产性服务业集聚对经济高质量发展影响的机制检验

前文已经验证了生产性服务业集聚能促进经济高质量发展且具有空间溢出效应，但这种正向促进究竟如何作用于经济高质量发展并没有体现出来。在第三章进行了作用机理分析，认为生产性服务业集聚通过规模经济、技术创新和资源配置作用于经济高质量发展，因此本章将对这三条路径进行检验。

第一节　生产性服务业集聚基于规模经济对经济高质量发展影响的机制检验
——行业和企业的经验证据

根据第三章的机制分析，生产性服务业集聚对经济高质量发展影响的一个重要路径是规模经济。这在以往文献中被大量提及，但是鲜有文献对这一路径进行实证检验。主要原因在于规模经济虽然广泛存在，但通常难以度量。本节为了探究生产性服务业集聚基于规模经济对经济高质量发展的影响，从中观和微观尺度进行论证，使用与生产性服务业关系最为密切的制造业行业数据从行业层面进行验证，并进一步从微观视角以 A 股上市公司为对象研究生产性服务业集聚是否通过规模经济效应作用于经济高质量发展。

一、关于规模经济的认识

《新帕尔格雷夫经济学大辞典》(1987)对规模经济的解释为："考虑在既定不变的技术条件下，生产一单位单一或复合产品的成本，如果在某一区间生产的平均成本递减，那么则称之为规模经济。"马歇尔在《经济学原理》一书中提出："大规模生产的利益在工业上表现得最为清楚"，"专业机器的采购与销售、适用与改良、专门技术和企业经营管理工作的精细化，是大工厂经济最直接的体现。"马克思在扩大再生产理论中指出,大规模生产是提高劳动生产率的有效途径,是近代工业发展的必由之路。通常,规模经济产生的动因有二:一是分工协作;二是不可分投入的使用。一般而言,规模经济分为内部规模经济和外部规模经济,前者是针对企业自身,即企业自身规模变化引发的长期平均成本下降、收益递增的现象。其中的规模变化包括两种:一种是基于生产环节的工厂规模经济,另一种是基于管理、横向或纵向一体化的企业规模经济。内部规模经济反映企业合理的产量和人员所带来的劳动生产率的提高,这就是有很多大型企业的原因。外部规模经济针对整个行业而言,由于行业规模扩大,所得的收益增加。其突出的是行业规模经济,即当行业总体规模扩张时,行业内部的企业提高了专业化程度,降低了单位成本,行业的长期供给曲线会向下倾斜。行业规模经济主要来源有两点,一是集聚所带来的平均成本下降,即行业内企业数量增加或分工深化使得基础设施建设、技术研发等所需费用分摊至每个企业的会更少,行业或区域内的每个企业的生产成本降低;二是市场区或市场网的形成和拓展,使得企业和行业的外部经济效益提高。

现有文献对于规模经济的测度主要采用成本法,考察方法主要有非参数估计法和参数估计法之分。非参数估计法主要以 DEA(Data Envelopment Analysis,数据包络分析)方法为代表,DEA 方法无须建立反映投入产出关系的前沿生产函数,直接采用数据进行计算,具有较强的操作性,但作为一个非参数方法,其缺点顾名思义首先是"非参",即本质上是一个数学规划(运筹学)模型,其管理学属性非常明显。通过 DEA 测算得出的生产函数、成本函数没有具体的形态,与经济学的学科性质不一致,也缺乏微观经济学的理论基础(陈林等,2020),更主要的是该方法测算结果与规模经济的内涵偏差较大。同时,由于非参数估计法受到数据和随机误差影响较大,其结果的稳定性较弱且不易检验。科斯根据交易成本理论从市场交易成本的角度出发,通过企业内部组织的成本与市场交易成本之间的比较,对企业规模经济进行解释。因此参数估计法采用生产函数或成本函数进行设定,其中以成本函数为代表的参数估计,因基于成本数据而具有较高的可信度,且能够准确描述复杂的生产经营活动过程,更加贴合规模经济的内涵、外延。虽然成本函数对于识别行业或企业规模经济具有优势,但对于数据的要求较为严格,这也正是对该领域研究并不充分的主要原因。

二、生产性服务业集聚的规模经济效应——基于制造业行业的证据

(一)模型设定

规模经济效应与成本变化密切相关,因此本节将以制造业行业为例探讨生产性服务业集聚能否降低制造业行业成本,进而影响产业结构高质量发展水平。由

于生产成本的构成与上游原材料价格、技术水平、企业组织管理、营商环境等多种因素相关,生产性服务业集聚在降低制造业生产成本的过程中可能起到调节作用,因此在模型中引入生产性服务业集聚与制造业行业成本的交互项,探究生产性服务业集聚在产业结构高质量发展中的规模经济效应。

$$\text{quality}_{it} = \alpha_1 \text{sa}_{it} + \alpha_2 \text{cost}_{it} + \alpha_3 \text{sa}_{it} \times \text{cost}_{it} + \text{control}_{it} + \alpha_i + \varphi_t + \varepsilon_{it} \quad (6\text{-}1)$$

$$\text{quality}_{it} = \beta_1 \text{da}_{it} + \beta_2 \text{cost}_{it} + \beta_3 \text{da}_{it} \times \text{cost}_{it} + \text{control}_{it} + \alpha_i + \varphi_t + \varepsilon_{it} \quad (6\text{-}2)$$

其中,quality_{it} 表示 i 省份第 t 年的产业结构优化高质量发展水平;sa_{it} 和 da_{it} 分别代表 i 省份第 t 年生产性服务业专业化和多样化集聚;cost_{it} 表示 i 省份第 t 年的生产成本;$\text{sa}_{it} \times \text{cost}_{it}$ 和 $\text{da}_{it} \times \text{cost}_{it}$ 分别代表生产性服务业专业化和多样化集聚与成本的交互项;control_{it} 代表控制变量;α_i、φ_t 分别代表个体和时间固定效应;ε_{it} 代表误差项。

(二)数据来源与变量选取

与第五章对制造业产业结构升级选取的研究对象相一致,使用 2006—2016 年 11 年的省域数据,数据主要来源于《中国统计年鉴》《中国工业经济统计年鉴》和各省市统计局网站。专业化和多样化集聚指数是将城市层面各行业就业人口在省域层面加总后测算得到,其余控制变量数据来源于《中国科技统计年鉴》《中国教育统计年鉴》,其中少量缺失数据采取插值法和平滑法进行补充。

被解释变量为产业结构指数(cyjg),根据第四章测度结果按照省域层面进行加总获得。根据刘斌和王乃嘉(2016)的方法,将制造业行业成本(cost)表示为"制造业行业成本=主营业务成本+管理费用+销售费用+财务费用",并作对数处理。

解释变量包含生产性服务业专业化集聚(sa)和生产性服务业多样化集聚(da)。

控制变量包含:

经济发展水平(pgdp):采用人均地区生产总值表示;

人力资本(edu):采用当年人均受教育年限表示,参考韩峰和阳立高(2020)的做法;

外商直接投资(fdi):实际利用外商直接投资额表示;

城镇化率(urb):采用各省份历年的城镇化率表示,数据来源于《中国统计年鉴》。

其中为消除异方差影响,对经济发展水平、人力资本和外商直接投资作对数处理。

表 6-1 为产业结构高质量发展指数描述性统计。

表 6-1 产业结构高质量发展指数描述性统计

变量	观测值	均值	方差	标准差	最大值	最小值
cyjg	330	0.358	0.019	0.139	0.952	0.227
cost	330	9.463	1.430	1.196	11.848	6.190

续表

变量	观测值	均值	方差	标准差	最大值	最小值
sa	330	0.985	0.083	0.289	2.244	0.643
da	330	5.477	2.826	1.681	13.428	3.560
pgdp	330	10.394	0.639	0.592	11.680	8.663
fdi	330	12.562	2.554	1.598	15.090	7.310
edu	330	2.163	0.012	0.108	2.510	1.886
urb	330	0.529	0.019	0.138	0.896	0.275

注：根据 STATA 测算结果整理。

（三）实证检验

表 6-2 汇总了生产性服务业集聚基于制造业成本对产业结构高质量发展的实证检验结果。Panel A 回归结果（1）和（2）对比发现，制造业成本的增加不利于产业结构高质量发展，且在 1% 水平下显著，但生产性服务业专业化集聚与制造业成本的交互项（sa×cost）的系数显著为正，即每 1 单位生产性服务业集聚通过降低制造业成本能够促进产业结构高质量发展提高 0.0488。Panel B 回归结果（3）和（4）对比发现生产性服务业多样化集聚与制造业成本的交互项（da×cost）的系数显著为正，表示每 1 单位生产性服务业集聚通过降低制造业成本能够促进产业结构高质量发展提高 0.00988。从表 6-2 可知，相较于多样化集聚，生产性服务业专业化集聚通过制造业成本降低促进经济高质量发展的作用更为明显，这可能是由目前城市的产业发展阶段所决定的，多样化集聚水平较高的地区仍集中于人口规模和经济规模较大的超大、特大城市，在某些城市服务业占比甚至超过了 80%，但城市之间的差异较为明显，大多数城市正处于从专业化集聚向多样化集聚发展阶段，而中小城市在目前可能并不适宜走多样化发展道路，应依托其资源禀赋和产业特色进行专业化发展，因此在整体水平上体现为专业化集聚的规模经济效应具有更高的促进作用。回归结果证明了从行业层面看生产性服务业集聚具有规模经济效应，从而促进经济高质量发展。

从控制变量来看，经济发展水平系数显著为正，说明地区经济发展水平显著促进了产业结构高质量发展，可能是因为地区经济水平较高区域通常具有更高的非农产业占比和劳动生产率。表 6-2 回归结果（3）中，外商直接投资系数显著为正，说明在生产性服务业多样化集聚情况下，外商直接投资对产业结构高质量发展具有显著的正向促进作用，具体而言，外商直接投资通常进入地区中具有比较优势的产业，使得优势产业得到更快发展的同时淘汰本行业中生产率较低的企业，从而提升整体行业的生产效率。

表 6-2　生产性服务业集聚基于制造业成本对产业结构高质量发展的实证检验结果

	Panel A		Panel B	
	(1)	(2)	(3)	(4)
sa	0.0341	0.400***		
	[1.3956]	[3.3465]		
sa×cost		0.0488***		
		[3.7074]		
da			0.00229	0.0910***
			[0.5846]	[3.5887]
da×cost				0.00988***
				[3.7119]
cost	−0.0357**	−0.0816***	−0.0400**	−0.0839***
	[−2.6364]	[−4.4930]	[−3.0521]	[−4.7959]
pgdp	0.0636**	0.0613**	0.0656**	0.0594*
	[2.6666]	[2.6232]	[2.7361]	[2.4953]
fdi	0.00996	0.0126*	0.0112	0.00551
	[1.5567]	[2.0003]	[1.7602]	[0.8541]
edu	0.142	0.134	0.134	0.146
	[1.3767]	[1.3271]	[1.2766]	[1.4167]
urb	0.143	0.142	0.174	0.197
	[1.1188]	[1.1315]	[1.3767]	[1.5673]
_cons	−0.505**	−0.0872	−0.481**	0.0326
	[−3.1455]	[−0.4505]	[−2.9869]	[0.1539]
N	330	330	330	330
R-sq	0.5553	0.6077	0.5518	0.5921

注：根据 STATA 测算结果整理，*、**、***分别表示 10%、5%、1%的水平上显著；_cons 是常数项，代表回归方程中的截距。

三、生产性服务业集聚的规模经济效应——来自 A 股上市企业的证据

　　上文从行业层面验证了生产性服务业集聚能够有效降低制造业行业的生产成本，进而促进制造业行业的产业结构优化，为了进一步验证这种规模经济是否在微

观主体中存在,本节以 A 股上市公司作为研究对象从企业层面进行验证。选取上市公司为研究样本主要基于以下几点考虑:第一,上市公司总资产规模和营业收入占地区生产总值比重较高,在 2020 年 4212 家公司合计实现营业收入 52.39 万亿元,占地区生产总值份额为 51.56%;第二,上市要经过严格的审批,且一般上市公司都具有较好的经营业绩,是各行业的龙头企业,极具代表性;第三,与存在行业和时间跨度局限性、数据可得性受限的国家统计部门采集的微观企业数据库相比,上市公司数据库具有更为丰富且公开可得的企业数据资料,因此具有检验的可行性(白成太和陈光,2016)。

(一)样本选取和变量处理

选择 2003—2018 年中国沪深 A 股上市公司为样本,财务数据来源于国泰安数据库,企业员工数据源自同花顺网站,生产性服务业上市公司选择的依据为中国证券监督管理委员会颁布的《上市公司行业分类指引(2012 年修订)》,并借鉴以往学者的数据筛选思路:(1)剔除了 ST 和 * ST 公司、在样本期间退出、数据不完整、存在数据缺失的样本,删除存在明显数据错误的样本,包括资产总值、总营业成本为负数或零的样本;(2)为了对企业生产率进行连续比较,删除了在 2016 年、2017 年以及 2018 年上市的企业样本。此外,根据上市公司所在地匹配了城市的专业化集聚和多样化集聚水平。

本节以经济高质量发展水平为被解释变量,然而经济高质量发展水平是该地区的经济发展、产业结构、节能减排和民生福祉的综合表达,若采用上市公司所在地的经济高质量发展指数度量,可能因为其他不可控因素或干扰项过多,企业真实的规模成本变化情况对生产率的影响被掩盖,得到不一致的估计。在现有研究中,学者通常以企业全要素生产率反映企业的高质量发展水平。具体来说,微观层面生产性服务业集聚能够降低企业成本进而提高企业全要素生产率,而集聚区内部企业全要素生产率提升有利于区域生产率的整体提升,因此采用企业全要素生产率反映经济高质量发展水平。目前,测算企业全要素生产率的方法通常有三种,包括 OP 方法、LP 方法和常规方法。OP 方法要求投资与总产出之间始终保持单调关系,这种假设过强,同时还可能损失某些投资额为零的样本,导致估计结果偏差。Levinsohn 和 Petrin(2003)为解决这一问题提出了一种新的估计方法。该方法并不是使用投资额作为代理变量,而是代之以中间品投入指标,从数据获取的角度出发,中间品投入更易获得。LP 方法使得研究者可以根据可获得数据的特点灵活选择代理变量。因此,本节采用 LP 方法测算上市公司的全要素生产率,在全要素生产率的计算中,选取营业收入来衡量产出,以员工人数衡量劳动投入,以资产总值衡量资本投入。

主要解释变量为营业总成本(cost),使用上市公司各年度营业总成本取对数得到,为了检验生产性服务业集聚是否具有规模经济效应,引入生产性服务业集聚与营业总成本的交互项。借鉴以往研究,选取企业的控制变量见表6-3。

表6-3 　　　　　　　　　　上市公司样本描述性统计

变量				样本量	均值	方差	标准差
被解释变量	全要素生产率	LP 方法测算	lp_tfp	20520	1.901	0.095	0.308
解释变量	营业总成本	国泰安数据库	cost	20520	21.488	2.266	1.505
	专业化集聚	前文测算	sa	20520	−0.054	0.183	0.428
	多样化集聚	前文测算	da	20520	1.856	0.251	0.501
控制变量	资产负债比	$\dfrac{短期负债＋长期负债}{资产总计}$	lev	20520	0.461	0.048	0.219
	要素密集度	$\lg\dfrac{固定资产净额}{员工人数}$	cap	20520	12.567	1.410	1.187
	企业年龄	截至样本当年企业成立的时长	age	20520	2.088	0.641	0.801
	公司规模	lg(主营收入)	size	20520	21.525	2.154	1.468
	净资产收益率	$\dfrac{净利润}{固定资产净值}$	roe	20520	0.074	1.286	1.134

注:根据 STATA 整理。

(二)实证结果

回归结果如表6-4所示,Panel A 汇总了沪深 A 股全部企业的结果,Panel B 和 Panel C 则分别汇总了制造业企业和生产性服务业企业的回归结果。具体而言,Panel A 回归结果显示,营业总成本的增加对于上市公司全要素生产率在1‰水平上具有显著的负向影响。从行业整体水平来看,在既有的专业化集聚和多样化集聚水平下,每增加 1 单位营业总成本,企业的全要素生产率会分别下降 0.399 和 0.357个单位。生产性服务业专业化和多样化集聚显著促进企业的全要素生产率提高。从交互项的回归结果看,专业化集聚与成本的交互项系数为 0.0248,在 1‰ 水平上显著,说明生产性服务业专业化集聚为企业提供了更多中间品服务选择,这种同一产业在区域内的集中能够有效缓解企业生产成本增加对全要素生产率的负向影响,生产性服务业集聚通过发挥规模经济效应为企业提供价低质优的专业化中间服务,促进企业全要素生产率上升。同样,生产性服务业多样化集聚具有显著的规模经济效应,也就是说,不同生产性服务业企业在同一区域的集中能够为企业提供包括前端的产品设计、商务咨询、融资以及后端的仓储销售等服务,为企业提供更多功能不同的差异化中间品服务,企业能够将烦琐的基本生产经营活动外包,实现规模化和标准化生产,节约生产经营成本,进而有利于全要素生产率的提升。

从控制变量来看,企业的资产负债比对全要素生产率具有显著的负向影响,当企业的资金中来源于债务的资金较多而来源于所有者的资金较少时,财务风险相对较高,可能导致现金流不足,因此企业应该将负债率控制在合理的区间;要素密集度、企业年龄和公司规模均能正向促进企业的全要素生产率提高,其中要素密集度指的是生产 1 单位产品所需要的资本与劳动比值,在全行业样本中要素密集度提升有利于企业全要素生产率的提升,说明目前我国上市企业仍然处于资本深化阶段,相较于劳动投入,资本的投入比例越高,越能够促进企业生产率提升。公司规模、企业年龄和净资产收益率均具有显著的正向促进作用,这与现有的文献结论基本一致。

Panel B 汇总了制造业上市公司企业的回归结果。有意思的是,生产性服务业集聚并不利于制造业企业全要素生产效率的提升。具体来说,专业化集聚抑制制造业全要素生产率的提升,多样化集聚对制造业全要素生产率影响不显著。可以从生产性服务业与制造业区位竞争关系中得到合理解释,在大城市中,生产性服务业所具有的高地租偿付能力和高生产率会对制造业形成"挤出"效应,当然这也在一定程度上反映生产性服务业集聚对于制造业的提升和引领作用不足,不利于制造业企业生产率提高。两种不同的集聚模式对于制造业企业经营成本的影响也有所不同,其中专业化集聚仍能够扭转成本对于制造业企业经济高质量发展的不利影响,说明专业化集聚确实有利于制造业企业成本的下降,进而促进其全要素生产率提升。Panel C 汇总了生产性服务业企业的回归结果,生产性服务业专业化和多样化集聚与成本交互项的系数显著为正,说明专业化和多样化集聚能够有效削弱企业成本对生产性服务业上市公司企业全要素生产率的不利影响。生产性服务业集聚降低了生产经营成本,具有规模经济效应。

表 6-4　生产性服务业集聚基于上市公司规模经济对产业结构高质量发展
影响的实证检验

	Panel A		Panel B		Panel C	
	全行业企业		制造业企业		生产性服务业企业	
	(1)	(2)	(3)	(4)	(5)	(6)
cost	-0.399^{***}	-0.357^{***}	-0.594^{***}	-0.595^{***}	-0.0829^{***}	-0.0659^{**}
	$[-46.6125]$	$[-36.9282]$	$[-39.6563]$	$[-35.9050]$	$[-5.8310]$	$[-3.2164]$

续表

	Panel A		Panel B		Panel C	
	全行业企业		制造业企业		生产性服务业企业	
	(1)	(2)	(3)	(4)	(5)	(6)
sa	0.548***		−0.177*		0.222*	
	[10.3814]		[−2.2956]		[2.2257]	
cost×sa	0.0248***		0.00846*		0.0108*	
	[10.1290]		[2.3400]		[2.2617]	
da		0.484***		−0.0535		0.166*
		[10.3402]		[−0.8196]		[2.0257]
cost×da		0.0220***		0.00224		0.00844*
		[10.1631]		[0.7329]		[2.1043]
lev	−0.244***	−0.244***	−0.313***	−0.314***	−0.233***	−0.234***
	[−25.8652]	[−25.8197]	[−24.0008]	[−24.1159]	[−8.0690]	[−8.1041]
cap	0.00308*	0.00312*	−0.00834***	−0.00877***	0.0283***	0.0283***
	[2.2849]	[2.3144]	[−3.5999]	[−3.7798]	[9.6106]	[9.6595]
age	0.0259***	0.0259***	0.00833**	0.00860**	0.0581***	0.0574***
	[12.1937]	[12.1437]	[3.0263]	[3.1271]	[9.5202]	[9.3877]
size	0.535***	0.535***	0.758***	0.755***	0.195***	0.194***
	[63.6594]	[63.6465]	[52.0633]	[51.9545]	[13.8627]	[13.8300]
roe	0.00256*	0.00252*	0.0152***	0.0150***	0.568***	0.569***
	[1.8606]	[1.8271]	[5.4245]	[5.3672]	[17.5531]	[17.5672]
_cons	−1.042***	−1.975***	−1.480***	−1.367***	−0.865***	−1.188***
	[−36.9330]	[−20.4357]	[−33.9685]	[−10.7812]	[−11.1397]	[−3.4399]
N	20520	20520	9623	9623	2231	2231
R-sq	0.4829	0.4827	0.5857	0.5855	0.4975	0.4977

注:根据 STATA 测算结果整理,*、**、***分别表示 10%、5%、1%的水平上显著。

第二节 生产性服务业集聚基于技术创新对经济高质量发展影响的实证检验

根据世界知识产权组织发布的《2021 年全球创新指数报告》[①],中国的创新指数排名全球第 12 位,亚洲地区第 3 位,在中高收入经济体中排第 1 位。在改革开放过程中,我国国际竞争力显著增强,发达国家感受到威胁后采取了一系列的技术封锁手段以遏制我国的高科技产业发展,特别是新冠肺炎疫情之后,美国政府及其盟友从价值链端对我国华为、海康威视、海能达等高科技公司进行打压(徐华亮,2021)。生产性服务业中的货物运输和仓储服务、生产性专业技术服务、信息传输和技术服务、电子商务支持服务有助于高新技术产业发展,实现以资源、劳动密集型产业为主向知识、技术密集型产业为主的高质量发展转变。生产性服务业的内部结构,尤以研发与设计服务、科技成果转化服务、知识产权及相关法律服务等直接关乎核心技术研发的成败。如果说技术创新是推动产业结构升级的主要因素之一,生产性服务业集聚则是人力资本与知识资本导入制造业的主要途径,尤其是对于远离中心市场、缺乏专业技术人才的腹地来说,生产性服务业不但是连接产业内外知识的中介,同时也是知识的共享者。生产性服务业集聚所迸发的技术创新活力为经济高质量发展提供了强大的内驱力。为了求证技术进步是否确实充当了中介角色,本节采用经典的中介效应模型进一步考虑空间因素并开展实证考察。

一、中介效应检验方法

本节采用经典的中介效应检验方法,该方法由 Baron 和 Kenny(1986)首次提出后被广泛应用于心理学、经济学和社会学等领域。具体思路为,研究解释变量(X)通过中间变量(M)对于被解释变量(Y)的间接影响,可以采用如下方程形式予以描述:

$$Y = i_1 + cX + \varepsilon_1 \tag{6-3}$$

$$M = i_2 + aX + \varepsilon_2 \tag{6-4}$$

$$Y = i_3 + c'X + bM + \varepsilon_3 \tag{6-5}$$

---

① 澎湃新闻. 全球创新指数 2021[EB/OL]. (2022-02-14)[2022-03-07]. https://www.thepaper.cn/newsDetail_forward_16686000.

其中,Y 表示被解释变量,X 表示解释变量,M 表示中介变量。式(6-3)中的系数 c 代表解释变量 X 对被解释变量 Y 的总效应;式(6-4)中的系数 a 代表解释变量 X 对中介变量 M 的效应;式(6-5)中的系数 c' 代表当控制住中介变量 M 对被解释变量 Y 的影响时,解释变量 X 对被解释变量 Y 的直接效应,系数 b 代表中介变量 M 对被解释变量 Y 的效应。此外,ε_1、ε_2 和 ε_3 为误差项。

中介效应检验程序如图 6-1 所示。

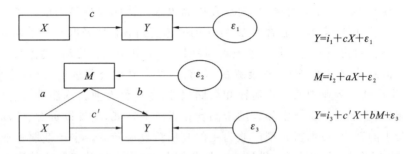

$$Y=i_1+cX+\varepsilon_1$$

$$M=i_2+aX+\varepsilon_2$$

$$Y=i_3+c'X+bM+\varepsilon_3$$

图 6-1 中介效应检验程序

检验中介效应的常用方法有三种:逐步因果法、系数差异法和系数乘积法(即 Sobel 检验)。三种方法存在一定区别,但运用较为广泛的为逐步因果法和 Sobel 检验。模拟研究发现,Sobel 检验的检验效果高于逐步因果法(温忠麟等,2004),也就是说 Sobel 检验可以检验出比后者更多的中介效应,但如果两种方法检验的结果都显著,逐步因果法的结果要强于 Sobel 检验,因此为了验证结果是否具有稳健性,本文将逐步因果法和 Sobel 检验相结合,以检验中介效应是否存在。具体检验步骤如图 6-2 所示:第一步,检验式(6-3)的回归系数 c,如果 c 显著,则认为存在中介效应立论,但后来学者们认为无论 c 是否显著都应该进行后续检验,这是因为可能存在一种情况,即直接效应和间接效应的作用相反,当间接效应大到可以抵消直接效应的影响,则会出现总效应不显著的情况,但并不能说明没有中介变量或者其他因果链条存在。第二步,依次检验式(6-4)的回归系数 a 和式(6-5)的回归系数 b,如果二者都具有显著性,表明间接效应显著。第三步,检验式(6-5)系数 c' 是否显著,如果其不显著,则直接效应不显著,其结论为只存在中介效应,称为完全中介效应;如果显著,则表明直接效应也显著,称为部分中介效应。

需要说明的是,Baron 和 Kenny(1986)推荐使用 Sobel 检验为检验非线性约束,因此 Sobel 检验的原假设 $H_0: ab=0$。

$$Z = \frac{\widehat{ab}}{\sqrt{\mathrm{Var}(\widehat{ab})}} = \frac{\widehat{ab}}{\sqrt{s_a\hat{b}+s_b\hat{a}}} \tag{6-6}$$

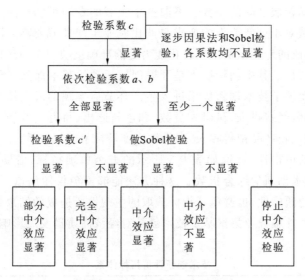

图6-2 中介效应检验步骤

二、模型设定与变量选取

为了检验上文提出的作用机理,本节通过以下模型来验证技术创新的中介效应影响:

$$\text{quality}_{it} = \varphi_1 + \beta_1 \text{sa}_{it} + \theta_1 \text{control}_{it} + \alpha_i + \delta_t + \varepsilon_{it} \tag{6-7}$$

$$\text{innov}_{it} = \overline{\varphi}_1 + \overline{\beta}_1 \text{sa}_{it} + \theta_2 \text{control}_{it} + \alpha_i + \delta_t + \varepsilon_{it} \tag{6-8}$$

$$\text{quality}_{it} = \overline{\overline{\varphi}}_1 + \overline{\overline{\beta}}_1 \text{sa}_{it} + \beta_2 \text{innov}_{it} + \theta_3 \text{control}_{it} + \alpha_i + \delta_t + \varepsilon_{it} \tag{6-9}$$

$$\text{quality}_{it} = \gamma_1 + \mu_2 \text{da}_{it} + \theta_1 \text{control}_{it} + \alpha_i + \delta_t + \varepsilon_{it} \tag{6-10}$$

$$\text{innov}_{it} = \overline{\gamma}_1 + \overline{\mu}_2 \text{da}_{it} + \theta_2 \text{control}_{it} + \alpha_i + \delta_t + \varepsilon_{it} \tag{6-11}$$

$$\text{quality}_{it} = \overline{\overline{\gamma}}_1 + \overline{\overline{\mu}}_2 \text{da}_{it} + \mu_3 \text{innov}_{it} + \theta_3 \text{control}_{it} + \alpha_i + \delta_t + \varepsilon_{it} \tag{6-12}$$

其中,quality_{it}表示i省份第t年的经济高质量发展水平,使用省级层面数据主要是由于在国家统计局目前公布的与技术创新有关的数据中,省级层面是目前所能得到的样本中可能实现实证研究的最为具体的数据;sa_{it}和da_{it}分别代表i省份第t年生产性服务业专业化和多样化集聚;innov_{it}表示i省份第t年的技术创新水平;control_{it}表示控制变量;α_i和δ_t分别代表个体固定效应和时间固定效应;ε_{it}为误差项。

对于中介变量技术创新(innov_{it}),文献通常采用专利授权数反映技术创新水平,某区域专利授权数越多,说明该区域的技术创新活力和技术新颖程度越高(雷振单和陈子真,2019),但简单的专利授权数量不能反映地区创新活动的全貌,也不能准确反映地区的创新能力,原因在于不论是地区专利申请数还是授权数,都没有考虑到不同技术领域之间的差异。不同技术领域的专利对创新能力的要求不同，如飞机制造领域对于创新能力的要求显然比农业生产领域要高。因此，研发的技术投入、最终形成的专利以及市场转化能力更能准确反映一个地区的创新能力（冉征和郑江淮，2021）。其中创新投入是开展创新活动的基本保障，新产品销售收入在一定程度上反映了技术创新成果进入生产环节后实现的成果转化。因此，本节从创新投入（科研经费投入、科研人员数）和创新产出（每万人专利申请数、每万人专利申请授权数、新产品销售收入）两个维度度量技术创新水平。

基于数据的可得性，选取如表 6-5 所示的五个单项指标，借助熵权法进行赋权，进而得出技术创新的综合指数。这种方法能够避免仅使用单一创新指标带来实证分析结果的偶然性，也避免了指标选取的主观性所造成的结果偏差。因此，能够更好地为生产性服务业集聚基于技术创新对经济高质量发展影响的实证稳健性提供支撑。

表 6-5　　　　　　　　　　技术创新评价指标体系

中介变量	测算维度	选取指标	具体指标或算法
技术创新	创新投入	科研经费投入	各地区研究与试验发展(R&D)经费内部支出
		科研人员数	研究与试验发展(R&D)人员全时当量
	创新产出	每万人专利申请数	专利申请数/[年末城镇人口数(万人)]
		每万人专利申请授权数	专利申请授权数/[年末城镇人口数(万人)]
		新产品销售收入	新产品主营业务收入

对上述五个单项指标进行标准化处理，具体处理：$y_{ij}(t_k) = \dfrac{x_{ij}(t_k) - \min[x_j(t_1)]}{\max[x_j(t_1)] - \min[x_j(t_1)]}$，$E_j = \dfrac{1}{\ln n}\sum_{i=1}^{n} Y_{ij} \ln Y_{ij}$，特征权重 $Y_{ij} = \dfrac{y_{ij}}{\sum_{i=1}^{n} y_{ij}}$，计算各测度指标 Y_{ij} 的权重 $W_j = \dfrac{1 - E_j}{\sum_{j=1}^{m}(1 - E_j)}$，计算城市 i 经济高质量发展综合指数 $P = \sum (r_{ij})_{n\times m} = (W_j \times y_{ij})_{n\times m}$。测算出的技术创新综合指数越大，表示技术创新水平越高。

使用 2003—2018 年《中国统计年鉴》《中国科技统计年鉴》《中国城市统计年鉴》以及各省统计网站信息。经济高质量发展指数（quality）根据第四章第二节各城市经济高质量发展指数在省级层面进行加总。解释变量为生产性服务业专业化（sa）和多样化集聚（da），采用生产性服务业从业人员在省域层面加总后根据第四章测算方法获得，由于在第四章已经有详细的测算方法说明，此处不再赘述。技术创新的变量描述性统计见表 6-6。

表 6-6　　　　　　　　　技术创新的变量描述性统计

变量	观测值	均值	方差	标准差	最大值	最小值
quality	480	4.886	0.049	0.222	5.581	4.339
sa	480	0.990	0.079	0.282	2.244	0.643
da	480	5.465	2.703	1.644	13.428	3.278
innov	480	2.021	2.607	1.615	5.583	−2.303
pgdp	480	10.278	0.545	0.738	11.851	8.190
inv	480	8.754	1.287	1.134	10.959	5.545
fdi	480	5.994	2.181	1.477	9.864	1.946
inc	480	9.811	0.286	0.534	11.128	8.784

注：根据 STATA 整理。

三、中介效应检验结果

技术创新的逐步回归中介效应检验结果汇总于表 6-7，Panel A 结果显示，在回归结果（1）中，生产性服务业专业化集聚对经济高质量发展影响弹性系数为 0.163，大于回归结果（3）中的 0.157，且通过了 1‰ 水平的显著性检验。再进一步从回归结果（2）看生产性服务业专业化集聚对技术创新的影响，回归结果（2）中生产性服务业专业化集聚项的弹性系数为 0.400，且通过了 1‰ 水平的显著性检验。可以看出，生产性服务业专业化集聚显著地促进了技术创新。此外，回归结果（3）中技术创新项的弹性系数为 0.0148，且通过了 10‰ 水平的显著性检验。由此可见，生产性服务业专业化集聚能够显著地促进经济高质量发展，但是在不考虑技术创新效应时，生产性服务业集聚对经济高质量发展的促进作用被高估，说明生产性服务业专业化集聚能够促进技术创新，进而影响经济高质量发展。因此，技术创新的中介效应显著，从结果来看中介效应为 3.86‰，反映我国生产性服务业集聚的创新作用较弱，生产性服务业集聚虽然对经济高质量发展具有正向促进作用，但引领技术创新的能力不足。

逐步回归中介效应检验表 6-7 中的 Panel B 的回归结果显示，生产性服务业多样化集聚对技术创新影响为 0.624，且通过了 1‰ 水平的显著性检验，说明多样化集聚能够促进技术创新。回归结果（4）中生产性服务业多样化集聚对经济高质量发展影响的回归系数为 0.167，且通过了 1‰ 水平的显著性检验。回归结果（6）中多样化集聚回归系数为 0.163，且通过了 1‰ 水平的显著性检验，但技术创新对于经济高质量发展的回归结果并不显著，根据中介效应检验步骤，需要进一步进行 Sobel 检验。在 Sobel 检验中，Sobel、Goodman-1 和 Goodman-2 的 P 值分别为

0.914、0.915、0.913,均未通过显著性水平检验。由此可知,生产性服务业多样化集聚虽然对技术创新具有正向的促进作用,但这种技术创新并没有直接促进经济高质量发展,或者多样化集聚产生的创新作用没有对经济高质量发展产生显著影响。这可能缘于我国的多样化集聚水平不高,产业间的相互协作和创新作用更多作用于企业或产业的效率提高,但对整体社会经济高质量发展还未产生显著影响。

表 6-7 技术创新的逐步回归中介效应检验结果

被解释变量	Panel A			Panel B		
	(1)	(2)	(3)	(4)	(5)	(6)
	quality	innov	quality	quality	innov	quality
innov			0.0148*			0.00572
			[2.5005]			[0.9792]
sa	0.163***	0.400**	0.157***			
	[9.4317]	[3.0055]	[9.0527]			
da				0.167***	0.624***	0.163***
				[11.8386]	[5.6469]	[11.2130]
pgdp	0.118***	−0.0725	0.119***	0.120***	−0.091	0.121***
	[8.4015]	[−0.6688]	[8.5207]	[8.9588]	[−0.8640]	[8.9902]
inv	−0.00854	0.851***	−0.0212**	−0.0132*	0.871***	−0.0182*
	[−1.4747]	[19.0879]	[−2.7634]	[−2.5740]	[21.5423]	[−2.5183]
fdi	0.0212***	0.536***	0.0132**	0.0120***	0.500***	0.00917*
	[5.7935]	[19.0470]	[2.7381]	[3.3315]	[17.6123]	[1.9742]
inc	0.186***	−0.126	0.188***	0.219***	−0.0369	0.219***
	[9.6428]	[−0.8465]	[9.7859]	[11.9746]	[−0.2564]	[11.9848]
_cons	1.799***	−6.651***	1.898***	1.269***	−8.338***	1.317***
	[22.1813]	[−10.6480]	[21.1345]	[16.2269]	[−13.5642]	[14.2898]
N	480	480	480	480	480	480
R-sq	0.8887	0.8756	0.8901	0.898	0.8812	0.8982

注:根据 STATA 测算结果整理,*、**、***分别表示 10%、5%、1% 的水平上显著。

对生产性服务业各行业进行检验以进一步探讨各细分行业集聚是否具有技术创新中介效应,发现技术创新中介效应存在于租赁和商务服务业专业化集聚、金融业多样化集聚,以及科学研究和技术服务业专业化集聚中。生产性服务业各细分行业的技术创新中介检验结果如表 6-8 所示。租赁和商务服务业由于能够提供专业化咨询、方案设计等服务,能够将标准化服务导入产品生产中,使得企业能够更加专注于研发创新。而金融行业作为特殊部门,其行政管制较为严格,企业的创新研发是一个漫长的过程,需要经历无数次的试错,金融行业进行多样化集聚使得企业能够在获得创新支持的金融产品组合的同时,分摊单个金融机构因企业融资所承担的风险,使得金融机构更有意愿为企业进行融资,企业也获得资金支持,为其创新和研发的实施提供保障。科学研究的技术创新中介效应最强,高校、科研院所和企业研发机构通常在基础研究、应用研究和科技成果转化等方面具有较强的创新能力,为经济高质量发展提供了动能。而信息传输、软件和信息技术服务业,交通运输、仓储和邮政业集聚并未发现具有显著的技术创新中介效应。

表 6-8　　　　　　生产性服务业各细分行业的技术创新中介检验结果

	Panel A			Panel B			Panel C		
	(1)	(2)	(3)	(4)	(5)	(6)	(7)	(8)	(9)
	quality	innov	quality	quality	innov	quality	quality	innov	quality
innov			0.0120*			0.0179**			0.0118*
			[1.9974]			[3.0554]			[1.8385]
sersa	0.0783***	0.279***	0.0750***						
	[9.1874]	[4.3114]	[8.6528]						
finda				0.0626***	0.0851*	0.0611***			
				[9.6786]	[1.6901]	[9.4976]			
techsa							0.0731***	0.527***	0.0669***
							[6.4157]	[6.4900]	[5.6385]
控制变量	YES	YES	YES	YES	YES	YES	YES	YES	YES
N	480	480	480	480	480	480	480	480	480
R-sq	0.8878	0.878	0.8887	0.8896	0.874	0.8917	0.8784	0.8836	0.8792

注:根据 STATA 测算结果整理,*、**、***分别表示 10%、5%、1% 的水平上显著。

四、生产性服务业集聚基于技术创新对经济高质量发展影响的空间模型分析

经济高质量发展与生产性服务业集聚均具有空间相关性,而技术创新可能存在空间上的溢出,第五章已经通过空间相关性检验发现经济高质量发展具有显著的空间相关性,说明某一地区的经济高质量发展对相邻地区或者是经济联系密切的区域具有影响,因此可以采用空间计量模型进行实证检验。不同产业间固有的

技术密集程度形成的知识"势差"会因为技术创新成果由知识密集程度高的产业溢出到其他产业而缩小,进而形成技术创新"收敛"态势,最终提升整体的经济效率,提高科技创新活动和区域经济增长动力的稳定性,有利于经济高质量发展。

基于此,本节进一步使用空间计量模型检验生产性服务业集聚所产生的技术创新效应对经济高质量发展的影响。在本书第五章,通过空间自相关检验可知生产性服务业集聚和经济高质量发展均存在自相关,因此,本节不再对空间自相关的检验内容做讨论。考虑到存在的空间自相关因素,本节使用空间计量模型进行检验。考虑到研究区域之间可能存在的空间相互作用,一般在模型中引入空间滞后因变量、空间滞后自变量和空间滞后误差项,也就是较为常用的三种空间计量模型。具体模型选择过程已在第五章中详细展开,本节不再赘述。经过检验,空间计量模型的 LR 检验、Wald 检验的 P-value 均小于 0.05,表明空间杜宾模型既不能简化为空间滞后模型,也不能简化为空间误差模型,但空间杜宾模型能最好地拟合数据。综上,本节建立如下空间计量模型:

$$\text{quality}_{it} = \alpha_1 \text{sa}_{it} + \alpha_2 \text{innov}_{it} + \theta_1 W \times \text{sa}_{it} + \theta_2 W \times \text{innov}_{it} + \alpha_3 \text{control}_{it} +$$
$$\theta_3 W \times \text{control}_{it} + \alpha_i + \varphi_t + \varepsilon_{it} \tag{6-13}$$

$$\text{quality}_{it} = \beta_1 \text{da}_{it} + \beta_2 \text{innov}_{it} + \gamma_1 W \times \text{da}_{it} + \gamma_2 W \times \text{innov}_{it} + \beta_3 \text{control}_{it} +$$
$$\gamma_3 W \times \text{control}_{it} + \alpha_i + \varphi_t + \varepsilon_{it} \tag{6-14}$$

本节在进行生产性服务业集聚、技术创新影响经济高质量发展的空间分析时,变量选取、数据来源与上文保持一致。

五、空间计量回归结果与讨论

对式(6-13)和式(6-14)的实证模型进行检验,并将结果汇总于表 6-9。从整体来看,生产性服务业专业化集聚对于本地的经济高质量发展具有显著的促进作用,而加入技术创新项(innov)后,其结果在 1% 的水平上显著。对于多样化集聚来说,虽然在回归结果(4)中多样化集聚与技术创新项的系数均显著为正,但由于上节中介效应检验未通过,故只能得到技术创新可以促进经济高质量发展,多样化集聚引发技术创新,进而促进经济高质量发展的论证并不能被证明。此外,从空间角度看,技术创新并不具有空间溢出效应,故对经济高质量发展不具有显著的影响。因此,在现阶段生产性服务业专业化集聚更有利于发挥其创新优势并作用于当地的经济高质量发展。

表 6-9 技术创新的空间检验回归结果

	(1)	(2)	(3)	(4)
sa	0.0656***	0.0601***		
	[4.1723]	[4.9695]		

续表

	（1）	（2）	（3）	（4）
da			0.0106***	0.0118***
			[4.1578]	[4.5351]
innov		0.0209***		0.0170**
		[3.4137]		[2.7663]
pgdp	0.186***	0.186***	0.185***	0.184***
	[8.5422]	[8.5506]	[8.4563]	[8.3613]
inv	−0.0133	−0.0209*	−0.0144	−0.0206*
	[−1.3413]	[−2.0863]	[−1.4448]	[−2.0330]
fdi	0.0203**	0.0220***	0.0215***	0.0233***
	[3.2611]	[3.5363]	[3.4285]	[3.7092]
inc	−0.0961*	−0.115*	−0.0803	−0.0936*
	[−2.0784]	[−2.5071]	[−1.7253]	[−2.0093]
W×sa	0.302**	0.434***		
	[2.7233]	[3.6284]		
W×da			0.0114	0.0243
			[0.7052]	[1.4235]
W×innov		0.0718		0.0416
		[1.6191]		[0.9471]
W×pgdp	−0.0429	0.0327	−0.137	−0.0868
	[−0.2854]	[0.2180]	[−0.9261]	[−0.5882]
W×inv	0.123	0.0647	0.117	0.0769
	[1.8488]	[0.9423]	[1.7462]	[1.1007]
W×fdi	0.0721	0.0502	0.0664	0.0505
	[1.5752]	[1.1003]	[1.4385]	[1.0935]
W×inc	0.363	0.171	0.536	0.404
	[1.0920]	[0.5102]	[1.5908]	[1.1844]
N	480	480	480	480
R-sq	0.8155	0.8347	0.8133	0.8379

注：根据STATA测算结果整理，*、**、***分别表示10％、5％、1％的水平上显著。

第三节　生产性服务业集聚基于资源配置对经济高质量发展影响的机制检验

　　破除资源错配是经济效率偏向性发展的关键,经济学家较早关注了集聚与资源配置的关系,但结论莫衷一是。有研究发现产业集聚通过降低资本门槛和优化劳动力结构发挥了对资源错配的纠正效应(陈永伟,2013;季书涵等,2016)。相反,部分学者认为集聚经济并不具有显著的资源错配纠正效应,甚至会加剧资源错配。也有学者认为产业集聚与资源错配之间并不仅仅是单一的线性关系,而是呈现出"U"形或倒"U"形的传导路径,这可能与产业集聚的发展阶段有关(季书涵和朱英明,2017)。生产性服务业集聚依托生产性服务业企业对于高素质人才、新生产技术在空间上的集聚,其符合"使市场在资源配置中起决定性作用"的要求。根据第三章的机制分析,本节从生产性服务业集聚基于资源配置对经济高质量发展影响进行实证验证,检验生产性服务业集聚是否有助于资源优化配置。

　　此外,为了探讨资源错配的来源以及近年来发生的生产性服务业集聚水平降低的深层原因,本节尝试从市场分割的角度进行分析探究。目前鲜有文献从生产性服务业集聚对资源配置纠偏的视角分析其对经济高质量发展的作用,更少有文献深入探究是否存在政府的不当干预导致市场分割,从而阻碍生产性服务要素的有效流动,妨害其资源纠偏效应的发挥,造成效率降低的同时加剧区域间差距的现象。

一、资源错配的测度

　　考虑到数据可获得性,本节参考陈永伟和胡伟民(2011)的方法测算劳动力和资本错配程度,参考白俊红和刘宇英(2018)的方法估计地区的劳动力和资本产出弹性,由于存在资源配置过剩和不足两种情况,参考季书涵等(2016)的做法对错配进行绝对值处理。[①] 具体过程如下:

　　假设整个经济体总产值为 Y,资本资源约束条件下假设每一期的资本和劳动是给定的,其中总资本为 K,总劳动为 L:

$$Y = \sum_{i=1}^{N} p_i y_i, \quad K = \sum_{i=1}^{N} K_i, \quad L = \sum_{i=1}^{N} L_i \qquad (6\text{-}15)$$

---

　　① 在第三章的理论分析中对生产性服务业集聚与土地资源错配进行了分析,但在现实中由于土地作为稀缺品管制较为严格,因此本节在实证检验中未对土地的资源错配进行验证,在今后的研究中会进一步挖掘。

假设行业 i 的产值在整体经济的产值份额为 $s_i = \dfrac{p_i Y_i}{Y}$，那么绝对扭曲系数为：

$$\gamma_K = \frac{1}{1 + \tau_K}, \quad \gamma_L = \frac{1}{1 + \tau_L} \tag{6-16}$$

以资本为例，在竞争均衡条件下相对扭曲系数的资本贡献表示为 $\beta_K = \sum_{i=1}^{N} s_i \beta_{Ki}$，得到资本相对扭曲系数为：

$$\widehat{\gamma_{Ki}} = \left(\frac{K_i}{K}\right) \Big/ \left(\frac{s_i \beta_{Ki}}{\beta_K}\right) \tag{6-17}$$

劳动力相对扭曲系数为：

$$\widehat{\gamma_{Li}} = \left(\frac{L_i}{L}\right) \Big/ \left(\frac{s_i \beta_{Li}}{\beta_L}\right) \tag{6-18}$$

二、模型设定和变量选取

(一)模型设定

资源的错配通常来说难以察觉，也不易衡量，因此采用两步法，首先对生产性服务业集聚对于资源错配的改善效果进行验证，并参考肖兴志和李沙沙(2018)的做法，采用集聚的二次项检验集聚是否对于资源错配具有非线性影响。若回归结果显著，则进一步对生产性服务业集聚基于资源错配对经济高质量发展的影响进行检验，加入了资源错配与生产性服务业集聚的交互项。若交互项显著为正，则说明生产性服务业集聚能有效纠正资源错配，进而有利于经济高质量发展，反之则不能。按照上述思路，构造如下模型考察生产性服务业专业化和多样化集聚是否具有资源配置效应进而影响经济高质量发展：

$$\text{quality}_{it} = \alpha_{10} + \alpha_{11} \text{sa}_{it} + \alpha_{12} \text{rm}_{it} + \alpha_{13} \text{rm}_{it} \times \text{sa}_{it} + \delta X_{it} + \mu_i + \pi_t + \varepsilon_{it} \tag{6-19}$$

$$\text{quality}_{it} = \beta_{10} + \beta_{11} \text{da}_{it} + \beta_{12} \text{rm}_{it} + \beta_{13} \text{rm}_{it} \times \text{da}_{it} + \delta X_{it} + \mu_i + \pi_t + \varepsilon_{it} \tag{6-20}$$

式(6-19)和式(6-20)中，quality_{it} 代表城市 i 第 t 年的经济高质量发展指数；sa_{it} 和 da_{it} 分别代表生产性服务业专业化和多样化集聚；rm_{it} 代表内涵型资源错配指数；$\text{rm}_{it} \times \text{sa}_{it}$ 和 $\text{rm}_{it} \times \text{da}_{it}$ 分别代表资源错配与生产性服务业专业化和多样化集聚的交互项；X_{it} 代表控制变量；μ_i, π_t 分别代表个体固定效应和时间固定效应；ε_{it} 为误差项。

(二)其他变量的选取和说明

被解释变量为城市经济高质量发展指数(quality)，第四章已有详细测算过程。

核心解释变量为生产性服务业专业化集聚指数(sa)和生产性服务业多样化集聚指数(da)。除了生产性服务业集聚之外,其他影响经济高质量发展的因素还有很多,参考有关研究成果进行筛选,控制变量如下:

市场规模(market):采用社会消费品零售额取对数表示;

平均职工工资(salary):使用当地职工平均工资作代表并取对数;

政府干预(gov):政府的制度安排会显著影响产业结构优化进程,采用人均公共预算支出作为政府干预的代理变量并取对数;

外商直接投资(fdi):使用外商直接投资数表示,以当年汇率进行换算并取对数,为剔除价格变动因素以 2003 年为基期进行平减。

(三)数据来源和描述性统计

选取 2003—2018 年 261 个地级及以上城市的面板数据为研究样本,本节在进行实证研究时使用的变量描述性统计见表 6-10。

表 6-10　　　　　　　　　　　　变量描述性统计

变量	样本数	均值	方差	标准差	最大值	最小值
quality	4176	3.278	0.189	0.435	8.068	1.858
rml	4176	0.347	0.090	0.300	3.142	0.000
rmk	4176	0.319	0.093	0.304	3.321	0.000
sa	4176	0.758	0.080	0.283	2.118	0.080
da	4176	5.060	4.610	2.147	16.317	0.580
market	4176	14.316	1.771	1.331	18.657	10.347
salary	4176	10.411	0.349	0.591	13.265	7.586
fdi	4176	10.914	4.258	2.063	16.833	2.583
gov	4176	8.554	0.902	0.950	14.159	4.756

注:使用 STATA 软件整理;rml 和 rmk 分别代表内涵型劳动力资源错配指数和内涵型资本错配指数。

三、实证分析

通过两步法检验生产性服务业集聚资源配置效应的结果汇总于表 6-11。Panel A 和 Panel B 分别汇总了生产性服务业专业化和多样化集聚与资源配置的关系,从回归结果看,集聚的二次项系数均显著,说明两者之间的关系是非线性的。此外,不同类型资源的错配与生产性服务业集聚的关系表现出异质性,具体来说,专业化集聚和多样化集聚对于资本错配的一次项系数显著为负,但二次项系数显著为正,说明在早期生产性服务业同行业的集聚以及不同行业间的协同集聚,能够有效提升资本在各部门内部和部门间的流动,且在这一阶段由于生产性服务业的发展程度还不够,集聚程度还处于初级阶段,此时的"极化效应"大于"扩散效应",致使集聚区周边资本不断向核心区转移,有利于将资本配置到收益更高的部门,进而缓解资源配置的扭曲。但随着生产性服务业集聚的进一步加剧,集聚的正外部效果逐渐被企业间、行业间对资本和市场的争夺削弱,表现出资本配置效率的恶化,因此生产性服务业集聚对于资本错配的影响呈现出先缓解后加剧的"U"形特征,从回归系数上看,专业化集聚对于资本错配的影响更为明显。与资本错配相反,生产性服务业集聚与劳动力错配之间则呈现出先加剧后缓解的倒"U"形特征,即早期生产性服务业集聚会加剧劳动力错配程度。可能的原因是我国的户籍管理制度本身不利于劳动力供求匹配,"就业难"和"用工荒"即反映我国的劳动力供求结构的失衡。生产性服务业需要技术型、技能型的专业人才,特别是高端生产性服务业的进入壁垒和隐性门槛较高,在地区间的生产性服务业发展水平本就不均衡前提下有可能在集聚的初期仅吸纳本地区的劳动力,从而加剧劳动力错配,如一些单位在招聘条件中明确提出对生源地或户籍地的要求。当集聚水平提升到一定程度时,生产性服务业从产值到功能均逐步壮大,且在这一阶段伴随着经济发展的服务化和城镇化进程,劳动力流动阻碍逐步降低,且劳动力受教育水平整体提升,社会人力资本水平进一步提高,生产性服务业集聚要求新的智力支撑,进而能够获得更大范围的劳动力供给,因此在这一阶段劳动力错配会得到缓解。

Panel C 汇总了生产性服务业集聚基于资源错配对经济高质量发展的影响,发现 rmk 和 rml 的回归系数显著为负数,说明资本错配和劳动力错配对于经济高质量发展具有不利影响。从交互项的系数看,rmk×sa 和 rmk×da 的弹性系数分为 0.807 和 0.0723,且在 1% 的水平下显著,说明生产性服务业集聚能够有效缓解资本错配对于经济高质量发展的不利影响。rml×sa 和 rml×da 的弹性系数为0.115 和 0.0143,在 10% 的水平下显著,说明生产性服务业集聚表现出同样的纠偏效应,进而验证了前文的推断。

表 6-11　　　生产性服务业集聚对经济高质量发展影响的两步回归结果

被解释变量	Panel A 资本错配		Panel B 劳动力错配		Panel C 经济高质量发展			
	(1)	(2)	(3)	(4)	(5)	(6)	(7)	(8)
sa	−0.185**		0.388***		0.0121		−0.214***	
	[−2.6858]		[5.7331]		[0.4571]		[−10.1425]	

续表

被解释变量	Panel A 资本错配		Panel B 劳动力错配		Panel C 经济高质量发展			
	(1)	(2)	(3)	(4)	(5)	(6)	(7)	(8)
sa^2	0.0830*		−0.111**					
	[2.1425]		[−2.9164]					
da		−0.0307***		0.0330***		−0.0027		−0.0214***
		[−4.1772]		[4.5349]		[−0.8296]		[−8.0617]
da^2		0.00186**		−0.00147*				
		[3.1285]		[−2.4897]				
rml					−0.121**	−0.100**		
					[−3.0186]	[−2.8762]		
rml×sa					0.115*			
					[2.3648]			
rml×da						0.0143*		
						[2.2934]		
rmk							−0.352***	−0.0813**
							[−10.8629]	[−2.9046]
rmk×sa							0.807***	
							[21.9952]	
rmk×da								0.0723***
								[15.5280]
控制变量	YES	YES	YES	YES	YES	YES	YES	YES
个体固定	YES	YES	YES	YES	YES	YES	YES	YES
时间固定	YES	YES	YES	YES	YES	YES	YES	YES
N	4176	4176	4176	4176	4176	4176	4176	4176
R-sq	0.0024	0.0061	0.0279	0.013	0.4043	0.4032	0.5141	0.485

注:根据 STATA 测算结果整理,*、**、***分别表示 10%、5%、1%的水平上显著。

考虑到区域间差异,分东部、中部和西部进行分析,表 6-12 汇总了生产性服务业集聚基于资本错配对经济高质量发展影响的分区域回归结果。分区域看,Panel

A 中东部地区的生产性服务业集聚能够有效纠正资本错配,且专业化集聚的作用更大,说明若要提高东部地区的经济高质量发展水平,就应该以行业内的专业化集聚为主。由于目前我国生产性服务业发展水平相对滞后,加强行业内分工深化以提高行业的专业化程度,减少制度性"摩擦",促使行业内部资本合理、高效流动,这有助于发挥生产性服务业集聚对经济高质量发展的推动作用;此外,还应该辅以行业间的合作,促使各细分行业的生产性服务业集聚,有助于扩大集聚区内资本配置范围,而不同产业间的知识溢出更能够促使资本配置和使用效率的提高,进而提高各产业的生产率,从而在更为宏观层面表现出经济增长和技术水平提升。Panel B和 Panel C 回归结果具有相似性,体现为中西部地区生产性服务业多样化集聚会通过资本错配进一步加剧对经济高质量发展的不利影响。可能的原因是中西部地区的生产性服务业多样化集聚水平较低,经济对外开放度相对较低,集聚受到政府产业政策的影响较大,在一定程度上可能并没有完全发挥出市场机制的有效调节作用。表 6-13 汇总了生产性服务业集聚基于劳动力错配对经济高质量发展的分区域回归结果,结果发现生产性服务业集聚对劳动力错配的纠偏效应仅存在于东部地区,而中西部地区的专业化集聚并未发挥显著的劳动力错配纠偏作用。

表 6-12 生产性服务业集聚基于资本错配对经济高质量发展影响的分区域回归结果

	Panel A:东部		Panel B:中部		Panel C:西部	
	(1)	(2)	(3)	(4)	(5)	(6)
rmk	−0.468***	−0.167***	0.114**	0.100**	0.114	0.505***
	[−9.2330]	[−3.4699]	[2.9312]	[3.0726]	[1.0525]	[7.1648]
sa	0.255***		−0.00499		0.0299	
	[6.8390]		[−0.2139]		[0.5088]	
rmk×sa	1.083***		−0.135**		0.172	
	[21.0961]		[−2.6591]		[1.2685]	
da		0.0358***		−0.00014		0.0287***
		[7.4692]		[−0.0486]		[4.3174]
rmk×da		0.110***		−0.0178**		−0.0766***
		[15.7493]		[−2.8747]		[−4.5409]
控制变量	YES	YES	YES	YES	YES	YES
个体固定	YES	YES	YES	YES	YES	YES
时间固定	YES	YES	YES	YES	YES	YES
N	1616	1616	1664	1664	896	896
R-sq	0.6312	0.5866	0.5456	0.546	0.4203	0.4324

注:根据 STATA 测算结果整理,*、**、***分别表示 10%、5%、1%的水平上显著。

表 6-13　　　生产性服务业集聚基于劳动力错配对经济高质量发展影响的
分区域回归结果

	Panel A:东部		Panel B:中部		Panel C:西部	
	(1)	(2)	(3)	(4)	(5)	(6)
rml	−0.153*	−0.13*	−0.00464	0.0304	−0.149	0.0272
	[−1.8805]	[−1.9485]	[−0.1302]	[0.9145]	[−1.3063]	[0.2650]
sa	0.135*		−0.0166		−0.0175	
	[2.3656]		[−0.6799]		[−0.2930]	
rml×sa	0.14*		−0.0645		0.221	
	[1.9821]		[−1.4028]		[1.6684]	
da		−0.00038		$−1×10^{−5}$		0.00487
		[−0.0521]		[−0.0035]		[0.6673]
rml×da		0.0224*		−0.0177**		−0.00149
		[1.9497]		[−2.7869]		[−0.0808]
控制变量	YES	YES	YES	YES	YES	YES
个体固定	YES	YES	YES	YES	YES	YES
时间固定	YES	YES	YES	YES	YES	YES
N	1616	1616	1664	1664	896	896
R-sq	0.4057	0.4002	0.547	0.5491	0.3959	0.3933

注:根据 STATA 测算结果整理,*、**、***分别表示 10%、5%、1%的水平上显著。

四、拓展性研究

根据第三章中的作用机理分析,本节进一步从市场分割的角度对生产性服务业集聚水平与经济高质量发展的关系进行验证。

(一)关于市场分割的测度

1.商品市场分割

市场分割通常表现为商品和要素在区域范围内流动的障碍因素和摩擦成本,现有的文献通常使用"价格法"进行衡量。具体思想为:在商品和要素可以自由流动的区域内,各地区间通常不可能存在除必要流通成本差异之外的价格差异。本节参考陆铭和陈钊(2009)的方法,借助地区间商品的相对价格信息来分析市场整合程度。具体做法为利用《中国统计年鉴》中各省份的环比价格指数数据,构造

2003—2018 年接壤省（市）的相对价格方差 $\mathrm{Var}(P_i^t/P_j^t)$。其中，由于海南省未与其他省份相邻、西藏自治区数据缺失较为严重，故作删除处理，因此将 29 个省（区、市）作为研究对象。对于商品的选取参考了刘志彪和孔令池（2019）的做法，测算公式如下：

$$\Delta Q_{ijt}^k = \ln(P_{it}^k/P_{jt}^k) - \ln(P_{it-1}^k/P_{jt-1}^k) = \ln(P_{it}^k/P_{it-1}^k) - \ln(P_{jt}^k/P_{jt-1}^k)$$

$$(6\text{-}21)$$

其中，k 表示第 k 种商品，使用地区 i 和地区 j 之间商品 k 的价格比的对数值进行一阶差分，若两者间的差距不断增大，则说明地区间存在市场分割，反之，若保持在一定范围内或者未发生较大变化，则认为地区间的市场一体化程度较高。此外，还需要剔除商品异质性所导致的不可加性，如某些粮食产品受到自然气候等因素影响，其价格波动较大，若直接进行加总，则可能会高估由贸易壁垒形成的实际方差值。因此，需要采用去均值方法消除与这种特定商品种类相联系的固定效应带来的系统偏误。此外，由于 ΔQ_{ijt}^k 有符号，Q_{ijt}^k 和 Q_{jit}^k 在数据特征上是等效的，因此对 ΔQ_{ijt}^k 取绝对值。根据测算得到 29 个省（区、市）商品相对价格方差的均值走势，见图 6-3。

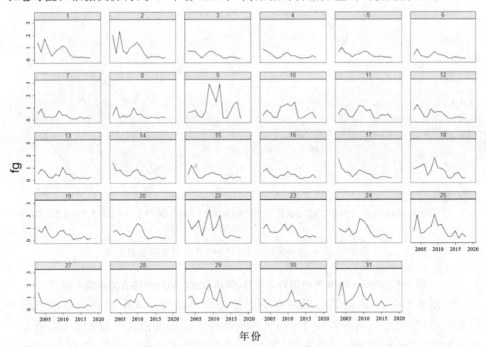

图 6-3　2003—2018 年 29 个省（区、市）商品相对价格方差的均值走势

1—北京；2—天津；3—河北；4—山西；5—内蒙古；6—辽宁；7—吉林；8—黑龙江；9—上海；10—江苏；11—浙江；12—安徽；13—福建；14—江西；15—山东；16—河南；17—湖北；18—湖南；19—广东；20—广西；22—重庆；23—四川；24—贵州；25—云南；27—陕西；28—甘肃；29—青海；30—宁夏；31—新疆

从图 6-3 中看出 29 个省(区、市)商品相对价格方差的均值波动幅度呈现收窄趋势,但需要承认的是,目前国内商品市场的分割状态并未完全消除,不同省份间也表现出一定的异质性。主要表现为四个直辖市和一些西部地区包括贵州、云南、青海和新疆等表现出了较高的商品市场分割水平,说明这些地区的商品相较于其他大部分省份有着更高的价格波动幅度。而东部地区的商品市场分割水平相对更低,说明其市场一体化水平更高。

2.要素市场分割

相较于商品市场分割,要素市场分割可能更为严重。因此,本节也进一步测度了要素市场分割水平,使用价格法测算了中国省级层面的劳动力市场分割程度和资本市场分割程度,见图 6-4。具体做法是:(1)基于《中国统计年鉴》中各省份的环比工资指数,使用"价格法"思路测算职工平均工资指数;(2)利用《中国统计年鉴》中各省份的固定资产投资环比指数来度量资本市场分割程度。

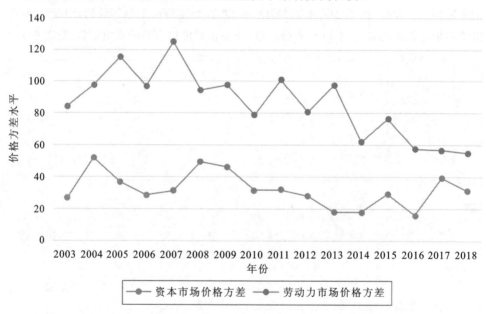

图 6-4　2003—2018 年中国资本市场、劳动力市场相对价格方差均值走势

如图 6-4 所示,由测算结果发现中国劳动力市场分割水平要高于资本市场分割水平,且劳动力市场分割在 2007 年达到最高点后呈波浪式下降趋势,而资本市场分割在 2004 年达到最高后下降,2008 年达到次高点后逐步降低,但在 2014 年后资本市场分割程度却加剧。

(二)模型设定和变量选取

根据第三章的机制分析认为各省(区、市)的地方保护主义造成的市场分割阻碍了生产性服务业集聚,参考陆铭和陈钊(2009)的做法,采用解释变量的滞后了一期以缓解内生性问题。为了验证市场分割是否不利于生产性服务业集聚和其资源配置的纠偏效应发挥,本节构建如下模型:

$$\text{rml}_{it} = \alpha_0 + \alpha_1 \text{seg}_{it-1} + \alpha_2 \text{agglo}_{it-1} + \alpha_3 \text{seg}_{it-1} \times \text{agglo}_{it-1} + \alpha_4 \text{control}_{it-1} + \varepsilon_{it}$$

$$(6\text{-}22)$$

$$\text{rmk}_{it} = \beta_0 + \alpha_1 \text{seg}_{it-1} + \beta_2 \text{agglo}_{it-1} + \beta_3 \text{seg}_{it-1} \times \text{agglo}_{it-1} + \beta_4 \text{control}_{it-1} + \varepsilon_{it}$$

$$(6\text{-}23)$$

根据前文的测算,市场分割数据仅能获得至省级层面,因此采用 29 个省(区、市)数据进行验证(删除了海南和西藏)。rml_{it} 和 rmk_{it} 分别代表省份 i 第 t 年的劳动力错配和资本错配水平,seg_{it} 代表了市场分割水平,使用商品市场分割来表示,agglo_{it} 代表省级层面的生产性服务业集聚水平,包括生产性服务业专业化集聚(sa)和多样化集聚(da),$\text{seg}_{it} \times \text{agglo}_{it}$ 代表市场分割与生产性服务业集聚的交互项,control_{it} 为控制变量,ε_{it} 代表误差项。

根据现有文献,选取了以下控制变量:

经济发展水平(pgdp):用人均地区生产总值来表示;

政府干预(gov):使用地方政府财政支出总额占 GDP 比重代表;

外商直接投资(fdi):使用外商直接投资额表示并根据当年汇率进行折算,以 2003 年为基期进行平减并取对数;

技术创新水平(innov):采用专利授权数来代表。其描述性统计见表 6-14。

表 6-14　　　　　　　　　　　　　　描述性统计

变量	观测值	均值	方差	标准差	最大值	最小值
rml	464	0.443	0.196	0.443	3.424	0.001
rmk	464	0.233	0.032	0.179	1.471	0.001
sa	464	0.987	0.082	0.286	2.244	0.643
da	464	5.444	2.770	1.664	13.428	3.278
seg	464	−0.903	0.669	0.818	1.067	−2.753
pgdp	464	10.286	0.550	0.741	11.851	8.190
fdi	464	6.001	2.229	1.493	9.864	1.946
gov	464	0.0102	0.0124	0.0352	0.0470	0.0694
innov	464	9.172	2.644	1.626	13.078	4.248

注:使用 STATA 软件整理。

（三）实证分析

为了缓解潜在的内生性问题,采用系统 GMM 方法进行估计,根据 Sargan(P-value)结果判断不存在弱工具变量问题(表 6-15)。Panel A 汇总了市场分割与生产性服务业集聚对资本错配的影响,从方程(1)的回归系数来看,专业化集聚能够降低资本错配的水平,其弹性系数为 -0.0468,且在 5% 的水平上显著;但市场分割显著增加了资本错配水平,其弹性系数为 0.00452,其交互项 l. sa×seg 的系数为 -0.0373,且在 1% 的水平上显著,该系数符号为负但其绝对值小于 l. sa 的回归系数 -0.0468 的绝对值,说明市场分割会削弱生产性服务业专业化集聚对于资本错配的改善作用。从方程(2)的回归系数来看,市场分割的回归系数亦显著为正,说明市场分割会加剧资本错配,而多样化集聚与市场分割的交互项 l. da×seg 的系数显著为正,说明市场分割会叠加生产性服务业多样化集聚对资本错配的影响继而加剧资本错配。Panel B 中专业化集聚与市场分割交互项 l. sa×seg 和多样化集聚与市场分割的交互项 l. da×seg 系数均为正,且分别在 10% 和 5% 的水平上显著,说明市场分割不利于生产性服务业集聚对劳动力错配纠偏作用的发挥,进而表现为加剧劳动力错配。

表 6-15　市场分割、生产性服务业集聚与资源错配的系统 GMM 回归结果

	Panel A		Panel B	
	资本错配		劳动力错配	
	(1)	(2)	(3)	(4)
l. rmk	1.089***	1.065***		
	[120.6440]	[116.4962]		
l. rml			0.915***	0.915***
			[105.5557]	[99.9767]
l. sa	-0.0468**		-0.052*	
	[-3.0675]		[-1.9272]	
l. seg	0.00452**	0.0359***	0.00205	0.0443*
	[3.0055]	[3.3045]	[0.7486]	[2.5228]
l. sa×seg	-0.0373***		0.0268*	
	[-5.6234]		[2.4740]	
l. da		0.0587***		-0.0222
		[4.5763]		[-1.0363]

续表

	Panel A		Panel B	
	资本错配		劳动力错配	
	（1）	（2）	（3）	（4）
l. da×seg		0.0183 **		0.0267 **
		[2.9352]		[2.6783]
control	YES	YES	YES	YES
N	435	435	435	435
Sargan（P-value）	1030.294(0.0000)	979.7501(0.0000)	272.3965(0.0000)	272.219(0.0000)

注:根据 STATA 测算结果整理,*、**、***分别表示 10%、5%、1%的水平上显著。

上文已验证了市场分割不利于生产性服务业发挥资源错配的纠偏作用,甚至加剧了要素错配,但还无法解释近年来的生产性服务业集聚水平低下以及地区间经济高质量发展水平差距增大的原因,因此本节将进一步验证这些现象的出现是否与地方政府不当引导所导致的市场分割有关。从第四章的特征事实中发现,2013 年后出现了生产性服务业集聚水平的下降、生产性服务业与制造业空间地理上的分离与经济高质量发展的区域差距增大相交织的复杂情况。因此基于 2013 年分时段进行比较。根据各省(区、市)的经济高质量发展指数测算各年度不同地区间的经济高质量发展差距均值,由于测算出的不同地区经济高质量发展水平的差异是有符号的,为避免在求均值时因符号不同而被中和,采用绝对值计算。

表 6-16 中汇总了分时段回归结果,Panel A 汇总了 2003—2013 年生产性服务业集聚对于地方间经济高质量发展差距的影响,生产性服务业集聚与市场分割的交互项系数并不显著,可以认为市场分割与生产性服务业集聚并非地区间发展不平衡的主要因素。但 Panel B 中则相反,无论生产性服务业专业化集聚还是多样化集聚,其与市场分割的交互项系数均显著为正,说明市场分割与生产性服务业集聚加剧了高质量发展水平的地区差异。这一方面缘于经济服务化转变使得国家更加重视生产性服务业发展,2014 年的《国务院关于加快发展生产性服务业促进产业结构调整升级的指导意见》全方位战略性地确定了生产性服务业对于推动制造业和国民经济发展的重要作用,在这一阶段出现了一批政府引导型的高新技术服务园区,而在此之前,虽然生产性服务业不断发展,但并未有关于此的纲领性的"顶层设计",因此市场分割和生产性服务业集聚对于区域间差距增大的作用并不明显。另一方面,随着政策措施效果的发挥和地方政府对于本地生产性服务业集聚的重视,地方纷纷掀起发展生产性服务业的热潮。然而生产性服务业产品的无形性、不可分割性等使其"契约密集型"属性相当明显,这种"事前定价""事后检验"的

产业特性导致的服务效用不确定性容易引发机会主义和道德风险,使得影响契约规制的政府部门与生产性服务业部门之间的关系更加密切。

表 6-16　市场分割、生产性服务业集聚与地区经济高质量发展差异的
系统 GMM 检验回归结果

被解释变量:qgap	Panel A		Panel B	
	研究时段:2003—2013		研究时段:2014—2018	
	(1)	(2)	(3)	(4)
l. qgap	0.603***	0.560***	0.259***	0.248***
	[12.0805]	[10.9093]	[3.7494]	[3.6541]
l. sa	0.0232		−0.00221	
	[0.2254]		[−0.0257]	
l. seg	0.0259**	0.0748	−0.0504***	−0.206***
	[2.6399]	[0.9473]	[−5.6598]	[−3.3893]
l. sa×seg	0.0331		0.159***	
	[0.6921]		[4.1905]	
l. da		−0.265***		−0.121
		[−3.6993]		[−1.5491]
l. da×seg		−0.0325		0.0891*
		[−0.7230]		[2.5303]
control	YES	YES	YES	YES
N	290	290	145	145
Sargan(P-value)	286.1669(0.0000)	268.0276(0.0000)	183.0321(0.0000)	188.1181(0.0000)

注:根据 STATA 测算结果整理,*、**、***分别表示 10%、5%、1%的水平上显著。

第四节　本章小结

为了探究生产性服务业集聚对于经济高质量发展的作用机制,本章对其三条作用路径即规模经济效应、技术创新效应和资源配置效应进行检验。

第一节分别从中观行业层面和微观企业层面检验规模经济效应是否存在。具体而言,在制造业行业层面,通过引入制造业行业成本与生产性服务业集聚交互项

发现生产性服务业集聚对于降低制造业成本进而促进经济高质量发展的作用更为明显,且专业化集聚所发挥的作用更大,由此证明了生产性服务业集聚有助于制造业行业规模经济发挥,进而促进其产业结构高质量发展。此外,选取 2003—2018 年沪深 A 股企业作为研究对象,发现生产性服务业集聚通过发挥规模经济效应为企业提供价低质优的专业化中间服务,节约生产经营成本,进而有利于全要素生产率的提升。

第二节采用中介机制检验技术创新效应,发现技术创新在生产性服务业专业化集聚与经济高质量发展之间发挥了显著的部分中介作用,中介效应占比为 3.86%,说明我国生产性服务业专业化集聚通过技术创新促进经济高质量发展的作用较弱。技术创新在生产性服务业多样化集聚与经济高质量发展之间并不具有中介效应,虽然多样化集聚对技术创新具有促进作用,这与现有文献结论基本一致。但生产性服务业多样化集聚所产生的技术创新并未使产业走向整体经济效率的提升,更未形成普惠的民生改善。这主要缘于我国多样化集聚水平不高,产业间的相互协作和创新作用更多作用于企业或产业的效率提高,但对整体社会经济高质量发展还未发生显著影响,现有文献的结论可能过于乐观。对于各细分行业而言,技术创新中介效应存在于租赁和商务服务业专业化集聚、金融业多样化集聚以及科学研究和技术服务业专业化集聚中。

第三节创新性地从生产性服务业集聚基于资源错配对经济高质量发展的影响入手,首先验证了生产性服务业集聚对于资本和劳动力错配的影响,发现生产性服务业集聚与资本错配具有"U"形非线性关系,即集聚对资本错配的作用表现为先改善后加剧;与劳动力错配具有倒"U"形非线性关系,即只有当生产性服务业集聚达到某一程度时才表现为对劳动力错配的改善,在此前则表现为加剧劳动力错配,这可能与生产性服务业的技术密集型属性相关。之后,验证生产性服务业集聚能够通过纠正资源错配推动经济高质量发展的提高。从分区域来看,生产性服务业集聚对资本错配的纠偏效应仅存在于东部地区,中部地区会因为集聚产生更为严重的错配,进而抑制经济高质量发展,而西部地区的影响并不显著。生产性服务业集聚的劳动力错配纠偏效应仅存于东部地区,中西部区域不显著。此外,为进一步探究资源配置扭曲的来源,从市场分割的角度探讨政府的地方保护对于资源配置的扭曲所产生的影响,发现我国仍存在较为严重的商品和要素市场分割,且要素市场分割要更为严重。不仅如此,市场分割还会削弱生产性服务业集聚对于资源错配的改善效果。分时段研究测算发现,市场分割不仅阻碍了生产性服务业对于资源错配的纠偏作用,还在一定程度上加剧了地区间的发展差距,进而验证了前文的理论假设。

第七章 结论、对策与展望

生产性服务业不仅是众多西方发达国家经济增长的重要引擎,也被视为新发展阶段下助推我国经济高质量发展的新动能。将生产性服务业集聚作为我国加快生产性服务业发展的基本原则之一,充分发挥生产性服务业集聚的规模经济效应、技术创新效应和资源配置效应,是中国未来实现规模经济、创新驱动和资源有效配置,促进经济高质量发展的重要突破口。

第一节 主 要 结 论

本书基于产业集聚理论和绿色经济理论提出生产性服务业集聚对于经济高质量发展的基本假设,包括生产性服务业集聚对经济高质量发展的空间溢出效应以及其对经济高质量发展各分维度的影响分析。梳理生产性服务业集聚对于经济高质量发展的三条作用机制,包括生产性服务业集聚所产生的规模经济效应、技术创新效应及资源配置效应,采用逻辑演绎和数理模型推导相结合的方式说明生产性服务业集聚对于经济高质量发展的作用机理,针对研究假设和作用机理进行实证检验。本书主要的研究结论为:

第一,生产性服务业专业化集聚和多样化集聚能显著提升本地和邻近地区的经济高质量发展水平,存在正向空间溢出效应。生产性服务业专业化集聚(sa)对本地和邻地的经济高质量发展具有显著的促进作用,其直接和间接效应弹性系数分别为 0.0803 和 0.0903。生产性服务业多样化集聚(da)的直接效应和间接效应的弹性系数分别为 0.00984 和 0.0237,多样化集聚系数小于专业化集聚系数,说明当前阶段我国生产性服务业专业化集聚对于经济高质量发展的作用更大。这主要是因为我国大部分地区仍处于专业化集聚发展阶段,多样化集聚仅存在于市场容量和利润空间较大区域,且多样化集聚更依赖于经济发展水平、市场规模、产业结构等因素,通常高级别城市更具备发展的条件,但从整体水平来看,高级别城市数量较少,这也是从平均水平上看专业化集聚对于经济高质量发展水平的作用更大的主要原因。

第二,通过异质性分析发现高端生产性服务业集聚能够有效促进本地和邻近地区的经济高质量发展,而低端生产性服务业的促进作用有限,其主要通过低端多样化集聚促进经济高质量发展。从生产性服务业各细分行业来看,信息传输、软件和信息技术服务业专业化和多样化集聚,交通运输、仓储和邮政业多样化集聚,金融业多样化集聚以及科学研究和技术服务专业化集聚有利于本地的经济高质量发展。交通运输、仓储和邮政业专业化和多样化集聚,租赁和商务服务业专业化集聚,信息传输、软件和信息技术服务业多样化集聚,金融业多样化集聚以及科学研究和技术服务专业化集聚具有正向的空间溢出效应。从区域来看,专业化集聚仅对中部地区具有显著促进作用,并表现为空间的正向溢出效应,但对东部和西部地区均没有显著影响。对于多样化集聚,东部和中部地区表现为对本地和邻近区域具有显著促进作用,多样化集聚对于东部地区的作用更大。多样化集聚对西部地区经济高质量发展的影响不显著。

第三,从生产性服务业集聚对经济高质量发展的各分维度分析发现,生产性服务业集聚对于经济增长质量具有促进作用,但仅表现对经济成果与效率的正向作用,对于经济稳定性并不产生显著的影响。生产性服务业集聚对于整体产业结构高质量发展并没有显著的促进作用,甚至加剧了不同产业间生产率差异,不利于行业间的生产率差异收敛。但相较于中端制造业,生产性服务业专业化和多样化集聚更能促进高端制造业发展。此外,生产性服务业集聚确实具有低能耗和低资源依赖特点,但其并未有效发挥对制造业节能减排的效果,制造业企业对于高端生产性服务的需求更多是为了提高生产效率,获得更大的市场和更多的利润,而对于绿色生产方式的改造、绿色技术的应用则相对较少。生产性服务业集聚能够显著促进民生福祉高质量发展,且主要通过提高基础设施和教育医疗水平两方面促进经济高质量发展,对人居环境作用并不明显。

第四,生产性服务业集聚具有促进生产成本降低的规模经济效应、实现技术驱动的技术创新效应和纠正资源错配的资源配置效应,这三种效应共同作用于经济高质量发展。具体而言,生产性服务业集聚为企业提供价低质优的专业化中间服务,节约生产经营成本,进而有利于全要素生产率的提升,发挥了规模经济效应。采用中介机制检验技术创新效应,发现技术创新在生产性服务业专业化集聚与经济高质量发展之间发挥了显著的中介作用,中介效应占比为3.86%,说明我国生产性服务业专业化集聚通过技术创新促进经济高质量发展的作用较弱。技术创新在生产性服务业多样化集聚与经济高质量发展之间并不具有中介效应,虽然多样化集聚对技术创新具有促进作用,这与现有文献结论基本一致。但生产性服务业多样化集聚所产生的技术创新并未使产业走向整体经济效率的提升，更未形成普惠的民生改善。这主要缘于我国的多样化集聚水平不高，产业间的相互协作和创新更多作用于企业或产业的效率提高，但对整体社会经济高质量发展还未产生显著影响，现有文献的结论可能过于乐观。对于各细分行业而言，技术创新中介效应存在于租赁和商务服务业专业化集聚、金融业多样化集聚以及科学研究和技术服务业专业化集聚中。

第五，生产性服务业集聚对资本错配影响具有"U"形特征，即集聚对资本错配的作用表现为先改善后加剧；对劳动力错配影响呈现倒"U"形特征，即只有当生产性服务业集聚达到一定程度时才表现为对劳动力错配的改善，在此前则表现为加剧劳动力错配，这与生产性服务业的技术密集型属性相关。从分区域来看，生产性服务业集聚对资本错配的纠偏效应仅存在于东部地区，中部地区会因为集聚产生更为严重的错配，进而抑制经济高质量发展，而西部地区的影响并不显著。生产性服务业集聚的劳动力的纠偏效应仅存于东部地区，而中西部区域不显著。从市场分割的角度看，政府地方保护形成的市场分割会削弱生产性服务业集聚对于资源错配的改善效果，我国仍存在较为严重的商品和要素市场分割，且要素市场分割要更为严重。市场分割不仅阻碍了生产性服务业对于资源错配的纠偏作用，且在一定程度上加剧了地区间的发展差距。

第二节 对策建议

生产性服务业集聚与经济高质量发展涉及多学科领域，本书基于经济学研究方法，通过理论分析和实证检验探讨了生产性服务业集聚对于经济高质量发展的影响，从而为推动经济高质量发展提供借鉴。

一、汇聚中高端要素，提高创新驱动能力

金融业，信息传输、软件和信息技术服务业，以及科学研究和技术服务业等高端生产性服务业集聚对提升区域创新驱动力，助力经济高质量发展作用明显。政府部门应当畅通金融资源流动渠道，在合理的范围内逐步消除阻碍资金高效流动的制度性障碍，使金融资源更多地普惠非国有企业或具有成长空间的中小企业。在信息技术基础设施建设逐步完善的今天，要强调信息技术服务业在农业、制造业和生活性服务业中的应用，主要通过信息技术手段整合企业的信息资源，达到对客户的精准画像以及服务的精准推送，并加强信息和数据要素管理，充分发挥信息要素对企业创新发展的服务功能。科学研究产业应该发挥其创新能力，充分发挥专

业化集聚优势并逐步提高科研转化能力,打通科学研究领域与技术运用的中间环节,做好知识产权保护立法和科研成果激励制度的顶层设计。聚集优势创新资源,激发社会强大创新活力,克服创新能力不强的"阿喀琉斯之踵",需要强化人才支撑和技术支持。生产性服务业集聚说到底是人才和企业的集聚,应鼓励竞争、扩大开放,统筹服务创新资源,在推动多利益相关方协同共治的同时,重视服务领域的人才和科技支撑、组织创新和管理创新,夯实服务经济的微观基础,推动微观企业的服务化进程。一方面,要加强人才培养和技能人才的再培训,集聚区可以和高校或职业院校建立合作培养机制,培养企业所需要的专业化人才;此外,还要加强对在岗人员的培训,利用生产性服务业集聚优势实现正式或非正式的交流与合作,注重形成一批顺应生产性服务业高质量发展要求的企业。另一方面,科学技术要面向经济主战场,推动科技与制造业的深度融合,加强创新链与产业链对接;整合技术攻关,打造自主创新研发体系,注重基础研究和应用研究的衔接,关注围绕生产性服务业的衍生产品的自主创新,消弭生产性服务业与制造业间的技术壁垒。

此外,不仅应注重要素驱动的创新,还应该注重管理模式和服务模式的创新。生产性服务业不应该仅注重产业链的某一环节的功能性服务,而要逐步从提供单一服务向提供整体解决方案转变。如信息科技服务公司利用信息和数据搜集优势整合行业资源、延伸服务范围,通过提供售前咨询、方案规划仿真、研发设计、智能制造、施工及试运行、售后服务等一揽子服务,为客户提供从咨询到售后的全过程服务体系和整体解决方案。

二、优化制造业与生产性服务业空间布局

应围绕制造业企业发展需求,尊重产业集聚和产业融合发展的市场规律,避免单纯通过行政手段强制推动产业集聚,应该建立以市场机制为导向的协同集聚模式。首先,制造业企业有效整合资源,将不擅长的内置服务进一步外部化,借助已有的制造业自身优势和产业集聚优势,自主吸引具有关联性的生产性服务业在其周边落户,利用企业外的服务资源,集中力量搞好技术研发、市场拓展和品牌运作等核心业务。此外,充分发挥信息技术服务业的优势,这在一定程度上能够缩短生产性服务业企业与制造业之间的空间距离,建立信息共享平台和有序的中介体系,实现生产性服务与工业制造环节的有序、有效对接。其次,生产性服务业应该注重自身内部结构调整,在了解制造业企业需求的同时充分发挥自身的创新引领作用,重点培育知识密集型生产性服务业,为其与制造业的融合提供更多机会,着力推进高端制造以及智能制造的发展,将高新技术合理嵌入本地区产业链中。最后,对于有条件发展高新技术产业或已经形成了比较优势的地区,应该注重内部的合理分工及其配套产业的优势互补,充分发挥互联网企业范围经济、规模经济和低能耗优

势,形成制造业和生产性服务业发展的良性互动,推动制造业和生产性服务业的融合发展,真正发挥出生产性服务业所本应具有的潜在经济动力和绿色发展能力。

三、增强对农业和服务业的支持作用

要充分利用生产性服务业的产业渗透和带动作用,增强生产性服务业对农业生产和服务业升级的支持作用。对于农业,应该分区域、分步骤实施生产性服务业对农业的支持战略。一方面在农业生产基础好、基础设施条件成熟的地方试点推广生产性服务业对农业的改造,通过信息通信和人工智能技术实现农业的科学化培育种植,加快金融服务的惠农、支农力度,促进农业生产的现代化和智能化。将科学技术有效导入农业生产活动中,促进传统农业向现代农业转化,是对"藏粮于地、藏粮于技"的具体践行。另一方面,对于农业生产条件较为落后的区域,要发挥村集体、县乡政府力量,做好对农户的宣传,同时引导具有良好资质的生产性服务业进入农村,通过生产性服务外包让农民切实感受到实惠。对于服务业,需要逐步探索和引导生产性服务业与消费性服务业以及公共服务业的合作新模式,整体提高服务业的劳动生产率,促进服务业高质量发展。

四、结合本地产业优势,合理实施产业政策

各地应该研究本地的比较优势,掌握周边地区的经济与产业发展水平并做好顶层设计,要根据不同地区的产业特点采取差异化的产业发展政策,避免"齐头并进"和"遍地开花"的低效重复建设。对于已经形成集聚优势的地区,进一步加强引导,推动产业服务化、专业化、精益化和集聚化变革。首先,东部地区应在现有良好的生产性服务业发展环境下保留几个有特点的重点支撑产业,主要依靠企业研发、创新和制度优势进一步提升地区生产性服务业的发展层级,依托已有的智慧园区建设和人才技术等要素优势发展高端生产性服务业。中西部可以承接部分中低端生产性服务,如将仓储、邮政、租赁和商务服务等中低端生产性服务作为主要目标,同时依托交通运输产业与东部地区形成优势互补。其次,鉴于不同产业引领作用与城市规模之间的匹配性,现今许多城市采取的"退二进三"政策虽然有其合理性,却不是对每个城市和地区都适用,具有不同功能和战略定位指向的城市应该结合自身发展阶段,明确"两业"之间的关系,即究竟是生产性服务业的发展引领制造业的空间集聚还是制造业发展带动生产性服务业集聚,在厘清关系的基础上合理安排产业发展优先顺序。为了避免高级别城市拿到了资源却未合理使用,在资源、项目分配上应该实行绩效管理,形成项目的长效监管机制。最后,清除生产性服务业发展障碍,推进服务市场化改革,对于不同市场主体,通过放宽市场准入、简化审批程序、完善财税政策等,给予必要的政策支持,建立有序的服务业竞争秩序,健全服务体系。

五、加强生产性服务业的绿色服务功能

有效利用生产性服务业的中间投入特性将绿色发展理念融入生产环节,通过信息技术和平台优势将用能企业、环保服务公司、节能设备商、区域政府等主体串联起来,将企业的金融需求、客户的市场需求、服务商的供应链采购需求、政府的政策需求通过技术服务手段、金融服务手段进行有效匹配,实现绿色生产技术和清洁能源在生产环节中的有效嵌入。政府可加大对高科技环保服务企业的扶持,引导制造业企业将治污环节外包,以实现生产环节的绿色化。此外,促进科学研究和技术服务业与制造业企业的合作,加快清洁技术在制造企业间的扩散,促进生产环节向低污染、高附加值的两端延伸,通过改变投入方式,使用更多的节能环保技术及服务投入替代物质能源消耗,更多地使用研发设计、第三方物流、融资租赁、信息技术服务等服务要素作为中间投入,加强生产性服务业对于制造业的绿色化转型作用。

六、改革地方政府主导型产业政策的实施方式

要实现经济高质量发展,不仅要有先进的科技、现代的管理方式,还需要完善的治理以及维持上述优势的政策和制度框架。党的十九大报告中提出"宏观调控有度",明确要求政府干预要"有度"。政府在制定各类经济政策、履行经济管理职能时,须遵循"有度"的总要求,地方政府应减少行政命令式的政策干预,发挥企业和微观主体的能动性,真正让市场在资源配置中起决定性作用。最优的政策是应保持"空间中立性",政府应当为城市间的竞争创造一个公平环境,支持企业和个人在其生产率最高的地方落户(国务院发展研究中心和世界银行联合课题组,2014)。具体来说,从市场的内在发展逻辑来看,需要充分发挥市场的决定性作用,提倡在市场机制作用下的自然集聚。此外,地方政府应该摒弃区域间的"行政区"治理模式,降低制度性"摩擦"对生产要素的阻碍,让生产性服务业企业能够突破行政边界获得更为广阔的市场,进而提升其服务能力和扩大其辐射半径,发挥其资源错配的纠偏作用。

第三节 研究局限及展望

尽管本书对生产性服务业集聚与经济高质量发展的相关问题进行了研究,但现有关于相关问题的系统研究还不多,加之时间的限制和数据可获得性的制约,本研究存在着一定的局限性。

第一,本书在研究生产性服务业集聚对经济高质量发展的影响时,其传导途径包括了规模经济、技术创新和资源配置,但是在现实中,这三大因素必定存在着内在联系,无法割裂或独立存在。此外,也必定存在其他因素,实际上是生产性服务业集聚对经济高质量发展产生影响的中介因素,而这些因素无法穷尽,无法全部纳入理论模型,所以本书对这方面的分析具有一定的局限性。

第二,在机制分析中,对技术创新和市场分割的度量采用的是省际数据,而主要回归分析均使用城市层面的数据。这是由于在国家统计局目前公布的与技术创新和市场分割有关的数据中,省级层面数据是目前所能得到的样本中可能实现实证研究的最为具体的数据。本书作者将在未来城市层面的统计数据更为细致和具体的情况下,继续完善这部分的实证研究。

第三,本书从经济增长质量、产业结构升级、节能减排效果和民生福祉提高四个维度构建了经济高质量发展评价指标体系,包含了4个维度9个分项指标共计23个基础指标。但在指标选取过程中,本书在试图进一步拓展研究尺度的同时,不可避免地因数据的可得性制约而舍弃了一些比较重要的相关指标。因此,数据的可得性在一定程度上影响了本书对经济高质量发展水平测度的精确性。

第四,在作用机理分析中对生产性服务业集聚与土地资源错配进行了分析,但在现实中由于土地是稀缺品,政府对其管制较为严格,因此本书在实证检验中未对土地的资源错配进行验证,在今后的研究中会进一步挖掘。

参 考 文 献

一、著作类

[1]　马歇尔.经济学原理[M].贾开吉,译.沈阳:万卷出版公司,2012:201-204.

[2]　安虎森.空间经济学原理[M].北京:经济科学出版社,2005:132-147.

[3]　克鲁格曼.萧条经济学的回归[M].刘波,译.北京:中信出版社,2012:78-80.

[4]　萨缪尔森,诺德豪斯.经济学(第18版)[M].北京:人民邮电出版社,2008:313-329.

[5]　程大中.生产者服务论:兼论中国服务业发展与开放[M].上海:文汇出版社,2006:11.

[6]　程大中.中国生产性服务业发展与开放:理论、实证与战略[M].上海:复旦大学出版社,2020:2-5.

[7]　陈晓峰.生产性服务业与制造业协同集聚的机理及效应研究:以长三角城市群为例[M].北京:经济科学出版社,2020:2-5.

[8]　樊文静.中国经济服务化发展悖论的动态测度和演化机理研究——基于中间需求视角[M].北京:人民出版社,2019:37-41.

[9]　高培勇.经济高质量发展理论大纲[M].北京:人民出版社,2020:12-14.

[10]　格鲁伯,沃克.服务业的增长:原因和影响[M].上海:上海三联书店,1993:178-191.

[11]　国家发展和改革委员会.《中华人民共和国国民经济和社会发展第十三个五年规划纲要》辅导读本[M].北京:人民出版社,2016:45-47.

[12]　过晓颖.区域生产性服务业的集聚与创新研究[M].北京:经济科学出版社,2013:172-177.

[13]　洪银兴.可持续发展经济学[M].北京:商务印书馆,2000:1-2.

[14] 李新忠,汪同三.空间计量经济学的理论与实践[M].北京:社会科学文献出版社,2015:11-13.

[15] 梁琦,等.空间经济:集聚、贸易与产业地理[M].北京:科学出版社,2014:79-81.

[16] 刘树林.产业经济学[M].北京:清华大学出版社,2012:262.

[17] 陆铭,陈钊.中国区域经济发展中的市场整合与工业集聚[M].上海:上海三联书店,2006:46-50.

[18] 曼昆.经济学原理:微观经济学分册(第7版)[M].梁小民,梁砾,译.北京:北京大学出版社,2015:211-225.

[19] 任保平,等.新时代中国经济高质量发展研究[M].北京:人民出版社,2020:171-175.

[20] 孙斌栋,汪明峰,张文新,等.中国城市经济空间[M].北京:科学出版社,2018:77-80.

[21] 孙学工,郭春丽,等.中国经济高质量发展研究[M].北京:人民出版社,2020:4-8.

[22] 藤田昌久,蒂斯.集聚经济学:城市、产业区位与全球化(第二版)[M].石敏俊,等,译.上海:格致出版社,2016:150-153,197-208.

[23] 王珺,等.产业集聚与区域经济协调发展研究[M].北京:经济科学出版社,2012:36-38.

[24] 吴培培.产业集聚形成机理及作用机制的理论与经验研究[M].上海:同济大学出版社,2020:42.

[25] 吴建峰.经济改革、集聚经济和不均衡增长:中国产业空间分布的经济学观察1980—2010[M].北京:北京大学出版社,2014:5.

[26] 肖光恩,刘锦学,谭赛月明.空间计量经济学——基于MATLAB的应用分析[M].北京:北京大学出版社,2018:44-49.

[27] 宣烨,余泳泽.中国生产性服务业发展战略与路径研究[M].北京:中国经济出版社,2020:1-3,47-51.

[28] 斯密.国富论(上)[M].贾拥民,译.北京:中国人民大学出版社,2016:506-508.

[29] 杨小凯,黄有光.专业化与经济组织——一种新兴古典微观经济学框架[M].北京:经济科学出版社,1999:239-242.

[30] 杨云彦,陈浩.人口、资源与环境经济学[M].武汉:湖北人民出版社,2017:214.

[31] 中共中央编译局.中共中央关于制定国民经济和社会发展第十三个五

年规划的建议[M].北京:中央编译出版社,2015:171-173.

[32] ALLEN D W,LUECK D. The Nature of the Farm:Contracts,Risk and Organization in Agriculture[M]. Cambridge: MIT Press,2002:113-115.

[33] MÁTYÁS L,SEVESTRE P. The econometrics of panel data: fundamentals and recent developments in theory and practice[M]. 3rd ed. Berlin: Springer-Verlag Press,2008:247-249.

[34] ARRIGHETTI A,SERAVALLI G,WOLLEB G. Social capital institutions and collective action between firms[M]. New York: Oxford University Press,2008:88-96.

[35] BROWNING H,SINGELMAN J. The emergence of a service society: Demographic and sociological aspects of the sectoral transformation of the labor force in the USA[M]. Springfield: National technical information service,1975: 246-249.

[36] DANIELS P W. Services industries: a geographical appraisal[M]. London: Routledge,1986:308.

[37] DANIELS P. Service industries: growth and location[M]. 2nd ed. Cambridge: Cambridge university press,1982:55-77.

[38] GLAESER E L. Agglomeration economics[M]. Chicago: The university of Chicago press,2010:23-24.

[39] HOOVER E M. Location Theory and the Shoe and Leather Industries [M].Cambridge: Harvard university press,1937:56-60.

[40] PORTER M E. The competitive advantage of nations[M]. New York:The free press,1990:98-103.

[41] SASSEN S. The global city: New York,London,Tokyo[M]. Princeton: Princeton University Press,2001:85-170.

[42] TAYLOR P J,BEAVERSTOCK J V, COOK G, et al. Financial service clustering and its significance for London[M]. London: Corportation of London,2003:30-45.

二、期刊类

[43] 白成太,陈光.上市公司生产效率分析指标构建[J].技术经济,2016,35（3）:102-108.

[44] 白重恩,杜颖娟,陶志刚,等.地方保护主义及产业地区集中度的决定因素和变动趋势[J].经济研究,2004,39(4):29-40.

[45] 蔡昉.生产率、新动能与制造业——中国经济如何提高资源重新配置效率[J].中国工业经济,2021(5):5-18.

[46] 蔡宏波,杨康,江小敏.行业垄断、行业集聚与服务业工资——基于299个四位数细分行业的检验[J].统计研究,2017,34(2):67-78.

[47] 曹春方,张婷婷,范子英.地区偏袒下的市场整合[J].经济研究,2017,52(12):91-104.

[48] 曹聪丽,陈宪.生产性服务业集聚、城市规模与经济绩效提升——基于空间计量的实证研究[J].中国经济问题,2018(2):34-45.

[49] 曹聪丽,陈宪.生产性服务业发展模式、结构调整与城市经济增长——基于动态空间杜宾模型的实证研究[J].管理评论,2019,31(1):15-26,61.

[50] 常瑞祥,安树伟.中国生产性服务业的空间聚集与变化——基于285个城市的实证研究[J].产经评论,2016,7(6):39-49.

[51] 陈保启,李为人.生产性服务业的发展与我国经济增长方式的转变[J].中国社会科学院研究生院学报,2006(6):86-90.

[52] 陈红霞.北京市生产性服务业空间分布与集聚特征的演变[J].经济地理,2018,38(5):108-116.

[53] 陈红霞.北京市生产性服务业空间格局演变的影响因素分析[J].经济地理,2019,39(4):128-135.

[54] 陈红霞,李国平.中国生产性服务业集聚的空间特征及经济影响[J].经济地理,2016,36(8):113-119.

[55] 陈波,李岩.城市民生公共物品供给的困境与革新——基于城市集聚性的反思[J].社会政策研究,2021(1):39-52.

[56] 陈昌兵.新时代我国经济高质量发展动力转换研究[J].上海经济研究,2018(5):16-24,41.

[57] 陈昌盛,许伟,兰宗敏,等."十四五"时期我国发展内外部环境研究[J].管理世界,2020,36(10):1-14,40.

[58] 陈春明,高雅丰.中国生产性服务业与制造业共生模型及实证研究[J].经济问题,2021(11):69-76.

[59] 陈建军,陈菁菁.生产性服务业与制造业的协同定位研究——以浙江省69个城市和地区为例[J].中国工业经济,2011(6):141-150.

[60] 陈林,肖倩冰,牛之琳.考虑环境治理成本的企业成本函数模型及其应用[J].数量经济技术经济研究,2020,37(11):139-156.

[61] 陈强远,江飞涛,李晓萍.服务业空间集聚的生产率溢价:机制与分解[J].经济学(季刊),2021,21(1):23-50.

[62] 陈诗一,陈登科.雾霾污染、政府治理与经济高质量发展[J].经济研究,2018,53(2):20-34.

[63] 陈诗一,刘文杰.要素市场化配置与经济高质量发展[J].财经问题研究,2021(9):3-11.

[64] 陈晓峰,周晶晶.生产性服务业集聚、空间溢出与城市绿色全要素生产率——来自长三角城市群的经验证据[J].经济经纬,2020,37(4):89-98.

[65] 陈晓峰,赵德运.生产性服务业集聚对经济高质量发展的影响研究——来自长江经济带11省份的经验证据[J].经营与管理,2023(5):179-185.

[66] 陈永伟,胡伟民.价格扭曲、要素错配和效率损失:理论和应用[J].经济学(季刊),2011,10(4):1401-1422.

[67] 程大中.中国生产性服务业的水平、结构及影响——基于投入—产出法的国际比较研究[J].经济研究,2008(1):76-88.

[68] 程大中.加快推进生产性服务业高质量发展——基于经济循环优化与价值链地位提升视角[J].人民论坛·学术前沿,2021(5):28-40.

[69] 程中华,李廉水,刘军.产业集聚有利于能源效率提升吗[J].统计与信息论坛,2017,32(3):70-76.

[70] 程文.人工智能、索洛悖论与高质量发展:通用目的技术扩散的视角[J].经济研究,2021,56(10):22-38.

[71] 程中华,李廉水,刘军.生产性服务业集聚对工业效率提升的空间外溢效应[J].科学学研究,2017,35(3):364-371,378.

[72] 戴美虹.生产性服务业集聚与性别工资差距——集聚效应和选择效应的来源识别[J].经济科学,2020(4):71-83.

[73] 戴觅,茅锐.产业异质性、产业结构与中国省际经济收敛[J].管理世界,2015(6):34-46,62,187.

[74] 邓创,曹子雯.中国经济高质量发展水平的测度与区域异质性分析[J].西安交通大学学报(社会科学版),2022,42(2):31-39.

[75] 邓慧慧,杨露鑫.高质量发展目标下市场分割的效率损失与优化路径[J].浙江社会科学,2019(6):4-14,155.

[76] 邓仲良.中国服务业发展及其集聚效应:基于空间异质性的视角[J].改革,2020(7):119-133.

[77] 丁任重,张航.社会主要矛盾[J].经济研究,2022,57(2):10-18.

[78] 范子英,张军.财政分权、转移支付与国内市场整合[J].经济研究,2010,45(3):53-64.

[79] 方福前.从单一公有制到公有制为主体的混合所有制——中国共产党

对生产资料所有制形式和结构的百年探索与实践[J].中国工业经济,2021(8):5-19.

[80] 冯燊.地区工资差距的来源——人力资本与生产性服务业集聚的交互影响[J].经济问题探索,2020(9):160-170.

[81] 付强.市场分割促进区域经济增长的实现机制与经验辨识[J].经济研究,2017,52(3):47-60.

[82] 傅勇,张晏.中国式分权与财政支出结构偏向:为增长而竞争的代价[J].管理世界,2007(3):4-12,22.

[83] 高觉民,李晓慧.生产性服务业与制造业的互动机理:理论与实证[J].中国工业经济,2011(6):151-160.

[84] 高康,原毅军.空间视域下生产性服务业集聚的资源错配效应研究[J].当代经济科学,2020,42(6):108-119.

[85] 高康,原毅军.生产性服务业空间集聚如何推动制造业升级?[J].经济评论,2020(4):20-36.

[86] 高培勇.理解、把握和推动经济高质量发展[J].经济学动态,2019(8):3-9.

[87] 高培勇,袁富华,胡怀国,等.高质量发展的动力、机制与治理[J].经济研究,2020,55(4):4-19.

[88] 耿伟,廖显春.贸易自由化、市场化改革与企业间资源配置——基于生产率分布离散度的视角[J].国际贸易问题,2017(4):166-176.

[89] 龚勤林,王舒鹤.西部地区生产性服务业集聚对区域经济发展的影响:机制与实证[J].经济体制改革,2022(5):48-54.

[90] 公维民,张志斌,高峰,等.关联视角下兰州市生产性服务业与制造业空间分布及区位选择比较[J].地理研究,2021,40(11):3154-3172.

[91] 辜胜阻,吴华君,吴沁沁,等.创新驱动与核心技术突破是高质量发展的基石[J].中国软科学,2018(10):9-18.

[92] 顾乃华.生产服务业、内生比较优势与经济增长:理论与实证分析[J].商业经济与管理,2005(4):34-39.

[93] 顾乃华.生产性服务业对工业获利能力的影响和渠道——基于城市面板数据和SFA模型的实证研究[J].中国工业经济,2010(5):48-58.

[94] 顾乃华.我国城市生产性服务业集聚对工业的外溢效应及其区域边界——基于HLM模型的实证研究[J].财贸经济,2011(5):115-122,44.

[95] 郭然,原毅军.生产性服务业集聚、制造业集聚与环境污染——基于省级面板数据的检验[J].经济科学,2019(1):82-94.

[96] 郭然,原毅军.生产性服务业集聚能够提高制造业发展质量吗?——兼论环境规制的调节效应[J].当代经济科学,2020,42(2):120-132.

[97] 郭淑芬,裴耀琳,吴延瑞.生产性服务业发展的产业结构调整升级效应研究——来自中国267个城市的经验数据[J].数量经济技术经济研究,2020,37(10):45-62.

[98] 郭熙保.中国共产党工业化道路理论的学理性探析[J].中国工业经济,2022(1):19-33.

[99] 国家发展改革委经济研究所课题组.推动经济高质量发展研究[J].宏观经济研究,2019(2):5-17,91.

[100] 国务院发展研究中心和世界银行联合课题组,李伟,INDRAWATI S M,等.中国:推进高效、包容、可持续的城镇化[J].管理世界,2014(4):5-41.

[101] 韩峰,严伟涛,王业强.生产性服务业集聚与城市环境质量升级——基于土地市场调节效应的研究[J].统计研究,2021,38(5):42-54.

[102] 韩峰,谢锐.生产性服务业集聚降低碳排放了吗?——对我国地级及以上城市面板数据的空间计量分析[J].数量经济技术经济研究,2017,34(3):40-58.

[103] 韩峰,洪联英,文映.生产性服务业集聚推进城市化了吗?[J].数量经济技术经济研究,2014,31(12):3-21.

[104] 韩峰,王琢卓,赖明勇.中国城市生产性服务业集聚效应测度[J].城市问题,2015(9):57-67.

[105] 韩峰,王琢卓,李玉双.生产性服务业集聚与城市经济增长——基于湖南省地级城市面板数据分析[J].产业经济研究,2011(6):19-27.

[106] 韩峰,王琢卓,阳立高.生产性服务业集聚、空间技术溢出效应与经济增长[J].产业经济研究,2014(2):1-10.

[107] 韩峰,阳立高.生产性服务业集聚如何影响制造业结构升级?——一个集聚经济与熊彼特内生增长理论的综合框架[J].管理世界,2020,36(2):72-94,219.

[108] 韩峰,余泳泽,谢锐.土地资源错配如何影响雾霾污染?——基于土地市场交易价格和PM2.5数据的空间计量分析[J].经济科学,2021(4):68-83.

[109] 韩锋,张永庆,田家林.生产性服务业集聚重构区域空间的驱动因素及作用路径[J].工业技术经济,2015,34(7):64-71.

[110] 韩增林,杨文毅,郭建科.供给侧视角下中国生产性服务业集聚对城市全要素生产率的影响[J].首都经济贸易大学学报,2018,20(2):72-82.

[111] 何自力,顾惠民.土地制度改革、农业生产方式创新与农村集体经济发

展[J].上海经济研究,2022(1):49-60.

[112] 贺辉,王耀中.城市规模、城市建设与生产性服务业集聚——基于中国城市面板数据的空间计量研究[J].求索,2015(8):24-29.

[113] 胡珂强.我国道路运输规模经济建设的政策建议[J].经济研究导刊,2020(6):61-62.

[114] 胡晓鹏,李庆科.生产性服务业的空间集聚与形成模式:长三角例证[J].改革,2008(9):81-88.

[115] 胡绪华,陈默,罗雨森,等.制造业与生产性服务业耦合协调、空间共聚与绿色创新效应研究[J].统计与信息论坛,2021,36(7):97-112.

[116] 胡艳,朱文霞.基于生产性服务业的产业协同集聚效应研究[J].产经评论,2015,6(2):5-14.

[117] 黄蕙萍,缪子菊,袁野,等.生产性服务业的全球价值链及其中国参与度[J].管理世界,2020,36(9):82-97.

[118] 黄亮雄,王贤彬,刘淑琳.经济增长目标与激进城镇化——来自夜间灯光数据的证据[J].世界经济,2021,44(6):97-122.

[119] 黄群慧,贺俊.未来30年中国工业化进程与产业变革的重大趋势[J].学习与探索,2019(8):102-110.

[120] 黄群慧,杨虎涛.中国制造业比重"内外差"现象及其"去工业化"涵义[J].中国工业经济,2022(3):20-37.

[121] 黄斯婕,张莘.生产性服务业集聚对城市生产率的影响——基于行业异质性视角[J].城市发展研究,2016,23(3):118-124.

[122] 黄先海,诸竹君.生产性服务业推动制造业高质量发展的作用机制与路径选择[J].改革,2021(6):17-26.

[123] 黄永春,郑江淮,杨以文,等.中国"去工业化"与美国"再工业化"冲突之谜解析——来自服务业与制造业交互外部性的分析[J].中国工业经济,2013(3):7-19.

[124] 黄忠华,杜雪君.土地资源错配研究综述[J].中国土地科学,2014,28(8):80-87.

[125] 惠炜,韩先锋.生产性服务业集聚促进了地区劳动生产率吗?[J].数量经济技术经济研究,2016,33(10):37-56.

[126] 纪祥裕.外资和生产性服务业集聚对城市环境污染的影响[J].城市问题,2019(6):52-62.

[127] 季书涵,朱英明.产业集聚的资源错配效应研究[J].数量经济技术经济研究,2017,34(4):57-73.

[128] 季书涵,朱英明,张鑫.产业集聚对资源错配的改善效果研究[J].中国工业经济,2016(6):73-90.

[129] 贾鹏,吴寄石,李海江,等.中国物流枢纽承载城市货运网络时空演化及驱动机制[J].地理科学,2021,41(5):759-767.

[130] 江波,李江帆.政府规模、劳动-资源密集型产业与生产服务业发展滞后:机理与实证研究[J].中国工业经济,2013(1):64-76.

[131] 江曼琦,席强敏.生产性服务业与制造业的产业关联与协同集聚[J].南开学报(哲学社会科学版),2014(1):153-160.

[132] 江小涓,李辉.服务业与中国经济:相关性和加快增长的潜力[J].经济研究,2004(1):4-15.

[133] 江小涓,孟丽君.内循环为主、外循环赋能与更高水平双循环——国际经验与中国实践[J].管理世界,2021,37(1):1-19.

[134] 姜长云.服务业高质量发展的内涵界定与推进策略[J].改革,2019(6):41-52.

[135] 蒋为.增值税扭曲、生产率分布与资源误置[J].世界经济,2016,39(5):54-77.

[136] 金碚.关于"高质量发展"的经济学研究[J].中国工业经济,2018(4):5-18.

[137] 金飞,孙月平.长三角生产性服务业与制造业集聚水平的测度与比较[J].南通大学学报(社会科学版),2013,29(5):35-41.

[138] 柯丽菲.新经济地理学视角下生产性服务业集聚影响因素的国际比较研究[J].学术论坛,2016,39(10):48-52,86.

[139] 孔令池,李致平,徐璇莹.中国服务业空间集聚:市场决定还是政府主导?[J].上海经济研究,2016(9):73-81,89.

[140] 孔令池.国内市场分割的测度及其影响因素分析[J].郑州大学学报(哲学社会科学版),2019,52(1):59-64,127-128.

[141] 雷振丹,陈子真.区域创新:生产性服务业层级分工专业化抑或多样化集聚?[J].现代经济探讨,2019(10):99-107.

[142] 冷成英.从投资驱动模式到高质量发展:转换逻辑与动力机制[J].财经科学,2021(9):96-109.

[143] 黎日荣.生产性服务业集聚与城市生产率——差异化学习效应、选择效应与分类效应[J].产经评论,2019,10(1):20-35.

[144] 黎日荣,周政.生产性服务业集聚一定会提升制造业的生产率吗?——来自微观企业的证据[J].产经评论,2017,8(6):70-80.

[145] 李斌,杨冉.生产性服务业集聚与城市经济绩效[J].产业经济研究,2020(1):128-142.

[146] 李冠霖,任旺兵.我国第三产业就业增长难度加大——从我国第三产业结构偏离度的演变轨迹及国际比较看我国第三产业的就业增长[J].财贸经济,2003(10):69-73,96.

[147] 李宏兵,蔡宏波,徐慧慧.外资进入、服务业集聚与企业工资差距——基于调节机制和微观企业数据的实证研究[J].国际贸易问题,2017(7):119-130.

[148] 李佳洺,孙铁山,张文忠.中国生产性服务业空间集聚特征与模式研究——基于地级市的实证分析[J].地理科学,2014,34(4):385-393.

[149] 李佳洺,张文忠,李业锦,等.基于微观企业数据的产业空间集聚特征分析——以杭州市区为例[J].地理研究,2016,35(1):95-107.

[150] 李兰冰,刘瑞.生产性服务业集聚与城市制造业韧性[J].财经科学,2021(11):64-79.

[151] 李廉水,周勇.技术进步能提高能源效率吗? ——基于中国工业部门的实证检验[J].管理世界,2006(10):82-89.

[152] 李平,付一夫,张艳芳.生产性服务业能成为中国经济高质量增长新动能吗[J].中国工业经济,2017(12):5-21.

[153] 李善同,侯永志,刘云中,等.中国国内地方保护问题的调查与分析[J].经济研究,2004(11):78-84,95.

[154] 李涛,李国平,薛领.生产性服务业集聚对绿色经济效率的影响研究[J].科学学研究,2022,40(11):1968-1978.

[155] 李涛,薛领,李国平.产业集聚空间格局演变及其对经济高质量发展的影响——基于中国 278 个城市数据的实证分析[J].地理研究,2022,41(4):1092-1106.

[156] 李亚楠,宋昌耀.信息化视角下生产性服务业集聚对制造业效率的影响研究[J].调研世界,2021(3):8-15.

[157] 李勇刚.土地资源错配阻碍了经济高质量发展吗? ——基于中国 35个大中城市的实证研究[J].南京社会科学,2019(10):35-42.

[158] 李振波,张明斗.生产性服务业集聚发展对区域产业结构优化升级的实证研究——基于长三角 16 个中心城市的面板数据[J].科技与经济,2015,28(6):101-105.

[159] 李政通,顾海英.农业发展如何驱动经济结构转型:进展与展望[J].现代经济探讨,2021(10):108-116.

[160] 李子联.中国经济高质量发展的动力机制[J].当代经济研究,2021

(10):24-33.

[161] 李自若,杨汝岱,黄桂田.内贸成本、外贸成本与畅通国内大循环[J].中国工业经济,2022(2):61-79.

[162] 李子叶,韩先锋,冯根福.我国生产性服务业集聚对经济增长方式转变的影响——异质门槛效应视角[J].经济管理,2015,37(12):21-30.

[163] 梁红艳.物流业集聚、空间外溢效应与工业生产率提升[J].中国流通经济,2015,29(1):32-42.

[164] 廖祖君,王理.城市蔓延与区域经济高质量发展——基于DMSP/OLS夜间灯光数据的研究[J].财经科学,2019(6):106-119.

[165] 林秀梅,曹张龙.生产性服务业空间集聚对产业结构升级影响的非线性特征——基于中国省级面板数据的实证研究[J].经济问题探索,2019(6):128-134.

[166] 林秀梅,曹张龙.中国生产性服务业集聚对产业结构升级的影响及其区域差异[J].西安交通大学学报(社会科学版),2020,40(1):30-37.

[167] 林毅夫.发展战略、自生能力和经济收敛[J].经济学(季刊),2002(1):269-300.

[168] 凌永辉,刘志彪.全球价值链发展悖论:研究进展、述评与化解[J].经济体制改革,2021(3):100-107.

[169] 刘斌,王乃嘉.制造业投入服务化与企业出口的二元边际——基于中国微观企业数据的经验研究[J].中国工业经济,2016(9):59-74.

[170] 刘斌.上海生产性服务业集聚区发展对策研究[J].华东经济管理,2012,26(1):1-3.

[171] 刘丹,赵嵩正,蒋维扬,等.规模经济对多式联运网络成本最优模型的影响[J].计算机工程与应用,2014,50(14):255-258,264.

[172] 刘宏,乔晓.创新模式"换角"驱动高质量经济发展[J].经济问题探索,2019(6):32-41.

[173] 刘刚,黄炎.区位因素比较偏好与生产性服务业集聚——以金融和软件业为例的模拟分析[J].系统管理学报,2013,22(2):282-288.

[174] 刘佳,石慕凡,陈小翔.研发服务业驱动先进制造业的创新共生效应——基于京、沪、苏、浙、粤投入产出表的动态比较[J].经济问题,2021(10):77-86.

[175] 刘家旗,茹少峰.数字经济如何影响经济高质量发展:基于国际比较视角[J].经济体制改革,2022(1):157-163.

[176] 刘剑,胡跃红.财政政策与长期经济增长:基于内生增长理论的解说

[J].上海经济研究,2004(9):3-10.

[177] 刘健.我国生产性服务产业与经济增长的实证研究——基于1978—2007年数据的分析[J].上海财经大学学报,2010,12(3):75-82.

[178] 刘瑞,郭涛.高质量发展指数的构建及应用——兼评东北经济高质量发展[J].东北大学学报(社会科学版),2020,22(1):31-39.

[179] 刘胜,陈秀英,王芮.生产性服务业与制造业协同集聚如何影响新建企业选址[J].产经评论,2021,12(5):90-102.

[180] 刘胜,顾乃华.行政垄断、生产性服务业集聚与城市工业污染——来自260个地级及以上城市的经验证据[J].财经研究,2015,41(11):95-107.

[181] 刘书瀚,于化龙.城市群生产性服务业集聚对经济增长的空间溢出效应——基于长三角、珠三角和京津冀城市群的比较分析[J].预测,2020,39(4):83-89.

[182] 刘思明,张世瑾,朱惠东.国家创新驱动力测度及其经济高质量发展效应研究[J].数量经济技术经济研究,2019,36(4):3-23.

[183] 刘奕,夏杰长,李垚.生产性服务业集聚与制造业升级[J].中国工业经济,2017(7):24-42.

[184] 刘勇,杨海生,徐现祥.中国经济增长目标体系的特征及影响因素[J].世界经济,2021,44(4):30-53.

[185] 刘友金,周健."换道超车":新时代经济高质量发展路径创新[J].湖南科技大学学报(社会科学版),2018,21(1):49-57.

[186] 刘志彪.论以生产性服务业为主导的现代经济增长[J].中国经济问题,2001(1):10-17.

[187] 刘志彪,孔令池.从分割走向整合:推进国内统一大市场建设的阻力与对策[J].中国工业经济,2021(8):20-36.

[188] 刘志彪,张少军.总部经济、产业升级和区域协调——基于全球价值链的分析[J].南京大学学报(哲学·人文科学·社会科学版),2009,46(6):54-62,140.

[189] 刘重.现代生产性服务业与经济增长[J].天津社会科学,2006(2):89-92.

[190] 龙少波,张梦雪,陈路.中国式技术变迁方式转变对经济高质量发展的影响研究[J].宏观质量研究,2022,10(3):35-46.

[191] 卢福财,王守坤.历史脉络与实践视野下的有为政府——中国特色社会主义政治经济学的核心命题[J].管理世界,2021,37(9):77-90.

[192] 芦千文,丁俊波.农业生产性服务业高质量发展的认识误区和"十四

五"推进策略[J].农业经济与管理,2021(2):22-31.

[193] 鲁亚运,原峰,李杏筠.我国海洋经济高质量发展评价指标体系构建及应用研究——基于五大发展理念的视角[J].企业经济,2019,38(12):122-130.

[194] 陆凤芝,王群勇.生产性服务业集聚与雾霾污染治理[J].软科学,2021,35(4):1-7,27.

[195] 陆凤芝,王群勇.相向而行还是背道而驰:生产性服务业集聚与污染减排[J].华中科技大学学报(社会科学版),2021,35(2):41-53.

[196] 陆江源,张平,袁富华,等.结构演进、诱致失灵与效率补偿[J].经济研究,2018,53(9):4-19.

[197] 陆铭,陈钊.分割市场的经济增长——为什么经济开放可能加剧地方保护?[J].经济研究,2009,44(3):42-52.

[198] 路江涌,陶志刚.我国制造业区域集聚程度决定因素的研究[J].经济学(季刊),2007,6(3):801-816.

[199] 罗必良.论服务规模经营——从纵向分工到横向分工及连片专业化[J].中国农村经济,2017(11):2-16.

[200] 罗超平,朱培伟,张璨璨,等.生产性服务业集聚促进了城市绿色创新吗——基于"本地-邻地"效应的视角[J].西南大学学报(社会科学版),2022,48(1):97-112.

[201] 罗良文,孙小宁.生产性服务业与制造业协同集聚、融合发展的效率分析——基于微观企业数据的实证研究[J].学术研究,2021(3):100-107.

[202] 罗能生,郝腾.生产性服务业集聚对中国绿色全要素生产率的影响[J].系统工程,2018,36(11):67-76.

[203] 吕承超,崔悦,杨珊珊.现代化经济体系:指标评价体系、地区差距及时空演进[J].上海财经大学学报,2021,23(5):3-20.

[204] 马茹,张静,王宏伟.科技人才促进中国经济高质量发展了吗?——基于科技人才对全要素生产率增长效应的实证检验[J].经济与管理研究,2019,40(5):3-12.

[205] 孟凡峰.生产性服务业集聚与制造业升级——基于省际面板的研究[J].现代管理科学,2015(1):57-59.

[206] 苗建军,郭红娇.产业协同集聚对环境污染的影响机制——基于长三角城市群面板数据的实证研究[J].管理现代化,2019,39(3):70-76.

[207] 倪红福,龚六堂,夏杰长.生产分割的演进路径及其影响因素——基于生产阶段数的考察[J].管理世界,2016(4):10-23,187.

[208] 聂晓培,周星,周敏,等.生产性服务业与制造业节能减排评价及影响

因素研究[J].中国矿业大学学报,2020,49(4):807-818.

[209] 聂长飞,简新华.中国高质量发展的测度及省际现状的分析比较[J].数量经济技术经济研究,2020,37(2):26-47.

[210] 牛欢,严成樑.环境税收、资源配置与经济高质量发展[J].世界经济,2021,44(9):28-50.

[211] 欧阳峣,易先忠,生延超.从大国经济增长阶段性看比较优势战略的适宜性[J].经济学家,2012(8):80-90.

[212] 逢锦聚,林岗,杨瑞龙,等.促进经济高质量发展笔谈[J].经济学动态,2019(7):3-19.

[213] 覃成林,杨晴晴.高速铁路对生产性服务业空间格局变迁的影响[J].经济地理,2017,37(2):90-97.

[214] 秦放鸣,唐娟.经济高质量发展:理论阐释及实现路径[J].西北大学学报(哲学社会科学版),2020,50(3):138-143.

[215] 秦书生,王艳燕.习近平新时代中国特色社会主义经济思想的原创性贡献[J].经济社会体制比较,2021(4):27-34.

[216] 邱灵.大都市生产性服务业空间集聚:文献综述[J].经济学家,2014(5):97-104.

[217] 邱灵,方创琳.生产性服务业空间集聚与城市发展研究[J].经济地理,2012,32(11):76-80.

[218] 冉征,郑江淮.创新能力与地区经济高质量发展——基于技术差异视角的分析[J].上海经济研究,2021(4):84-99.

[219] 任保平.经济发展成本、经济主体行为与制度安排——可持续发展理论的一种新的经济学解释框架[J].陕西师范大学学报(哲学社会科学版),2007(1):33-40.

[220] 任阳军,田泽,梁栋,等.生产性服务业集聚、空间溢出与经济高质量发展[J].系统工程,2022,40(2):49-59.

[221] 上官绪明,葛斌华.科技创新、环境规制与经济高质量发展——来自中国278个地级及以上城市的经验证据[J].中国人口·资源与环境,2020,30(6):95-104.

[222] 邵帅,张可,豆建民.经济集聚的节能减排效应:理论与中国经验[J].管理世界,2019,35(1):36-60,226.

[223] 申玉铭,吴康,任旺兵.国内外生产性服务业空间集聚的研究进展[J].地理研究,2009,28(6):1494-1507.

[224] 沈能.局域知识溢出和生产性服务业空间集聚——基于中国城市数据

的空间计量分析[J].科学学与科学技术管理,2013,34(5):61-69.

[225] 盛龙,陆根尧.中国生产性服务业集聚及其影响因素研究——基于行业和地区层面的分析[J].南开经济研究,2013(5):115-129.

[226] 盛毅.论稳增长在中国特色经济理论中的性质[J].邓小平研究,2020(2):10-17.

[227] 史丹.中国社会主要矛盾转变与党对经济工作的领导[J].中国工业经济,2021(10):5-19.

[228] 宋马林,金培振.地方保护、资源错配与环境福利绩效[J].经济研究,2016,51(12):47-61.

[229] 宋明顺,张霞,易荣华,等.经济发展质量评价体系研究及应用[J].经济学家,2015(2):35-43.

[230] 苏晓艳,李镇南.生产性服务业集聚会促进高新企业技术创新吗?——以粤港澳大湾区为例[J].现代管理科学,2022(1):42-50.

[231] 孙畅,曾庆均.生产性服务业集聚能否促进我国产业结构优化升级?——基于2005—2013年省际面板数据的实证检验[J].科技管理研究,2017,37(1):105-110.

[232] 孙智君,陈敏.习近平新时代经济高质量发展思想及其价值[J].上海经济研究,2019(10):25-35.

[233] 谭洪波.生产者服务业与制造业的空间集聚:基于贸易成本的研究[J].世界经济,2015,38(3):171-192.

[234] 谭洪波.中国要素市场扭曲存在工业偏向吗?——基于中国省级面板数据的实证研究[J].管理世界,2015(12):96-105.

[235] 谭洪波,夏杰长.数字贸易重塑产业集聚理论与模式——从地理集聚到线上集聚[J].财经问题研究,2022(6):43-52.

[236] 谭蓉娟,郭宝琳.金融集聚与产业集聚相互作用的机制与路径:以珠三角制造业为例[J].广东财经大学学报,2021,36(5):103-112.

[237] 汤向俊,马光辉.城镇化模式选择、生产性服务业集聚与居民消费[J].财贸研究,2016,27(1):45-51.

[238] 唐荣,顾乃华.上游生产性服务业价值链嵌入与制造业资源错配改善[J].产业经济研究,2018(3):13-26.

[239] 唐昭沛,吴威,刘玮辰,等.高速铁路对生产性服务业空间集聚的影响——以长三角城市群为例[J].地理科学进展,2021,40(5):746-758.

[240] 田江海.变"数量型"经济为"质量型"经济[J].经济研究,1985(9):32-36.

[241] 万伦来,李浩.生产性服务业集聚、产业结构升级与区域生态效率提升——来自 2003—2016 年中国 30 个省份的面板数据[J].经济经纬,2020,37(2):97-105.

[242] 汪建新.基于产业升级的生产性服务业的区位选择研究——以上海为例[J].理论与改革,2009(2):151-154.

[243] 汪淑娟,谷慎.科技金融对中国经济高质量发展的影响研究——理论分析与实证检验[J].经济学家,2021(2):81-91.

[244] 王慧艳,李新运,徐银良.科技创新驱动我国经济高质量发展绩效评价及影响因素研究[J].经济学家,2019(11):64-74.

[245] 王桂军,张辉,金田林.中国经济质量发展的推动力:结构调整还是技术进步[J].经济学家,2020(6):59-67.

[246] 王磊,陈彦.生产性服务业集聚与工业绿色竞争力[J].金融与经济,2021(11):54-61,80.

[247] 王京滨,李博.银行业务地理集中是否降低了金融风险?——基于中国城市商业银行微观数据的研究[J].管理世界,2021,37(5):87-97,127.

[248] 王静田,张宝懿,付晓东.产业协同集聚对城市全要素生产率的影响研究[J].科学学研究,2021,39(5):842-853,866.

[249] 王薇,任保平.数量型经济增长与质量型经济增长的比较及转型路径[J].人文杂志,2014(4):24-30.

[250] 王维平,牛新星.试论"双循环"新发展格局与经济高质量发展的良性互动[J].经济学家,2021(6):5-12.

[251] 王文,牛泽东,孙早.工业机器人冲击下的服务业:结构升级还是低端锁定[J].统计研究,2020,37(7):54-65.

[252] 王志强,刘伯凡,曹建华.生产性服务业集聚对制造业集聚的影响——基于一般制造业和高技术产业的比较分析[J].经济问题探索,2017(3):56-62.

[253] 王琢卓,韩峰.湖南省生产性服务业集聚对经济增长的影响[J].中国科技论坛,2012(6):84-89.

[254] 魏敏,李书昊.新时代中国经济高质量发展水平的测度研究[J].数量经济技术经济研究,2018,35(11):3-20.

[255] 温婷.生产性服务业集聚、空间溢出与产业结构升级——基于全国239 个地级城市的实证检验[J].科技管理研究,2020,40(21):143-153.

[256] 文丰安.生产性服务业集聚、空间溢出与质量型经济增长——基于中国 285 个城市的实证研究[J].产业经济研究,2018(6):36-49.

[257] 吴亚菲,孙森.长三角城市群经济增长和产业集聚的关联效应研究

[J].上海经济研究,2017(5):44-50.

[258] 吴意云,朱希伟.中国为何过早进入再分散:产业政策与经济地理[J].世界经济,2015,38(2):140-166.

[259] 夏杰长.新中国服务经济研究70年:演进、借鉴与创新发展[J].财贸经济,2019,40(10):17-33.

[260] 夏杰长,倪红福.中国经济增长的主导产业:服务业还是工业?[J].南京大学学报(哲学·人文科学·社会科学),2016,53(3):43-52.

[261] 肖兴志,李沙沙.产业集聚对制造业资源错配的纠正效应:线性抑或非线性?[J].产业经济研究,2018(5):1-13.

[262] 谢康,廖雪华,肖静华.效率与公平不完全相悖:信息化与工业化融合视角[J].经济研究,2021,56(2):190-205.

[263] 徐从才,丁宁.服务业与制造业互动发展的价值链创新及其绩效——基于大型零售商纵向约束与供应链流程再造的分析[J].管理世界,2008(8):77-86.

[264] 徐华亮.中国制造业高质量发展研究:理论逻辑、变化态势、政策导向——基于价值链升级视角[J].经济学家,2021(11):52-61.

[265] 徐秋艳,房胜飞.物流产业集聚的经济溢出效应及空间异质性研究——基于省际数据的空间计量分析[J].工业技术经济,2018,37(2):58-65.

[266] 徐现祥,李书娟,王贤彬,等.中国经济增长目标的选择:以高质量发展终结"崩溃论"[J].世界经济,2018,41(10):3-25.

[267] 徐晓红,汪侠.生产性服务业集聚、空间溢出与绿色全要素生产率提升[J].统计与信息论坛,2020,35(5):16-25.

[268] 许佳彬,王洋,李翠霞.农业生产性服务业发展困境与路径创新:基于农户视角[J].中州学刊,2020(9):26-33.

[269] 宣烨,余泳泽.生产性服务业层级分工对制造业效率提升的影响——基于长三角地区38城市的经验分析[J].产业经济研究,2014(3):1-10.

[270] 宣烨,余泳泽.生产性服务业集聚对制造业企业全要素生产率提升研究——来自230个城市微观企业数据的证据[J].数量经济技术经济研究,2017,34(2):89-104.

[271] 闫晗,乔均,邱玉琢.生产性服务业发展能促进粮食生产综合技术效率提升吗?——基于2008—2019年中国省级面板数据的实证分析[J].南京社会科学,2022(2):18-29.

[272] 杨晨,原小能.中国生产性服务业增长的动力源泉——基于动能解构视角的研究[J].财贸经济,2019,40(5):127-142.

[273] 杨凤,秦丽,陈思.系统论视阈下生产性服务业集聚水平区位熵测度——以辽宁省为例[J].系统科学学报,2021,29(3):73-77,83.

[274] 杨继东,罗路宝.产业政策、地区竞争与资源空间配置扭曲[J].中国工业经济,2018(12):5-22.

[275] 杨君,佘雯雯,肖明月,等.生产性服务业集聚、空间溢出效应与制造业资本回报率——基于中国城市空间面板模型的实证[J].浙江理工大学学报(社会科学版),2021,46(5):479-492.

[276] 杨仁发.产业集聚与地区工资差距——基于我国269个城市的实证研究[J].管理世界,2013(8):41-52.

[277] 杨仁发,李娜娜.产业结构变迁与中国经济增长——基于马克思主义政治经济学视角的分析[J].经济学家,2019(8):27-38.

[278] 杨桐彬,朱英明,张云矿.区域一体化能否缓解制造业产能过剩——基于长江经济带发展战略的研究[J].产业经济研究,2021(6):58-72.

[279] 杨耀武,张平.中国经济高质量发展的逻辑、测度与治理[J].经济研究,2021,56(1):26-42.

[280] 银温泉,才婉茹.我国地方市场分割的成因和治理[J].经济研究,2001(6):3-12,95.

[281] 于斌斌.中国城市生产性服务业集聚模式选择的经济增长效应——基于行业、地区与城市规模异质性的空间杜宾模型分析[J].经济理论与经济管理,2016(1):98-112.

[282] 于斌斌,杨宏翔,金刚.产业集聚能提高地区经济效率吗?——基于中国城市数据的空间计量分析[J].中南财经政法大学学报,2015(3):121-130.

[283] 余泳泽,刘大勇,宣烨.生产性服务业集聚对制造业生产效率的外溢效应及其衰减边界——基于空间计量模型的实证分析[J].金融研究,2016(2):23-36.

[284] 余泳泽,刘凤娟.生产性服务业空间集聚对环境污染的影响[J].财经问题研究,2017(8):23-29.

[285] 余泳泽,潘妍.中国经济高速增长与服务业结构升级滞后并存之谜——基于地方经济增长目标约束视角的解释[J].经济研究,2019,54(3):150-165.

[286] 余泳泽,杨晓章,张少辉.中国经济由高速增长向高质量发展的时空转换特征研究[J].数量经济技术经济研究,2019,36(6):3-21.

[287] 喻胜华,李丹,祝树金.生产性服务业集聚促进制造业价值链攀升了吗——基于277个城市微观企业的经验研究[J].国际贸易问题,2020(5):57-71.

[288] 袁冬梅,李恒辉.生产性服务业集聚提高了中国城市经济效率吗?——基于产业层次和城市规模差异视角的检验[J].厦门大学学报(哲学社会科学版),2021(2):125-136.

[289] 袁桂秋,张玲丹.我国制造业的规模经济效益影响因素分析[J].数量经济技术经济研究,2010,27(3):42-54.

[290] 袁凯华,李后建,高翔.我国制造业企业国内价值链嵌入度的测算与事实[J].统计研究,2021,38(8):83-95.

[291] 袁晓玲,李彩娟,李朝鹏.中国经济高质量发展研究现状、困惑与展望[J].西安交通大学学报(社会科学版),2019,39(6):30-38.

[292] 袁志刚,高虹.中国城市制造业就业对服务业就业的乘数效应[J].经济研究,2015,50(7):30-41.

[293] 原毅军,高康.产业协同集聚、空间知识溢出与区域创新效率[J].科学学研究,2020,38(11):1966-1975,2007.

[294] 原毅军,郭然.生产性服务业集聚、制造业集聚与技术创新——基于省级面板数据的实证研究[J].经济学家,2018(5):23-31.

[295] 曾艺,韩峰,刘俊峰.生产性服务业集聚提升城市经济增长质量了吗?[J].数量经济技术经济研究,2019,36(5):83-100.

[296] 詹新宇,崔培培.中国省际经济增长质量的测度与评价——基于"五大发展理念"的实证分析[J].财政研究,2016(8):40-53,39.

[297] 张彬斌,陆万军.公路交通性能与服务业发展机会——基于国道主干线贯通中国西部的研究[J].财贸经济,2016(5):131-145.

[298] 张冰瑶,江静.创新空间溢出、知识产权行政保护与经济高质量发展[J].统计与信息论坛,2021,36(10):109-117.

[299] 张萃.生产性服务业集聚对中国城市生产率增长的影响——基于城市等级体系视角的分析[J].城市问题,2016(6):61-69.

[300] 张国建,孙治宇,艾永芳.土地财政、要素错配与服务业结构升级滞后[J].山西财经大学学报,2021,43(8):57-70.

[301] 张浩然.生产性服务业集聚与城市经济绩效——基于行业和地区异质性视角的分析[J].财经研究,2015,41(5):67-77.

[302] 张贺,许宁.产业集聚专业化、多样化与绿色全要素生产率——基于生产性服务业集聚的外部性视角[J].经济问题,2022(5):21-27.

[303] 张惠萍,林善浪.邻近性、区位指向与信息服务业集聚——以上海为例[J].经济管理,2011,33(2):39-45.

[304] 张建华,程文.服务业供给侧结构性改革与跨越中等收入陷阱[J].中

国社会科学,2019(3):39-61,205.

[305]　张军扩,侯永志,刘培林,等.高质量发展的目标要求和战略路径[J].管理世界,2019,35(7):1-7.

[306]　张露,罗必良.规模经济抑或分工经济——来自农业家庭经营绩效的证据[J].农业技术经济,2021(2):4-17.

[307]　张明斗,李维露,吴庆帮.制造业和生产性服务业集聚对城市经济效率的影响[J].财经问题研究,2021(9):36-44.

[308]　张明斗,王亚男.制造业、生产性服务业协同集聚与城市经济效率——基于"本地-邻地"效应的视角[J].山西财经大学学报,2021,43(6):15-28.

[309]　张素庸,汪传旭,任阳军.生产性服务业集聚对绿色全要素生产率的空间溢出效应[J].软科学,2019,33(11):11-15,21.

[310]　张涛.高质量发展的理论阐释及测度方法研究[J].数量经济技术经济研究,2020,37(5):23-43.

[311]　张同斌.从数量型"人口红利"到质量型"人力资本红利"——兼论中国经济增长的动力转换机制[J].经济科学,2016(5):5-17.

[312]　张伟,郑婕,李磊磊.金融业支持节能减排的国际实践与借鉴[J].武汉金融,2019(5):61-66.

[313]　张为付.从"世界工厂"向"全球市场"转型的经济逻辑与大国使命——论我国改革开放依赖国际化战略的转变[J].南京财经大学学报,2020(1):1-8.

[314]　张延吉,吴凌燕,秦波.北京市生产性服务业的空间集聚及影响因素——基于连续平面的测度方法[J].中央财经大学学报,2017(9):111-118.

[315]　张月友,董启昌,倪敏.服务业发展与"结构性减速"辨析——兼论建设高质量发展的现代化经济体系[J].经济学动态,2018(2):23-35.

[316]　张旭,柳佳瑶,袁旭梅,等.不同碳减排政策下考虑规模经济的多式联运路径选择研究[J].工业工程与管理,2022,27(4):22-31.

[317]　赵扶扬,陈斌开,刘守英.宏观调控、地方政府与中国经济发展模式转型:土地供给的视角[J].经济研究,2021,56(7):4-23.

[318]　赵剑波,史丹,邓洲.高质量发展的内涵研究[J].经济与管理研究,2019,40(11):15-31.

[319]　赵俊源,何艳玲.规模红利与公共服务:中国城市治理过程的"双维互构"及其演进[J].同济大学学报(社会科学版),2020,31(3):48-59.

[320]　郑冠群,徐妍,安磊.制造业产业集聚与企业创新——基于市场份额视角的 Porter 外部性检验[J].南开经济研究,2021(3):239-256.

[321]　郑吉昌.生产性服务业与现代经济增长[J].浙江树人大学学报,2005

(1):33-38.

[322] 郑毓盛,李崇高.中国地方分割的效率损失[J].中国社会科学,2003 (1):64-72,205.

[323] 周念利.中国服务业改革对制造业微观生产效率的影响测度及异质性考察——基于服务中间投入的视角[J].金融研究,2014(9):84-98.

[324] 周忠宝,邓莉,肖和录,等.外商直接投资对中国经济高质量发展的影响——基于 Index DEA 和面板分位回归的分析[J].中国管理科学,2022,30(5):118-130.

[325] 中国经济增长前沿课题组,张平,刘霞辉,等.中国经济增长的低效率冲击与减速治理[J].经济研究,2014,49(12):4-17,32.

[326] 中国社会科学院工业经济研究所课题组,张其仔.提升产业链供应链现代化水平路径研究[J].中国工业经济,2021(2):80-97.

[327] 中国社会科学院宏观经济研究中心课题组,李雪松,陆旸,等.未来15年中国经济增长潜力与"十四五"时期经济社会发展主要目标及指标研究[J].中国工业经济,2020(4):5-22.

[328] 中国社会科学院工业经济研究所课题组,史丹.工业稳增长:国际经验、现实挑战与政策导向[J].中国工业经济,2022(2):5-26.

[329] 钟粤俊,陆铭,奚锡灿.集聚与服务业发展——基于人口空间分布的视角[J].管理世界,2020,36(11):35-49.

[330] 钟韵,阎小培.我国生产性服务业与经济发展关系研究[J].人文地理,2003(5):46-51.

[331] 钟韵,赵蓓蕾,李寒.广州市制造业与生产性服务业协同集聚与空间相似性[J].地理科学,2021,41(3):437-445.

[332] 周黎安.中国地方官员的晋升锦标赛模式研究[J].经济研究,2007 (7):36-50.

[333] 周黎安,刘冲,厉行,等."层层加码"与官员激励[J].世界经济文汇,2015(1):1-15.

[334] 朱廷珺,班元浩.生产性服务贸易自由化与制造业全球价值链的攀升[J].经济经纬,2020,37(6):57-65.

[335] 朱彦.生产性服务业集聚促进制造业结构升级的机理及规律:基于成本视角的实证分析[J].深圳大学学报(人文社会科学版),2022,39(2):65-73.

[336] 卓贤.应高度重视服务业比重过快上升所隐含的问题[J].中国发展观察,2016(3):44-45.

[337] 左阳,王硕.我国生产性服务业地区集聚度的测算及其特征分析——

基于省际面板数据的区位熵研究[J]. 现代管理科学,2012(8):76-78.

[338] ACEMOGLU D, ZILIBOTTI F. Was Prometheus unbound by chance? Risk, diversification, and growth[J]. The journal of political economy, 1997,105(4):709-751.

[339] ALEKSANDROVA E, BEHRENS K, KUZNETSOVA M. Manufacturing (co)agglomeration in a transition country: evidence from Russia[J]. Journal of regional science, 2020,60(1):88-128.

[340] AOKI S. A simple accounting framework for the effects of resources misallocation on aggregate productivity[J]. Journal of the Japanese and international economies, 2012,26(4):473-494.

[341] ARCEO E, HANNA R, OLIVA P. Dose the effect of pollution on infant mortality differ between developing and developed countries? Evidence from Mexico City[J]. The economic journal, 2016,126(591):257-280.

[342] ARROW K J. The economic implications of learning by doing[J]. The review of economic studies, 1962,29(3):155-173.

[343] ARROW K J, DASGUPTA R, GOULDER L H, et al. Sustainability and the measurement of wealth[J]. Environment and development economics, 2012,17(3):317-353.

[344] ASLESEN H W, ISAKSEN A. New perspectives on knowledge-intensive services and innovation[J]. Geografiska annaler, 2007,89(s1):45-58.

[345] ASONGU S A, ASONGU N. Comparative determinants of quality of growth in developing countries[J]. International journal of happiness and development, 2018,4(1):65-89.

[346] BARON R M, KENNY D A. The moderator-mediator variable distinction in social psychological research: conceptual, strategic, and statistical considerations [J]. Journal of personality and social psychology, 1986, 51 (6): 1173-1182.

[347] BHAGWATI J N. Splintering and disembodiment of services and developing nations[J]. The world economy, 1984,7(2):133-144.

[348] BROWN K. The political ecology of biodiversity, conservation and development in Nepal's Terai: confused meanings, means and ends[J]. Ecological economics, 1998,24(1):73-87.

[349] BOITEUX-ORAIN C, GUILLAIN R. Changes in the intrametropolitan location of producer services in Île-de-France (1978-1997): Do information

technologies promote a more dispersed spatial pattern? [J]. Urban geography, 2004,25(6):550-578.

[350] CASELLI F. Accounting for cross-country income differences[J]. Handbook of economic growth,2005(1):679-741.

[351] CHENG D Z,DANIELS P W. What's so special about China's producer services? An input-output analysis[J]. China and world economy,2014,22(1):103-120.

[352] CHORLEY R J,HAGGETT P. Trend-surface mapping in geographical research[J]. Transactions of the Institute of British geographers,1965(37):47-67.

[353] COFFEY W J,BAILLY A S. Producer services and flexible production: an exploratory analysis[J]. Growth and change,1991,22(4):95-117.

[354] COFFEY W J,DROLET R,POLÈSE M. The intrametropolitan location of high order services: patterns,factors and mobility in Montreal[J]. Papers in regional science,1996,75(3):293-323.

[355] DALY H E. Georgescu-Roegen versus Solow/Stiglitz[J]. Ecological economics,1997,22(3):261-266.

[356] DALY H E,JACOBS M,SKOLIMOWSKI H. Discussion of Beckerman's critique of sustainable development[J]. Environmental values,1995,4(1):49-70.

[357] ESWARAN M,KOTWAL A. The role of the service sector in the process of industrialization[J]. Journal of development economics,2002,68(2):401-420.

[358] FISHER-VANDEN K,JEFFERSON G H,LIU H M,et al. What is driving China's decline in energy intensity? [J]. Resource and energy economics,2004,26(1):77-97.

[359] FRANCOIS J,WOERZ J. Producer services,manufacturing linkages and trade [J]. Journal of industry,competition and trade,2008,8(3-4):199-229.

[360] FRANCOIS,J F. Trade in producer services and returns due to specialization under monopolistic competition[J]. The Canadian journal of economics/Revue canadienne d'economique,1990,23(1):109-124.

[361] GAGNON J E. Productive capacity,product varieties, and the elasticities approach to the trade balance[J]. Review of international economics,2007,15(4):639-659.

[362] GREENFIELD H I. Manpower and the growth of producer services

[J]. Economic development,1966:163.

[363] HANSEN B E. Autoregressive conditional density estimation[J]. International economic review,1994,35(3):705-730.

[364] HARRINGTON J W,CAMPBELL H S. The suburbanization of producer service employment[J]. Growth and change,2006,28(3):335-359.

[365] HSIEH C T,KLENOW P J. Misallocation and manufacturing TFP in China and India[J]. The quarterly journal of economics, 2009, 124 (4): 1403-1448.

[366] HENDRIKS P. Why share knowledge? The influence of ICT on the motivation for knowledge sharing[J]. Knowledge and process management,1999, 6(2):91-100.

[367] HOSOE M,NAITO T. Trans-boundary pollution transmission and regional agglomeration effects[J]. Papers in regional science, 2006, 85 (1): 99-120.

[368] ILLERIS S,SJOHOLT P. The nordic countries: High quality service in a low density environment[J]. Progress in planning,1995,43(2-3):205-221.

[369] JACOBS W,KOSTER H R A,VAN OORT F. Co-agglomeration of knowledge intensive business services and multinational enterprises[J]. Journal of economic geography,2014(2):443-475.

[370] KEEBLE D,NACHUM L. Why do business service firms cluster? Small consultancies,clustering and decentralization in London and southern England[J]. Transactions of the institute of British geographers,2002,27(1):67-90.

[371] KLINE P. Place based policies, heterogeneity, and agglomeration [J]. The American economic review,2010,100(2):383-387.

[372] LESSER B,COFFEY W J,MCRAE J J. Service industries in regional development[J]. Canadian public policy,1990,16(4):465-466.

[373] LIN X N,POLENSKE K R. Input-output anatomy of China's energy use changes in the 1980s[J]. Economic system research,1995,7(1):67-84.

[374] LUNDQUIST K J,OLANDER L O,HENNING M S. Producer services: growth and roles in long-term economic development[J]. The service industries journal,2008,28(4):463-477.

[375] MACKINNON D P,KRULL J L,LOCKWOOD C M. Equivalence of the mediation,confounding and suppression effect[J]. Prevention science,2000,1 (4):173-181.

[376]　MARKUSEN J R. Trade in producer services and in other specialized intermediate inputs[J]. American economic review,1989,79(1):85-95.

[377]　MARSHALL J N,DAMESTICK P,WOOD P. Understanding the location and role of services in the United Kingdom[J]. Environment and planning,1987,19(5):575-595.

[378]　MARSHALL J N. Linkages between manufacturing industry and business services[J]. Environment and planning,1982,14(11):1523-1540.

[379]　MATSUYAMA K. Agricultural productivity,comparative advantage,and economic growth[J]. Journal of economic theory,1992,58(2):317-334.

[380]　MLACHILA M,TAPSOBA R,TAPSOBA S. A quality of growth index for developing countries: a proposal[J]. IMF working paper, 2014, 14 (172):1.

[381]　PARK S H. Linkages between industry and services and their implications for urban employment generation in developing countries[J]. Journal of development economics,1989,30(2):359-379.

[382]　PARK S H,CHAN K S. A cross-country input-output analysis of intersectoral relationships between manufacturing and services and their employment implications[J]. World development,1989,17(2):199-212.

[383]　PONCET S. Measuring Chinese domestic and international integration[J]. China economic review,2003,14(1):1-21.

[384]　POYAQO-THEOTOKY J. Equilibrium and optimal size of a research joint venture in an oligopoly with spillover[J]. The journal of industrial economics,1995,43(2):209-226.

[385]　RIVERS-BATIZ F L. Increasing returns,monopolistic competition and agglomeration economies in consumption and production[J]. Regional science and urban economics,1988(18):125-153.

[386]　ROMER P M. Increasing returns and long-run growth[J]. Journal of political economy,1986,94(5):1002-1037.

[387]　ROMER P M. Endogenous technical change[J]. Journal of political economy,1990,98(5):71-102.

[388]　SINGLEMANN J. The sectoral transformation of the labor force in seven industrial countries,1920—1970 [J]. American journal of sociology,1978,83(5):1224-1234.

[389]　SOLOW R M. A contribution to the theory of economic growth[J].

The quarterly journal of economics,1956,70(1),65-94.

[390] WAIENGNIER M,HAMME G V,HENDRIKSE R,et al. Metropolitan geographies of advanced producer services：centrality and concentration in Brussels [J]. Tijdschrift voor economische en sociale geografie,2020,111(4)；585-600.

[391] WILLIAMSON O E. The lens of contract：private ordering[J]. The American economic review,2002,92(2)；438-443.

[392] WOOD P. Urban development and knowledge-intensive business services：too many unanswered questions? [J]. Growth and change,2006,37(3)：335-361.

[393] XU C G. The fundamental institutions of China's reform and development[J]. Journal of economic literature,2011,49(4)；1076-1151.

[394] ZHANG J P,FAN J Y,MO J W. Government intervention, land market,and urban development：evidence from Chinese cities[J]. Economic inquiry,2017,55(1)；115-136.

三、其他类

[395] 曹峥林.农业生产环节服务外包对规模经济的实现机理研究[D].重庆：西南大学,2020.

[396] 陈伟平.基于博弈视角的中国绿色经济发展研究[D].武汉：武汉大学,2018.

[397] 陈永伟.资源错配：问题、成因和对策[D].北京：北京大学,2013.

[398] 中共中央文献研究室.建国以来毛泽东文稿(第三册)[C].北京：中央文献出版,1988；534.

[399] GABE T M,ABEL J R. Shared knowledge and the co-agglomeration of occupations [R]. New York：Federal Reserve Bank of New York Staff Report,2013.

[400] UN Enviroment Programme. Towards a green economy：pathways to sustainable development and poverty eradication[R]. Nairobi：UNEP,2011.

附　　　录

附录一　2003—2018年生产性服务业专业化集聚指数均值

排名	城市	sa指数	排名	城市	sa指数	排名	城市	sa指数	排名	城市	sa指数
1	北京市	1.9331	21	连云港市	1.1366	41	哈尔滨市	0.9997	61	锦州市	0.9305
2	丽水市	1.4633	22	太原市	1.1088	42	兰州市	0.9937	62	宁波市	0.9283
3	上海市	1.4037	23	南京市	1.0958	43	深圳市	0.9930	63	金华市	0.9241
4	秦皇岛市	1.3687	24	绵阳市	1.0904	44	益阳市	0.9907	64	大庆市	0.9230
5	齐齐哈尔市	1.3670	25	牡丹江市	1.0802	45	徐州市	0.9890	65	长春市	0.9224
6	呼和浩特市	1.3460	26	济南市	1.0778	46	合肥市	0.9884	66	临汾市	0.9216
7	晋中市	1.2830	27	海口市	1.0753	47	桂林市	0.9790	67	洛阳市	0.9157
8	广州市	1.2616	28	大连市	1.0727	48	宁德市	0.9771	68	朝阳市	0.9137
9	防城港市	1.2616	29	沧州市	1.0498	49	榆林市	0.9749	69	天津市	0.9119
10	乌鲁木齐市	1.2463	30	长治市	1.0441	50	九江市	0.9690	70	银川市	0.9092
11	西安市	1.2348	31	南昌市	1.0370	51	成都市	0.9651	71	温州市	0.9073
12	石家庄市	1.2014	32	长沙市	1.0367	52	邵阳市	0.9635	72	黄山市	0.9070
13	沈阳市	1.1828	33	忻州市	1.0299	53	铁岭市	0.9605	73	常德市	0.9068
14	南宁市	1.1823	34	衡水市	1.0260	54	三明市	0.9567	74	佳木斯市	0.9019
15	聊城市	1.1800	35	杭州市	1.0188	55	日照市	0.9485	75	广安市	0.8950
16	运城市	1.1721	36	阜阳市	1.0174	56	玉林市	0.9482	76	郴州市	0.8932
17	龙岩市	1.1579	37	东莞市	1.0146	57	衢州市	0.9478	77	赣州市	0.8880
18	昆明市	1.1553	38	三门峡市	1.0063	58	福州市	0.9392	78	周口市	0.8836
19	湛江市	1.1476	39	武汉市	1.0048	59	南平市	0.9359	79	柳州市	0.8725
20	宜春市	1.1450	40	池州市	1.0015	60	渭南市	0.9335	80	镇江市	0.8700

续表

排名	城市	sa指数	排名	城市	sa指数	排名	城市	sa指数	排名	城市	sa指数
81	蚌埠市	0.8676	111	南充市	0.7916	141	玉溪市	0.7033	171	淮安市	0.6341
82	营口市	0.8667	112	台州市	0.7899	142	内江市	0.7002	172	茂名市	0.6286
83	遵义市	0.8634	113	白山市	0.7884	143	驻马店市	0.6988	173	襄阳市	0.6249
84	青岛市	0.8624	114	信阳市	0.7863	144	西宁市	0.6979	174	宿州市	0.6239
85	达州市	0.8564	115	济宁市	0.7817	145	湘潭市	0.6977	175	舟山市	0.6237
86	上饶市	0.8561	116	贵阳市	0.7801	146	咸宁市	0.6969	176	钦州市	0.6152
87	滁州市	0.8546	117	湖州市	0.7787	147	黑河市	0.6901	177	泰州市	0.6144
88	雅安市	0.8486	118	衡阳市	0.7696	148	吴忠市	0.6897	178	阳江市	0.6144
89	承德市	0.8437	119	梧州市	0.7644	149	包头市	0.6867	179	揭阳市	0.6140
90	泰安市	0.8365	120	盘锦市	0.7571	150	伊春市	0.6863	180	阜新市	0.6116
91	张家口市	0.8310	121	东营市	0.7530	151	烟台市	0.6847	181	汉中市	0.6082
92	盐城市	0.8285	122	安庆市	0.7516	152	朔州市	0.6804	182	安康市	0.6051
93	重庆市	0.8267	123	广元市	0.7507	153	贵港市	0.6796	183	江门市	0.6027
94	郑州市	0.8252	124	黄冈市	0.7473	154	常州市	0.6767	184	怀化市	0.6016
95	保定市	0.8197	125	芜湖市	0.7443	155	濮阳市	0.6724	185	安阳市	0.6014
96	娄底市	0.8185	126	漳州市	0.7406	156	荆门市	0.6662	186	天水市	0.5980
97	南阳市	0.8154	127	嘉兴市	0.7401	157	马鞍山市	0.6655	187	六安市	0.5959
98	延安市	0.8128	128	岳阳市	0.7389	158	潮州市	0.6647	188	泸州市	0.5884
99	资阳市	0.8121	129	韶关市	0.7387	159	佛山市	0.6629	189	曲靖市	0.5872
100	永州市	0.8118	130	宝鸡市	0.7340	160	许昌市	0.6622	190	河源市	0.5864
101	亳州市	0.8104	131	赤峰市	0.7319	161	鞍山市	0.6615	191	德州市	0.5861
102	咸阳市	0.8058	132	宜昌市	0.7291	162	葫芦岛市	0.6611	192	景德镇市	0.5859
103	丹东市	0.8046	133	通化市	0.7277	163	株洲市	0.6576	193	晋城市	0.5858
104	廊坊市	0.8020	134	自贡市	0.7240	164	无锡市	0.6559	194	吉安市	0.5794
105	通辽市	0.7975	135	德阳市	0.7239	165	商丘市	0.6530	195	梅州市	0.5771
106	大同市	0.7967	136	临沂市	0.7224	166	焦作市	0.6451	196	张家界市	0.5727
107	唐山市	0.7964	137	宜宾市	0.7158	167	宣城市	0.6436	197	辽阳市	0.5685
108	安顺市	0.7954	138	四平市	0.7138	168	荆州市	0.6435	198	汕头市	0.5661
109	邯郸市	0.7945	139	白城市	0.7136	169	本溪市	0.6430	199	乐山市	0.5658
110	邢台市	0.7922	140	三亚市	0.7039	170	眉山市	0.6400	200	抚顺市	0.5649

排名	城市	sa 指数	排名	城市	sa 指数	排名	城市	sa 指数	排名	城市	sa 指数
201	新乡市	0.5615	217	孝感市	0.5255	233	滨州市	0.4790	249	白银市	0.4129
202	萍乡市	0.5613	218	辽源市	0.5248	234	漯河市	0.4764	250	新余市	0.3974
203	吉林市	0.5559	219	鸡西市	0.5244	235	松原市	0.4762	251	淄博市	0.3951
204	淮南市	0.5547	220	中山市	0.5166	236	泉州市	0.4755	252	北海市	0.3712
205	厦门市	0.5535	221	菏泽市	0.5152	237	随州市	0.4744	253	清远市	0.3694
206	铜川市	0.5472	222	乌海市	0.5066	238	遂宁市	0.4688	254	莆田市	0.3622
207	扬州市	0.5438	223	巴中市	0.5046	239	石嘴山市	0.4663	255	惠州市	0.3567
208	珠海市	0.5437	224	平顶山市	0.5034	240	黄石市	0.4526	256	莱芜市	0.3386
209	克拉玛依市	0.5433	225	铜陵市	0.4988	241	十堰市	0.4425	257	鹤岗市	0.3253
210	云浮市	0.5424	226	攀枝花市	0.4936	242	抚州市	0.4400	258	嘉峪关市	0.3187
211	开封市	0.5405	227	淮北市	0.4931	243	七台河市	0.4370	259	金昌市	0.3110
212	肇庆市	0.5391	228	双鸭山市	0.4859	244	绍兴市	0.4353	260	绥化市	0.2832
213	保山市	0.5344	229	苏州市	0.4845	245	宿迁市	0.4332	261	鹤壁市	0.2670
214	汕尾市	0.5333	230	枣庄市	0.4817	246	鹰潭市	0.4300			
215	南通市	0.5284	231	潍坊市	0.4793	247	鄂州市	0.4155			
216	阳泉市	0.5272	232	六盘水市	0.4791	248	威海市	0.4138			

附录二　2003—2018 年生产性服务业多样化集聚指数均值

排名	城市	da 指数	排名	城市	da 指数	排名	城市	da 指数	排名	城市	da 指数
1	北京市	13.3126	6	石家庄市	9.3507	11	昆明市	8.7231	16	沧州市	8.3841
2	上海市	10.6845	7	呼和浩特市	9.1973	12	南宁市	8.6863	17	大连市	8.1521
3	秦皇岛市	9.8443	8	广州市	9.1467	13	连云港市	8.4778	18	乌鲁木齐市	8.0548
4	忻州市	9.6714	9	晋中市	8.8863	14	衡水市	8.4357	19	济南市	8.0214
5	西安市	9.4599	10	沈阳市	8.7320	15	运城市	8.4181	20	长治市	7.8280

续表

排名	城市	da 指数	排名	城市	da 指数	排名	城市	da 指数	排名	城市	da 指数	排名	城市	da 指数
21	南京市	7.7456	51	天津市	6.5672	81	梧州市	5.8608	111	驻马店市	5.1745
22	海口市	7.7291	52	温州市	6.5651	82	三明市	5.8602	112	烟台市	5.1711
23	阜阳市	7.6825	53	遵义市	6.5316	83	宜宾市	5.8027	113	常州市	5.1441
24	合肥市	7.5425	54	南昌市	6.4972	84	益阳市	5.7998	114	岳阳市	5.1151
25	太原市	7.4600	55	桂林市	6.4835	85	保定市	5.7628	115	四平市	5.1014
26	丽水市	7.4300	56	齐齐哈尔市	6.3325	86	邢台市	5.7552	116	阳江市	5.0736
27	宁波市	7.3162	57	洛阳市	6.3286	87	上饶市	5.7502	117	贵阳市	5.0528
28	南平市	7.2119	58	赣州市	6.2837	88	周口市	5.7229	118	徐州市	5.0521
29	深圳市	7.1879	59	福州市	6.2680	89	永州市	5.7147	119	宜昌市	5.0202
30	营口市	7.1799	60	达州市	6.2238	90	盐城市	5.6838	120	赤峰市	4.9741
31	武汉市	7.1791	61	佳木斯市	6.1988	91	广安市	5.5548	121	咸阳市	4.9576
32	龙岩市	7.1431	62	池州市	6.1594	92	郑州市	5.4972	122	娄底市	4.9554
33	邵阳市	7.1356	63	邯郸市	6.1318	93	通辽市	5.4541	123	牡丹江市	4.9366
34	三门峡市	7.1134	64	宁德市	6.1118	94	南充市	5.4526	124	包头市	4.9328
35	九江市	7.0803	65	青岛市	6.0683	95	广元市	5.4353	125	衡阳市	4.9120
36	哈尔滨市	7.0625	66	重庆市	6.0633	96	承德市	5.3983	126	伊春市	4.9031
37	金华市	6.9978	67	常德市	6.0553	97	宜春市	5.3940	127	许昌市	4.8952
38	长沙市	6.9761	68	丹东市	6.0485	98	贵港市	5.3759	128	荆门市	4.8268
39	临汾市	6.9324	69	自贡市	6.0454	99	南阳市	5.3655	129	西宁市	4.8230
40	唐山市	6.9284	70	东莞市	6.0440	100	柳州市	5.3536	130	济宁市	4.8152
41	蚌埠市	6.9043	71	日照市	5.9968	101	泰安市	5.3535	131	通化市	4.8022
42	玉林市	6.8817	72	信阳市	5.9825	102	韶关市	5.3066	132	临沂市	4.7921
43	榆林市	6.8759	73	长春市	5.9593	103	安庆市	5.2826	133	白城市	4.7872
44	成都市	6.8455	74	银川市	5.9553	104	绵阳市	5.2764	134	泸州市	4.7560
45	镇江市	6.8180	75	安顺市	5.9291	105	芜湖市	5.2608	135	渭南市	4.7136
46	兰州市	6.7841	76	延安市	5.9277	106	廊坊市	5.2420	136	玉溪市	4.6917
47	滁州市	6.7504	77	铁岭市	5.9213	107	漳州市	5.2303	137	湖州市	4.6433
48	杭州市	6.6725	78	郴州市	5.8838	108	本溪市	5.2098	138	宿州市	4.6247
49	锦州市	6.6122	79	雅安市	5.8768	109	荆州市	5.2074	139	大同市	4.6195
50	黄山市	6.5958	80	张家口市	5.8646	110	内江市	5.1873	140	眉山市	4.6061

排名	城市	da 指数	排名	城市	da 指数	排名	城市	da 指数	排名	城市	da 指数
141	晋城市	4.5872	172	泰州市	4.0925	203	珠海市	3.6684	234	鸡西市	3.0419
142	吴忠市	4.5868	173	衢州市	4.0895	204	铜陵市	3.6627	235	台州市	3.0212
143	黑河市	4.5712	174	德州市	4.0848	205	扬州市	3.6271	236	苏州市	2.9786
144	白山市	4.5701	175	菏泽市	4.0740	206	肇庆市	3.6252	237	枣庄市	2.9469
145	朝阳市	4.5599	176	新乡市	4.0733	207	开封市	3.6186	238	六盘水市	2.8837
146	襄阳市	4.5335	177	焦作市	4.0680	208	东营市	3.6087	239	十堰市	2.8669
147	黄冈市	4.5193	178	德阳市	4.0567	209	攀枝花市	3.6059	240	七台河市	2.8164
148	怀化市	4.5124	179	安阳市	4.0430	210	辽阳市	3.5863	241	宿迁市	2.7614
149	淮安市	4.4973	180	景德镇市	4.0274	211	厦门市	3.5852	242	鹰潭市	2.7462
150	马鞍山市	4.4840	181	汕头市	4.0128	212	河源市	3.5787	243	鄂州市	2.6997
151	鞍山市	4.4838	182	三亚市	4.0095	213	乌海市	3.5066	244	滨州市	2.6788
152	潮州市	4.4723	183	南通市	3.9648	214	中山市	3.4981	245	淄博市	2.6780
153	舟山市	4.4556	184	曲靖市	3.9615	215	泉州市	3.4869	246	新余市	2.6280
154	无锡市	4.4538	185	阳泉市	3.9397	216	巴中市	3.4411	247	北海市	2.6233
155	咸宁市	4.3823	186	葫芦岛市	3.9271	217	濮阳市	3.4080	248	松原市	2.5881
156	嘉兴市	4.3758	187	萍乡市	3.9073	218	威海市	3.3662	249	绍兴市	2.5478
157	茂名市	4.3745	188	抚顺市	3.8840	219	抚州市	3.3583	250	莆田市	2.4386
158	株洲市	4.3485	189	宝鸡市	3.8582	220	阜新市	3.3251	251	鹤岗市	2.4072
159	亳州市	4.3419	190	宣城市	3.8573	221	梅州市	3.3151	252	清远市	2.3454
160	商丘市	4.3210	191	资阳市	3.8561	222	辽源市	3.2979	253	莱芜市	2.3308
161	大庆市	4.2536	192	吉安市	3.8529	223	双鸭山市	3.2947	254	惠州市	2.2397
162	张家界市	4.2225	193	湘潭市	3.8464	224	平顶山市	3.2637	255	淮北市	2.0718
163	佛山市	4.2184	194	云浮市	3.8392	225	潍坊市	3.2585	256	金昌市	1.9422
164	淮南市	4.1499	195	铜川市	3.8360	226	随州市	3.2247	257	白银市	1.8533
165	聊城市	4.1446	196	江门市	3.8168	227	盘锦市	3.2206	258	克拉玛依市	1.8119
166	乐山市	4.1358	197	吉林市	3.7877	228	石嘴山市	3.2200	259	嘉峪关市	1.7540
167	汉中市	4.1295	198	钦州市	3.7670	229	漯河市	3.2184	260	鹤壁市	1.6851
168	揭阳市	4.1228	199	天水市	3.7529	230	防城港市	3.2023	261	绥化市	1.2719
169	六安市	4.1222	200	保山市	3.7366	231	黄石市	3.1514			
170	朔州市	4.1110	201	安康市	3.7257	232	孝感市	3.1442			
171	湛江市	4.0957	202	汕尾市	3.6761	233	遂宁市	3.1182			

附录三 2003—2018 年经济高质量发展指数均值

排名	城市	高质量指数	排名	城市	高质量指数	排名	城市	高质量指数	排名	城市	高质量指数
1	上海市	6.3882	26	厦门市	3.5852	51	呼和浩特市	3.3516	76	柳州市	3.2724
2	北京市	5.8730	27	常州市	3.5751	52	绍兴市	3.3474	77	盘锦市	3.2705
3	深圳市	4.9752	28	福州市	3.5492	53	潍坊市	3.3459	78	邯郸市	3.2698
4	广州市	4.7865	29	石家庄市	3.5232	54	达州市	3.3424	79	江门市	3.2614
5	天津市	4.6463	30	南昌市	3.5098	55	泸州市	3.3422	80	吉林市	3.2563
6	成都市	4.5750	31	绵阳市	3.4985	56	台州市	3.3346	81	岳阳市	3.2530
7	武汉市	4.1372	32	烟台市	3.4693	57	淮安市	3.3293	82	株洲市	3.2494
8	杭州市	4.1237	33	徐州市	3.4686	58	镇江市	3.3280	83	金华市	3.2492
9	南京市	4.1159	34	唐山市	3.4662	59	海口市	3.3280	84	廊坊市	3.2474
10	克拉玛依市	4.1065	35	温州市	3.4531	60	盐城市	3.3260	85	桂林市	3.2421
11	佛山市	3.8922	36	南宁市	3.4527	61	威海市	3.3172	86	广安市	3.2375
12	沈阳市	3.8771	37	中山市	3.4526	62	芜湖市	3.3166	87	西宁市	3.2362
13	苏州市	3.8734	38	太原市	3.4518	63	济宁市	3.3136	88	九江市	3.2359
14	东莞市	3.8620	39	淄博市	3.4432	64	洛阳市	3.3130	89	茂名市	3.2329
15	青岛市	3.8201	40	南通市	3.4353	65	泰州市	3.3121	90	衡阳市	3.2325
16	大连市	3.7977	41	大庆市	3.4228	66	襄阳市	3.2992	91	日照市	3.2296
17	长沙市	3.7832	42	珠海市	3.4187	67	泰安市	3.2951	92	南阳市	3.2295
18	济南市	3.7755	43	扬州市	3.4052	68	莆田市	3.2946	93	马鞍山市	3.2282
19	宜宾市	3.7579	44	汕头市	3.3955	69	鞍山市	3.2943	94	黄石市	3.2277
20	哈尔滨市	3.7214	45	包头市	3.3903	70	沧州市	3.2919	95	舟山市	3.2263
21	郑州市	3.6979	46	惠州市	3.3655	71	连云港市	3.2848	96	巴中市	3.2240
22	宁波市	3.6952	47	东营市	3.3650	72	宜昌市	3.2829	97	德州市	3.2227
23	无锡市	3.6888	48	泉州市	3.3638	73	保定市	3.2810	98	秦皇岛市	3.2214
24	合肥市	3.6309	49	保山市	3.3558	74	湛江市	3.2794	99	湖州市	3.2207
25	长春市	3.6292	50	临沂市	3.3526	75	嘉兴市	3.2781	100	三亚市	3.2200

续表

排名	城市	高质量指数	排名	城市	高质量指数	排名	城市	高质量指数	排名	城市	高质量指数
101	常德市	3.2196	129	赤峰市	3.1760	157	张家界市	3.1481	185	三明市	3.1212
102	枣庄市	3.2168	130	蚌埠市	3.1752	158	濮阳市	3.1466	186	周口市	3.1208
103	十堰市	3.2113	131	清远市	3.1725	159	齐齐哈尔市	3.1450	187	曲靖市	3.1204
104	抚顺市	3.2069	132	信阳市	3.1679	160	吴忠市	3.1449	188	南平市	3.1187
105	宿迁市	3.2064	133	黄冈市	3.1669	161	通辽市	3.1437	189	遂宁市	3.1159
106	湘潭市	3.2058	134	阳江市	3.1668	162	新余市	3.1432	190	焦作市	3.1148
107	许昌市	3.2042	135	安庆市	3.1656	163	玉林市	3.1426	191	六盘水市	3.1147
108	石嘴山市	3.2032	136	宁德市	3.1653	164	六安市	3.1426	192	通化市	3.1141
109	龙岩市	3.2015	137	锦州市	3.1642	165	淮北市	3.1426	193	安康市	3.1131
110	肇庆市	3.1977	138	昆明市	3.1622	166	绥化市	3.1422	194	遵义市	3.1125
111	揭阳市	3.1921	139	嘉峪关市	3.1621	167	金昌市	3.1418	195	资阳市	3.1120
112	潮州市	3.1903	140	上饶市	3.1605	168	荆门市	3.1413	196	吉安市	3.1117
113	营口市	3.1895	141	河源市	3.1604	169	驻马店市	3.1401	197	葫芦岛市	3.1093
114	辽阳市	3.1884	142	景德镇市	3.1598	170	孝感市	3.1386	198	承德市	3.1088
115	新乡市	3.1883	143	宝鸡市	3.1571	171	淮南市	3.1372	199	永州市	3.1078
116	松原市	3.1873	144	萍乡市	3.1571	172	韶关市	3.1368	200	阜新市	3.1072
117	菏泽市	3.1871	145	黄山市	3.1569	173	钦州市	3.1299	201	汉中市	3.1039
118	榆林市	3.1853	146	滨州市	3.1549	174	宜春市	3.1293	202	防城港市	3.1032
119	咸阳市	3.1852	147	宿州市	3.1547	175	乐山市	3.1266	203	兰州市	3.1028
120	邢台市	3.1836	148	张家口市	3.1521	176	晋城市	3.1265	204	长治市	3.1025
121	铜陵市	3.1832	149	安阳市	3.1520	177	牡丹江市	3.1263	205	怀化市	3.1024
122	平顶山市	3.1823	150	郴州市	3.1517	178	鄂州市	3.1260	206	梅州市	3.1016
123	玉溪市	3.1822	151	漳州市	3.1505	179	邵阳市	3.1253	207	宣城市	3.1009
124	北海市	3.1812	152	内江市	3.1497	180	梧州市	3.1250	208	丹东市	3.1007
125	阜阳市	3.1794	153	丽水市	3.1497	181	三门峡市	3.1239	209	德阳市	3.1005
126	白银市	3.1788	154	开封市	3.1491	182	本溪市	3.1235	210	衡水市	3.0994
127	聊城市	3.1784	155	荆州市	3.1483	183	白城市	3.1232	211	大同市	3.0974
128	赣州市	3.1774	156	滁州市	3.1482	184	辽源市	3.1231	212	重庆市	3.0973

续表

排名	城市	高质量指数	排名	城市	高质量指数	排名	城市	高质量指数	排名	城市	高质量指数
213	鹰潭市	3.0967	226	白山市	3.0754	239	漯河市	3.0586	252	鹤岗市	2.9910
214	随州市	3.0964	227	银川市	3.0750	240	雅安市	3.0585	253	广元市	2.9895
215	鹤壁市	3.0944	228	贵阳市	3.0746	241	眉山市	3.0547	254	渭南市	2.9882
216	汕尾市	3.0923	229	莱芜市	3.0741	242	铜川市	3.0524	255	贵港市	2.9876
217	抚州市	3.0905	230	朔州市	3.0731	243	佳木斯市	3.0483	256	运城市	2.9847
218	铁岭市	3.0891	231	四平市	3.0722	244	池州市	3.0398	257	乌鲁木齐市	2.9813
219	南充市	3.0885	232	商丘市	3.0702	245	自贡市	3.0340	258	忻州市	2.9790
220	七台河市	3.0800	233	云浮市	3.0668	246	朝阳市	3.0337	259	安顺市	2.9442
221	天水市	3.0790	234	娄底市	3.0666	247	伊春市	3.0319	260	延安市	2.8121
222	黑河市	3.0789	235	阳泉市	3.0650	248	西安市	3.0227	261	亳州市	2.5560
223	攀枝花市	3.0781	236	晋中市	3.0649	249	鸡西市	3.0215			
224	乌海市	3.0777	237	双鸭山市	3.0646	250	衢州市	3.0100			
225	咸宁市	3.0766	238	临汾市	3.0591	251	益阳市	3.0052